JN102458

HB
B+

史料からみる
西洋法史

宮坂 渉
Miyasaka Wataru

松本和洋
Matsumoto Kazuhiro

出雲 孝
Izumo Takashi

鈴木康文
Suzuki Yasufumi

著

Western Legal
History seen from
Historical Sources

法律文化社

はしがき

　本書は大学の法学部で開講されている「西洋法史」あるいは「西洋法制史」の教科書として書かれました。ですが、同時に、この分野に興味のある方にはどなたにでも是非手に取ってほしいと思います。私たち執筆者は実際に教室で授業をしているような丁寧な語り口で説明することを心がけました。西洋法史という学問の面白さを多くの読者の方々に知ってもらえると幸いです。

　法史研究の対象は広範囲にわたります。法制度の歴史はもちろんですが、それが生み出された各国の政治、経済、社会、教育の歴史、さらには国際関係の歴史に触れることもあります。また、過去の法学者、哲学者の体系的な法思想や法実務家の実際的見解を取り上げたり、あるいは明確な形では表現されない民衆の法意識に注目したりすることもあります。学者や実務家を含め法律家がその時々の社会の中でどのような地位にあったかも重要なポイントです。このような法史研究の状況に応じて本書でも法制度、背景となる歴史、様々な思想、法律家・法曹養成など、記述は多方面に及びます。多様な観点から法あるいは法学の歴史を説明していますので、本書を通じて「これは面白い」と思われるポイントをひとつでも多く見つけてもらえれば嬉しいです。

　本書ではいくつかの工夫をしました。1つ目は構成です。本書は古代、中世、近世、近代の4部構成ですが、各部のはじめの2講はそれぞれの時代の「通史」の説明にあてています。この部分を読んでいただければ、西洋法史の全体像を理解することができます。そして、各部の残りの3講は「トピック」として、それぞれの時代で重要と思われる事項をいくつか選んで説明しています。これにより、各講の重要事項について、通史の中での位置づけを考えなが

ら、より深い知識を得ることができます。通史とトピックの学習を通して西洋法史の「広さ」と「深さ」を知って欲しいと思います。

2つ目は史料（邦訳）の掲載です。各講によって取り上げる史料の数や長短に多少の違いはありますが、「ここでは、是非、史料そのものを見てほしい」と思われるところでは史料を取り込みました。私たちが過去の法について知ることができるのは史料を通じてです。近世・近代という比較的新しい時代ももちろんですが、特に古代や中世といった古い時代になるほど史料の重要性は高まります。そこに何が、どのように書かれているのか。それは当時どのように解釈されたのか。また後世にどのような影響を与えたのか。こういったことについて史料を見ながら学んでほしいと思います。

その他の工夫としては、各部の冒頭でそれぞれの時代の流れや特徴をまとめ、簡単な年表も掲載しています。また各講には「コラム」を設け、本文には収まりきらなかった話を掲載しています。巻末には「学習に役立つ参考文献」を設け、図書館等でアクセスしやすく、読者の学習の参考になると思われる文献を挙げてあります。もう一歩深く学習したい方は是非図書館等で探してみてください。

最後になりましたが、法律文化社編集部の舟木和久氏に心より感謝申し上げます。企画段階から完成まで大変お世話になりました。通史とトピックの二本立てとする構成も舟木さんとの議論の中で生まれてきたものです。また、読者にとっての読みやすさ、わかりやすさを最優先とするという方針についても執筆者一同共感するところでした。他のお仕事も抱える中、編集会議では各草稿に有益なアドバイスをくださいました。本書を無事刊行することができたのはひとえに舟木さんのおかげです。改めて御礼申し上げます。

2024年3月　　　　　　　　　　　　　　執筆者一同

第 2 部　中世の西洋法史

第3部　近世の西洋法史

第4部　近代の西洋法史

〔凡例〕

①史料中の「……」は省略箇所、／（スラッシュ）は段落を表します。

②史料中の〔　〕（亀甲括弧）、＿＿（下線）、、、、（傍点）は引用者により挿入しました。

③史料の引用に際して、読みやすさを考慮して、適宜、旧字体を新字体に直したり、片仮名や漢字を平仮名に改めたりしたところなどがあります。

④本文中の史料については巻末にその出典を記載しています。

⑤本書の内容はこれまで発表された国内外の多くの文献に依拠しています。ただ、教科書という性格上、史料の出典を除いて、それらの文献を注や巻末で逐一表記していません。先学の研究業績に深い敬意を示すとともにこの点につきましてご容赦いただけましたら幸いです。

第 1 部　古代の西洋法史

　　日本語の「西洋」は本来、日本を含む「東洋」から見た西方世界の意であり、それであれば「古代の西洋法史」は古代オリエント（メソポタミアやエジプト）も対象となりえますが、ここでは「西洋」を、古代地中海世界の人々にとっての「西方」、ラテン語で「太陽が昇る方角」を意味する「東方（オリエント）oriens」の対義語であり、「太陽が沈む方角」を意味する「西方 occidens」の意味に解して、「古代の「西洋」法史」で最も重要と考えられるローマ法史を取り扱います。というのも、古代ローマ法は中世、近世ヨーロッパ法史の基礎であり、近代には西洋法継受を通じて日本法にも影響を及ぼしたからです。古代ローマ法は長い時間をかけて展開したため、これを理解する前提として、その時々で移り行く、また現代とは大きく異なる、政治・経済・社会について知る必要があります。加えて、帝政期（第 2 講）については「法学」（第 5 講）を発展させた「法学者」たちによって法の姿形が詳細に伝えられていますが、その基礎となった共和政期（第 1 講）の法について知るには、そもそもその時代について我々に情報を伝えてくれる「史料」が極めて少なく、考古学資料や当時の文学作品を総動員しなければなりません。それでもなお、今日の「民事訴訟」（第 3 講）や「契約」（第 4 講）がどのように生まれたのかを知ろうとすれば、古代ローマ法に遡らなければならないのですから、そうする価値があることはご理解いただけるのではないでしょうか。それから、多くのカタカナ言葉や時には元のラテン語まで登場しますが、現代日本とはかけ離れた時代・地域の話をする以上、漢字に置き換えてしまっては元の意味内容が失われてしまい、かえって理解できなくなることを恐れてのことであることもご承知おきください。

〔年表〕

前753年：初代の王ロムルスにより建国（伝承）

前509年：最後の王タルクィニウス追放、共和政開始（伝承）

前450年頃：十二表法制定

前367年：リキニウス・セクスティウス法、公職制度の整備

前286年頃：アクィリウス法制定

前280年：法学者ティベリウス・コルンカニウスが執政官就任

前264〜241年：第1次ポエニ戦争、初の属州（シチリア）設置

前242年：外人係法務官設置

前218〜201年：第2次ポエニ戦争、スキピオ、ハンニバルを撃破

前215〜148年：マケドニア戦争、ギリシャ世界を支配

前150年頃：アエブティウス法、ローマ市民同士の法的紛争にも方式書を適用

前149〜146年：第3次ポエニ戦争、カルタゴ滅亡

前46〜44年：カエサル、独裁官就任（事実上の帝政開始）

前23年：アウグストゥス、護民官職権（身体不可侵特権、市民集会・元老院の招集権、他の公職者に対する拒否権）および上級前執政官命令権獲得（元首属州の統治権、元老院属州の監督権、全ローマ軍の指揮権）

131年：ハドリアヌス帝の命令により法学者ユリアヌスが『永久告示録』を編纂

212年：カラカッラ帝、アントニヌス勅令を発布

313年：コンスタンティヌス帝、ミラノ勅令を発布

380年：テオドシウス帝、キリスト教を国教化

438年：テオドシウス2世、『テオドシウス法典』（勅撰）

533年：ユスティニアヌス帝、『法学提要』『学説彙纂』の施行

534年：ユスティニアヌス帝、『勅法集』の施行

第**1**講　ローマ共和政期［通史］

> 「すべての道はローマに通じる」という言葉があります。本書で紹介される西洋法制史の歴史も遡れば古代ローマ法、それも共和政期の法に行き着きます。その生成・展開はこの時代・この地域の政治・経済・社会と密接に結びついていました。

1　王政から共和政へ

建国伝説　　伝説によれば、ローマの建国者であり初代の王であったロムルスは、軍神マルスと人間の女性との間に双子として生まれ、母をその叔父に殺害され、川に流されたところを狼に救われ、羊飼いに育てられ、仲間を率いて母の敵を討ち、双子の弟を殺害して王位に就きました。彼の後、6人の王が続き、市民集会、元老院、神官、軍団といった国家制度や、公共広場、城壁、地下水道等の公共施設が整備された、と歴史家は伝えています。彼らが実在した歴史的信ぴょう性は、ローマ史研究者によれば低いと考えられていますが、王の存在自体は肯定され、王は神官であり、政治指導者であり、軍団司令官でもあった、とされます。また、王は刑事裁判権を有していたと言われます。最後の王（伝承ではタルクィニウス・スペルブス）が追放されたかどうかはともかく、ある時点でローマは王政から共和政に移行し、王に代わって公職者が政治指導者として置かれました。

刑事法　　裁判について、共和政初期の出来事として歴史家が伝えるのは刑事裁判です。裁判は、犯罪の有無を判断し、処罰を決定する手続で、公職者がこれを主宰しました。事件を捜査し訴追する公職者（捜査官ないし二人委員）がその都度設置されました。犯罪 crimen とされたのは、例えば国家反逆、自由人殺害、偽証・審判人の買収、農作物に対する侵害、建物への放火でした。いずれも国家や共同体 res publica に対する攻撃であり、単なる窃盗等は対象外でした。有罪が宣告された場合、被告人には市民集会への上訴が認められました。刑罰としては極刑が科せられましたが、国外への亡命は可能でした。

国家制度　　共和政期の公職者はその多くが選挙で選ばれ、任期は１年でした。最高公職者は包括的命令権を持つとされ、軍団の指揮権、市民集会を招集し議案を提出する権限、そして裁判権を有していました。市民集会の中でも法案について審議したのがケントゥリア集会でした。ケントゥリア集会は国勢調査 census を通じて財産額が多いとされた者たちが過半数を占める構造でした。後に、パトリキ、プレブスと呼ばれる政治集団の間での政治闘争の結果、護民官（プレブスのトリブーヌス）が主宰し、プレブスだけが参加できるプレブス集会にも法案の審議権が付与されました。市民集会で可決された法案は、元老院の承認を経て初めて法律となりました。元老院は宣戦布告と和平条約締結を行う権限も有していました。

2　市民法

十二表法　　こうした国家制度を一時停止して全権力を法制定十人委員会に委ね、制定されたのが十二表法でした（→第３講１「ウェルギニア伝承」参照）。そこには、古来の不文の慣習を明文化した部

分と、それらを大きく改革した部分とがありました。もっともその
オリジナルは共和政期に失われ、後世の人々が断片な内容を伝える
にとどまります。

十二表法のうち第一表から第三表までは、民事訴訟手続を定めて
います。特に第一表の冒頭は、当事者の一方が相手方を法廷に出頭
させる手続についての規定です。

> **史料 1**
>
> **十二表法Ⅰ表1**
> 「もし当事者の一方が相手方を法廷に召喚するならば、相手
> 方は出頭すべきである。もし出頭しなければ、証人を召喚
> するべきである。その後に相手方を捕らえるべきである。」

相手方が任意に出頭しない場合、証人の立会のもと、相手方を実
力で法廷に連れ出すことが認められました。裏を返せば、両当事者
が法廷に揃わない限り、民事訴訟は始まりませんでした。この点
に、事件を捜査し訴追する公職者が置かれた刑事訴訟との明確な相
違を見ることができます。

判決手続と拿捕手続　法廷と言っても今日と違って特定の場所
に裁判所があるわけではなく、両当事者が合意した場所に（Ⅰ表
6）、さもなければ市民集会あるいは公共広場に（Ⅰ表7）裁判主宰
者である公職者が着座すればそこが法廷でした。そこで当事者は午
前中には意見陳述し（Ⅰ表7）、午後には彼らに対して判決が下され
ました（Ⅰ表8）。有責判決が下された場合、敗訴した債務者には30
日間の履行期間が与えられ（Ⅲ表1）、これを過ぎると債権者によっ
て拿捕され、法廷に連れ戻されました（Ⅲ表2）。債務者に代わって
債務を履行する者が現れない場合、債権者は彼を拘束することがで
きました（Ⅲ表3）。

史料
2 ゲッリウス『アッティカの夜』20巻1章46-47節（Ⅲ表5）
「しかしながら、その間にも和解する機会があって、和解が成立しない限り、60日間鎖で拘束された。この期間中、3日続く開市日に法務官が主宰する市民集会に引き出された。そこで判決によって定められた請戻しの金額が公表された。そして開市日の3日目に極刑に処されるか、ティベリス川を越えて外国に売却された。」

史料
3 十二表法Ⅲ表6
「開市日の3日目に拘束された者を部分に切断すべきである。多く切断しても、少なく切断しても、罪にはならない。」

最終的には、債権者は債務者を奴隷として売り払うことで債務を回収するか、その見込みがなければ言わば見せしめとして処刑することが許されました。

家族法　十二表法には父と子の法的関係についての条項があります。

史料
4 十二表法Ⅳ表2
「もし父が息子を3度売ったならば、息子は父から自由であれ。」

これは息子が握取行為（→第3講1）を通じて家父（かふ）の権力から離脱する手続（家父権免除）について述べているとされます。家父権に服する息子、娘、孫等の卑属は「家子（かし）」ないし「他権者（他人の権力に服する者）」と、家父は「自権者（自分の権力のみに服する者）」と呼ばれました。「家子」は原則として財産を所有することができませんでした。また、婚姻の締結には家父の同意が必要でした。その煩を避けるために家父権免除の規定が設けられたと考えられま

す。「家子」の地位にあるとされるのは、正当な婚姻中に懐胎され、出生した者だけでした。十二表法には、夫の死亡後10箇月を超えて生まれた子は、夫の死亡後に懐胎されたものと推定する、という規定がありました（IV表4）。妻は夫と、所定の方式に則って婚姻を締結した場合か、1年間同居した場合に、夫権に服する他権者となりました。十二表法には、1年のうちに「三夜」妻が夫のもとを離れることで、夫権に服するのを免れる、との規定がありました（VI表4）。離婚については、夫が妻に「自分の物を持って出ていけ」と述べる、という方式を定めていたと言われています（IV表3）。

相続法　　自権者である家父が死亡した場合、それまで他権者であった息子と娘は、そして夫権に服する妻は娘の地位で、自権者となり、家父の相続人（自権相続人）となりました（もっとも女性は自権者である限り、後見人の後見に服しました（V表2））。孫は、その父であり今や自権者となった者の権力に服するので、自権者とはなりませんでした。自権相続人は「家産分割訴権」で被相続人の遺産を分割することができました（→第4講5「組合 societas」参照）。他方、自権相続人となるべき者がいない場合、家父は市民集会において、あるいは出陣する軍団の中で緊急的に、相続人を指定することができました。これらが遺言の起源と考えられています。十二表法はこれらに加えて「握取行為遺言」（→第3講1「握取行為」参照）を導入し（V表3）、自権相続人がいる場合でも遺言の作成を可能とし、自権相続人以外の者への遺贈を認めました。家父が無遺言で死亡し、自権相続人もいない場合には、最近の宗族（共通の男系尊属が生きていたとすればその家父権に服することになるはずの者たち）が遺産を取得することも定められました（V表4）。

不法行為　　十二表法には刑事犯罪とならない悪事に関する規定もあります。

5 　**十二表法Ⅷ表2**
　　**「もし他人の四肢を分離し、和解が成立しないならば、同害
　　報復とされるべきである。」**

　これに対して、自由人を骨折させた場合は300アス、奴隷の場合は150アスの 贖 罪金を行為者は被害者に支払うべきとされました（Ⅷ表3）。それ以下の軽微な侵害の場合、贖罪金は25アスでした（Ⅷ表4）。窃盗については、夜間に窃盗犯を現場で殺害しても罪に問われませんでした（Ⅷ表12）。

　市民法　　古代において「市民 civis」とはいずれかの都市の「市民権 civitas」を有する者のことでした。これまで見てきた法は原則として、ローマ市民すなわち都市ローマの「市民権」を有する者のみに適用されました（属人主義）。それゆえ、こうした法を「市民法 ius civile」と呼びます。市民法の創造と解釈を担ったのは神官でした。彼らが定めた儀式すなわち、定型文言を唱え、定型動作を行うことによって法的拘束力が生じるとされました（形式主義、→第3講1「神聖賭金対物法律訴訟」および第5講1「神官による法解釈・法創造」参照）。

3　法務官法

　リキニウス・セクスティウス法　　前367年は、通説では身分闘争の一環としてコンスル職のうち1名にプレブスが就任することを保障した、リキニウス・セクスティウス法が制定された年として知られています。

リウィウス『ローマ建国以来の歴史』6巻42章10-11節
「……貴族が［選挙の結果を］承認することを拒んだので、すんでのところで平民の共同体離脱をはじめとする内乱必至の恐ろしい情勢になった。その時ついに独裁官が条件を提示して対立は鎮まった。すなわち貴族は平民のコーンスルに関して平民に譲歩し、平民は母市で法を司るプラエトル1名を貴族から選出することで貴族に譲歩したのである。……」

　しかし実際には、毎年2名の執政官（コーンスル）を最高公職として選出し、裁判を管轄する法務官（プラエトル）、公共空間を管理する高等按察官（アエディーリス）を常設職とし、独裁官、騎兵長官、監察官を臨時職とする、公職制度の整備が図られたことが重要です。これにより政治体制が安定化したローマは勢力拡大を続けることになります。

　イタリア半島支配　　ローマによるイタリア半島支配は、「編入」と「同盟」と称されます。「編入」された都市（自治市）は、固有の公職制度や市民集会といった都市自治が承認され、ローマ市民との通商権、通婚権をも付与された一方で、納税の義務、ローマの求めに応じた軍事力提供義務、外交政策の放棄といった条件が課せられました。他方、個別の条約によって「同盟」を締結し、ローマと対等な地位を維持した都市（同盟市）は、直接に納税の義務を負わず、都市自治も承認されましたが、同盟市への軍事的脅威に対してはローマ軍団が出動するとの共同安全保障体制に組み込まれました。同盟市の市民は「外国人」と位置づけられ、通商権、通婚権、外交政策の放棄については条約ごとに異なる取扱いがなされました。

属州の獲得　　３次にわたるポエニ戦争によって海外に新たな領土を獲得したローマは、属州という新しい統治形態の試行を迫られました。従来のイタリア半島支配は各都市の自治能力を前提としていました。しかし、シチリアやサルディニアといった旧カルタゴ支配地域は、一部の都市を除き自治の経験を持ちませんでした。それゆえ、当初は法務官を属州総督として１年任期で派遣することで対応しようとしましたが、任期が終了すれば戦争の係属中でもローマに帰国しなければならず、長期に亘るポエニ戦争への対応は困難でした。そこで、任期を終えた前執政官あるいは前法務官の命令権を

【コラム①　当該時期の社会構造】

　この時期の共和政ローマの社会構造は、以下３点の特質を有します。第１に、農業の変質です。相次ぐ対外戦争により市民たちが長期の兵役に駆り出された結果、その間に農地の荒廃が進みました。他方、ノービリタースによって公有地が独占され、そこに戦利品として獲得された奴隷の労働力が投入されたことで、安価な穀物がローマに流入しました。その結果、イタリア半島内の小土地所有農民が没落し、都市でパンとサーカスを求める庇護民が増大しました。第２に、商業の隆盛です。農地が大土地所有農民に集中した結果、オリーブ・ブドウといった商品作物栽培や、広大な牧草地を必要とする牧畜が盛んとなり、オリーブ油・ワインといった農業製品、羊毛・皮革製品といった手工業製品の生産が拡大し、これらの商品が輸出されることで、地中海市場への参入が促進されました。また、属州における鉱山開発の結果、そこで得られた金属を用いた自前の貨幣の鋳造が始まり、これによって貨幣を媒介とする賃貸借、雇用、請負といった契約類型が登場すると共に、銀行業が誕生するに至りました。第３に、騎士階層の登場です。属州での徴税や街道・水道橋・神殿の建設といった国家事業が競売にかけられ、落札した私人たる請負人は、支払った落札額を上回る税収あるいは財源からの収入を得ることで資産を蓄えていきました。

延長することで、長期間の派遣が可能となりました。属州総督は、属州における軍事、行政、司法の最高責任者であると共に収穫税・放牧税・関税といった徴税権も有していました。

特示命令　　前367年の公職制度の整備により、執政官に次ぐ地位を占め、包括的命令権を有するようになった法務官は、特に民事・刑事裁判手続一般を主宰・監督する権限（裁判管轄権）を行使しました。特に、法務官は当事者の申請により暫定的な保護を与える行政的命令としての特示命令 interdictum を発布しました。例えば、属州の土地は原則として公有地とされ、一定の賃料と引き換えにその土地を利用する権利が市民に認められましたが、公有地である以上、これを囲い込む不法占有者を排除するために、神聖賭金対物法律訴訟（→第3講1）を提起することができませんでした。そこで、土地の不法占有を規制するために、占有という事実状態を保護することを目的とした特示命令が発布されました。こうした占有保護のための特示命令は、後に、物の返還請求訴訟（→第3講2「レイ・ウィンディカティオ」参照）において当事者の地位を決定する予備的訴訟としての機能を果たすこととなりました。

外人係法務官　　ローマの支配が地中海に拡大した結果、直接にはローマ市民法の適用を受けない外国人とローマ市民、または外国人同士の法的問題を処理する必要に迫られることとなりました。外国人にとってローマ市民法は、原則としてローマ市民にしか適用されない点で、また、法律訴訟や握取行為等に見られる定型文言、定型動作の遵守といった厳格な形式主義に縛られている点で、大きな不都合がありました。他方で、ローマ市民同士であれば友人間、保護者・庇護民間の人的関係として処理されていた、市民法の範疇に含まれない法的紛争、例えば握取行為によらない、引渡しのみによる手中物の占有移転や、問答契約によらない、合意のみによる売買

の約束等も、外国人が関与する場合には処理に支障をきたすこととなりました。これに対処するため、前242年には外人係法務官が設置され、旧来の法務官は市民係法務官と称されました。

　方式書　　外人係法務官によって導入されたのが方式書訴訟でした（→第3講2）。方式書は、一言で言えば書面で作成された訴訟プログラムであり、法廷手続において出頭した両当事者の主張を基に法務官によって作成され、両当事者がこれを受諾することで争点決定の効力が生じ、法務官は審判人に、方式書に従い判決するよう命令しました。他方、被告が方式書を受諾しない場合には、直ちに執行手続に移行しました。方式書訴訟では定型文言も所作も不要であったため、外国人でも、他者の助力を得てこれを作成することさえできれば、市民法の不都合を回避することができました。この利点はローマ市民も無視できず、後にアエブティウス法（前150年頃）により、ローマ市民同士の法的紛争にも適用されました。

　告　示　　任期1年の法務官は在任中にいかなる方式書を承認するかを、在任中の所信表明である告示において例示しました。告示、そしてそこに定められた方式書の効力は1年限りでしたが、法務官が前任者の採用した方式書を踏襲することで、その方式書は訴権actioとして確立することとなりました。前367年に新設された高等按察官は、特に市場・公道・広場の管理といった都市行政上の権限およびこれに関連する裁判手続を主宰・監督する権限を有しましたが、彼らもその権限内で告示を発し、方式書を承認することができました。

　衡　平　　法務官や高等按察官の活動は、衡平aequitasの観点から、市民法の枠組みを超える法的保護をもたらしました。例えば売買、委任、組合といった、信義誠実bona fidesの原則に基づく複雑かつ高度な国際商取引（→第4講5「委任mandatum」参照）にお

いては、原告が確定金額でもって被告の責任を追及すること自体が
困難であり、市民法上の訴訟による解決には馴染みませんでした。
これに対して法務官は「被告が原告に信義誠実に基づいて与え為す
ことを要するものは何であれ」という文言でもって、審判人に被告

【コラム②　ポエニ戦争後の政治体制】

　ポエニ戦争後、対外的には、マケドニア戦争（前215〜148年）の勝利
によって、ローマはギリシャ世界を支配することとなりました。その支
配は、「自由な」ギリシャ諸都市との同盟という形式を採りつつ、実質
的には「保護者」であるローマと「庇護民」であるギリシャ諸都市との
クリエンテーラ（親分子分）関係でした。他方で、ギリシャ（ヘレニズ
ム）文化がローマに流入し、韻文（叙事詩、悲劇・喜劇）ならびに散文
（実用書、歴史書）で書かれたラテン文学の成長をもたらしました。前
３世紀から２世紀にかけて活躍した劇作家プラウトゥスの作品には、
様々な法的問題が描かれています（→第４講５「委任 mandatum」参
照）。さらに、ヌマンティア戦争（前153〜133年）の終結によりイベリ
ア半島をも制覇したローマは、今やその支配圏の内部あるいは周辺の
人々にとって、その意向を無視することができない存在となりました。
研究者の多くは、この段階をもってローマは「帝国」と呼べる存在と
なった、と考えています。対内的には、職階制度と元老院による集団指
導体制とが確立します。相次ぐ戦争において複数の指揮官による戦線の
維持を余儀なくされた結果、執政官による個別的指導体制から、複数の
指導者を輩出する母体としての元老院による集団指導体制へと移行する
こととなりました。これに伴い、職階制によって、財務官から執政官に
至るまでの序列化が図られました。この職階制は、下位公職の就任経験
なくして上位公職に立候補できない、年齢により立候補に制限が課され
る、同一人物が同一公職に連続して就任することを禁じる、といった特
徴を有しました。また、執政官と法務官経験者のみに元老院議員就任資
格を付与することで、元老院議員の序列化も図られ、元老院における第
一人者の影響力が増大しました。

の責任を柔軟に判断する裁量の余地を与えました（→第3講2「誠意訴権」参照）。また、高等按察官は、市場における売買される奴隷や家畜に隠れた瑕疵（病気等）のあることが後に判明した場合に、瑕疵担保責任の追及を買主に認めました（→第4講5「瑕疵担保責任」参照）。

　法務官や高等按察官の活動は多種多様な訴権 actio、抗弁 exceptio 等の発達をもたらし、法学の発展に大きく貢献することとなりました。今日では、こうした法領域は法務官法ないし（公職者が無給の名誉職であったことから）名誉法と呼ばれています。

　法学者の登場　　法務官法の発展を支えたのが法学者でした。その祖としては、前280年に執政官、前254年に（プレブス初の）最高神官を務めたティベリウス・コルンカニウスが挙げられます。1年ごとに新任される法務官や、裁判の都度に選任される審判人は、必ずしも法的素養を持たず、法実務の経験を積むことも困難でした。法学者は彼らに助言を与え、方式書や抗弁の作成にアイデアを提供しました。

　以上の内容を伝える同時代史料は、一部の歴史書を除き、ほとんど残っていません。この欠を補うのが考古学、歴史学、西洋古典学といった人文学の研究成果です。古代ローマ法をルーツに持つ近代以降の日本法を真に理解しようとすれば、法学部の学生であっても人文学の知見に通じておく必要があるでしょう。

第**2**講　ローマ帝政期［通史］

共和政期には法源として、市民集会の決議である法律と、公職者が発出した告示とがありました。帝政期にはこれらに、法学者の回答、元老院議決、元首の勅法が加わります。こうした雑多な法源がどのようにして現れ、最終的に「ローマ法」というひとつのまとまりに集約されたのでしょうか。

1　共和政末期

「内乱の一世紀」　　元老院による集団指導体制の下、一見するとローマによる支配は盤石であるかのように見えましたが、地中海全体に広がる支配領域と一都市国家の域を出ない国家制度との矛盾は農地問題をめぐる政治闘争として噴出することとなりました。第2次ポエニ戦争勝利の立役者であるスキピオ・アフリカヌスの孫で、自身はノービリタースに属していたグラックス兄弟は護民官に就任し、ノービリタースが占有する公有地を没収して農民たちに分配する政策を実行することで、民衆の支持を得ようとしました。しかし、元老院の意向と法を無視して農地分配を強行した結果、国家に対する反逆者として処刑されました。この後、民衆の力を利用して自らの構想を実現しようとする者（ポプラーレース）と、元老院による支配体制を維持しようとする者（オプティマーテース）との間での抗争が、約100年にわたって繰り広げられることになります。その

背景のひとつとして、イタリア半島内外でローマの支配を揺るがす戦争が相次いだことが挙げられます。それらの戦争を収拾するため、マリウス、スッラ、ポンペイウス、カエサルといった一個人に半ば私的な軍事力を保有することを認めざるをえませんでしたが、そのことで公職者、市民集会、元老院といった共和政下の国家制度は有名無実化することとなりました。

2　元首政期の法

アウグストゥス　　カエサルはガリアを征服して属州化した後、共和政の国家制度を無視した政策を実施しようとしましたが、オプティマーテースの反発を買って暗殺されました。その後、遺言により彼の養子となったオクタウィアヌスは、反カエサル派を打倒し、カエサルの副将であったアントニウスに対してもアクティウムの海戦で勝利したことで、「内乱の一世紀」を終わらせ、元老院から「尊厳者」を意味するアウグストゥスという称号を得ることとなりました。アウグストゥスはカエサルの失敗を反省し、建前上は「元老院の第一人者」たる元首（プリンケプス）の地位にとどまり、共和政の国家制度を存置しましたが、実質的には、前執政官命令権を保持して全ローマ軍の指揮権と全属州の支配権を握り、護民官に与えられる特権（身体不可侵特権、他の公職者に対する拒否権、市民集会・元老院の招集権）を用いて他の公職者、市民集会、元老院を制御下に置くことで「皇帝」と呼ぶに相応しい地位を得、元首政と呼ばれる新たな政治体制を創始しました。また、アウグストゥスは「内乱の一世紀」によって減少した支配階層を立て直すため、婚姻に関するユリウス法を制定し、多くの子を持つ女性に特権を付与する一方で、未婚者に不利益を課し、姦通を厳しく処罰し、離婚を抑制する

政策を採用しました。

元首政期の法学者　　アウグストゥスは法学者に回答権 ius re-spondendi を付与し、彼らを法律顧問 iuris consultus とすることで、彼らの回答が審判人を拘束するという制度を導入しました（→第5講3「法学派の形成」参照）。もっとも、彼に始まるユリウス・クラウディウス朝と、それに続くフラウィウス朝では、皇帝の地位は血縁者により世襲され、皇帝による国家行政は、その家系に仕える奴隷や被解放自由人で構成される官房が担当しました。これに対して、五賢帝、すなわちネルウァ、トラヤヌス、ハドリアヌス、アントニヌス・ピウス、マルクス・アウレリウスという5名の皇帝の時代には、皇帝とその候補者との養子縁組により有能な人材が登用され、官僚制度を組織化することで公的な行政機関が整備されました。法学者も、皇帝の顧問会の一員に任命されることで官僚組織に組み込まれました。特に、ハドリアヌスの時代に活躍した法学者であるユリアヌスは、ハドリアヌスの命令により『永久告示録』を編纂しました。これには共和政期以来蓄積されてきた告示が体系的に採録されたと考えられています。

五賢帝時代の社会・経済状況　　この時代は「ローマの平和」と呼ばれる安定した政治のもとで、例えばポンペイの遺跡に見られるように、帝国全体が経済的な繁栄を謳歌しました。他方で、都市ローマには100万人を超えるとも言われる人口が集中し、住宅・交通・犯罪・火災・疫病・墓地といった都市問題が生じました。こうした問題の解決にも法学者の活動が寄与しました。また、属州には軍団が駐留し、退役兵が植民市を建設し、彼らにローマ市民権が付与されるとともに、各都市には商人が進出することで、特に帝国西部では、政治制度、言語、生活といった点でローマ化が進行し、今日なお、各地に残る建造物（円形闘技場、劇場、水道橋等）にその痕

跡をとどめています。さらに、皇帝と属州有力者との間にはクリエンテラ関係が結ばれる一方、属州出身者がローマに進出することも増え、トラヤヌスのように皇帝の地位にまで上り詰める者も現れました。

元老院議決　　元老院議決は、形式上は公職者に対する勧告に留まり、元老院は市民集会に特定の法案を提出するよう公職者に勧告する決議を行うことはできても、決議の内容そのものが法律としての効力を持つものではありませんでした。しかし、元首政期には市民集会が機能不全に陥ったことから、元老院議決が事実上法律の効力を有するに至りました。例えば後52年のクラウディウス元老院議決は、ローマ市民女性が男奴隷と、その主人であるローマ市民の意に反して性的関係を結んだ場合、その女性はそのローマ市民の女奴隷となる、と定めました。

史料
1　ガイウス『法学提要』1巻4節
「元老院議決とは、元老院が命令しかつ制定するものであり、たとえ疑義が挟まれていたとしても、それは法律の効力をもつ。」

史料
2　学説彙纂1巻3章9法文（ウルピアヌス『告示註解』16巻）
「元老院が法を制定することができることには疑いがない。」

元老院議決が法律と同等の効力を有することは、ガイウスの時代にはなお疑義がないわけではなかったようですが、ハドリアヌスがこれを確定したとされ、ウルピアヌスはこのことを断言しています。

セウェルス朝期の法　　マルクス・アウレリウスの後を継いだ実子コンモドゥスは失政を理由に暗殺され、「五皇帝の年」と呼ばれる政治的混乱が生じましたが、これを収拾したのが属州総督であっ

たセプティミウス・セウェルスでした。彼の息子カラカッラはアントニヌス勅令を発して、ローマ帝国内のほぼすべての自由人にローマ市民権を付与しました。この時代には、法学者が官僚機構のトップである近衛軍団長官に任じられ、司法および官僚機構を統括しました。他方で、弟のゲタを殺害したカラカッラからその犯行を不問にするよう依頼され、これを拒絶したために処刑されたパピニアヌスのように、その地位は必ずしも安泰とは言えませんでした。彼の弟子とも言われるウルピアヌスは、『告示註解』『サビヌス註解』といった著作を残し、これらからの引用は、後にユスティニアヌス帝が編纂した『学説彙纂』の法文の3分の1を占めるほどでした。しかし彼も、近衛軍団長官に任じられて間もなく、近衛兵の反乱により殺害されました。ウルピアヌスと同時代に活躍したパウルスも『告示註解』その他多数の書物を著し、『学説彙纂』の6分の1を占めています。

3　帝政後期の法

衰退期?　　セウェルス朝最後の皇帝セウェルス・アレクサンデルの暗殺後、約50年の間に26人の軍人が皇帝位を主張する「軍人皇帝時代」が続き、帝国の一部では一時的に「地方政権」が樹立される等、政治秩序が乱れました。軍人皇帝による通貨の乱発とそれに伴う品位の低下は経済的混乱も引き起こしました。他方、東方ではササン朝ペルシアが、北方ではゲルマン諸民族が、帝国の国境を脅かしました。ディオクレティアヌス帝は四帝統治制度を導入して帝国行政を再編し、最高価格令によりインフレに対応することで混乱を収拾しようとしましたが、皇帝崇拝を強要してキリスト教を迫害するといった強硬な側面もありました。コンスタンティヌス帝はキ

リスト教を公認する等、人心掌握に努めた他、東方にコンスタンティノープルを建設し、後の東ローマ帝国およびビザンツ帝国発展の基礎を築きました。こうした状況はローマ史研究者により、帝国が繁栄を極めた五賢帝時代に比べて、帝国が衰退に向かう時代と位置づけられ、その衰退の要因が盛んに議論されました。これに対して近年では、この時代は古代から中世への移行期として、独自かつ固有の意義を有するものとして位置づけられ、「古代末期」と呼ばれる傾向にあります。また、気候変動に伴う旱魃、洪水、飢饉、そして疫病といった環境問題を、これに対処する帝国の「回復力」との関係で捉えようとする研究も見られます。

勅　法　　皇帝は形式的には立法権を有しませんでしたが、元首

【コラム③　初期のキリスト教】

　イエスその人の実在とその後の教会の発展について、聖書等キリスト教会側の資料を除くと、同時代史料はほとんどありません。ともあれ、イエスの教えを信じる人々が集まり、徐々に地中海各地に教会を形成していったのは事実です。イエスとその弟子の言行を伝える福音書・使徒言行録・書簡といったテキストが編まれました。他方で彼らは皇帝に対する礼拝を拒否したり、都市の祭礼への参加を拒んだことで、皇帝や民衆からの迫害を受けました。3世紀には教会会議が開催され、職制（司教・司祭・助祭）の整備、儀礼（洗礼・聖餐等）の制定、聖書正典の確立が議論されました。313年にはミラノ勅令により、コンスタンティヌス帝がキリスト教信仰を公認しました。325年には「ニケーア信条」が制定され、「父である神と子であるキリストは同一本質」という教義（アタナシウス派）を正統とし、「子は父に従属し、父に相似する」という教義（アリウス派）は異端として排斥されました。392年にはテオドシウス1世により、キリスト教が国教化されました（→第6講1「「ローマ帝国」の領土と宗教」参照）。

政期を通じて、皇帝の各種の活動は事実上法律と同等の効力を有するようになりました。

　第1に、皇帝はその命令権に基づいて、法務官と同様、告示 edictum を発することができました。第2に、皇帝は通常の訴訟手続とは別に、自らあるいはその官僚を通じて事件を審理し、裁決 decretum を下すことができました（→第3講3「特別審理手続」参照）。その裁決は特定の事案にのみ効力を持つものでしたが、事実上同様の事案に対して先例としての拘束力を有しました。第3に、皇帝はその官僚または他の公職者から書簡の形式で、あるいは個人から請願として、法的問題についての問い合わせを受け付け、官僚に回答 rescriptum を作成させ、これに自署した上で返送し、あるいは公に掲示しました。第4に、皇帝はその官僚に統治権の行使を委任 mandatum し、行使の方針として訓令を発しました。

　法学者の活動の変化　　　勅法の作成にあたり、回答権を有する、あるいは顧問会に所属する法学者たちが大きな役割を果たしたことは確かです。しかし、法学者の自由な著作活動の余地は徐々に狭くなっていったと考えられます。ある研究によれば、後に学説彙纂に

採録されることとなる40名の法学者たちのうち、帝政後期に属することが明らかな法学者は2名に過ぎません。また、彼らの著作に、他の法学者の著作、法律、告示、元老院議決に対する注釈書は多数見られますが、勅法に対する注釈書は僅かです。皇帝の決定に対して学問的にであれ異を唱えることが次第に難しくなっていったことは、パピニアヌスの例を見ても明らかでしょう。

　引用法と勅法集　　もっとも、法学者の活動自体が衰退したと言うことはできません。この時代には、それまでに蓄積された法学上の成果を集積し編纂する作業が行われました。法学者たちはそうした作業に注力したと考えられます。例えば後3世紀から4世紀にかけて、『パウルスの意見集』や『ウルピアヌスの法範』といった、著名な法学者の名を冠した簡単な法律書が作成されました。こうした書籍によって伝えられた法学者の見解について、426年のテオドシウス2世およびウァレンティニアヌス3世の勅法は、5名の法学者（パピニアヌス、パウルス、ウルピアヌス、モデスティヌス、ガイウス）の見解を法廷で法源として引用することを許しました。そして、見解が相違する場合は、5人のうち多数を占める見解に従うこと、異なる見解の数が等しい場合には、パピニアヌスの見解を含む方に従うこと、これで決着がつかない場合には、裁判官が自ら判断すること、を定めました。これは後に「引用法」と呼ばれました。

　勅法についても、3世紀末には『グレゴリウスの勅法集』（291年）および『ヘルモゲニアヌスの勅法集』（295年）と呼ばれる私撰の勅法集が作成されました。さらに438年には、皇帝テオドシウス2世の命により、帝国各地に対して発布された勅法の情報が収集され、『テオドシウス法典 codex Theodosiani』として編纂されました（→第6講1「「（暴）力」から「言葉＝法」の統治へ」参照）。これは312年から438年までに発出された勅法2307点を収録しています。

こうした努力にもかかわらず、帝国は東西に分裂し、ローマが
ゴート族に略奪され、476年には西ローマ帝国の最後の皇帝が廃位
されました。

4 ユスティニアヌス帝時代の法

法典編纂　　ユスティニアヌスその人は農民の生まれでしたが、
その叔父で近衛軍団長官から皇帝に選出されたユスティヌスに引き
立てられ、彼との共同統治を経て、527年に単独の皇帝となりまし
た。528年には『旧勅法集』の編纂を法務大臣トリボニアヌスら10
名の委員に命じ、これは翌年に公示・施行されました。530年12月
に満を持して『学説彙纂』の編纂を、トリボニアヌスを委員長と
し、他16名の委員から構成される委員会に命じました。

史料
4 　勅法 Codex Deo auctore（学説彙纂序文「学説彙纂の編
　纂について」）首項および1項
「皇帝カエサル・フラウィウス・ユスティニアヌス、敬虔に
して幸福、著名にして勝利者、凱旋者にして永久に尊厳者
である私は法務大臣トリボニアヌスに宣旨する。……私の
見るところ都市ローマの建設とロムルスの時代以降の法
は、際限なく広がり、そのすべてに通ずることは人の力で
は到底できないように、全体が極めて混乱した状況にある
ので、私は、まずもって過去の神聖な皇帝たちの勅法から
着手して、これを修正しまたは整理して一個の法典に採録
し、無用の重複と極めて不公平な矛盾とをすべて除去し
て、全人類が完全に正しい勅法による速やかな保護を享受
することを望むものである。」

翌年には、法学校で教科書として用いる『法学提要』の編纂にも

着手し、533年11月に公示しました。同年12月16日には『学説彙纂』も公示され、同年12月30日、『法学提要』および『学説彙纂』は同時に施行されました。534年には改訂された『勅法集』を施行し、『旧勅法集』を廃止しました。565年に死去するまで、ユスティニアヌス帝はその治世において、ニカの乱をはじめとする内紛に煩わされながらも、東方のササン朝ペルシアとは平和条約を締結して西方に目を向け、東ゴート王国の首都ラヴェンナを攻略し、その後イタリア半島の支配を一時的に回復する等、「大帝」と呼ばれるに相応しい業績を挙げました。

　『学説彙纂』　　『学説彙纂』は、主に共和政末期から元首政期にかけての法学者の著作をひとつの法典に集成したものです。

史料
⑤　勅法 Codex Deo auctore（学説彙纂序文「学説彙纂の編纂について」）2－4項
「私は……数多くの学者が個別に著した書物を一つの法典に編纂して公開する事業にまい進することを望むものである。……この法典は神のこの上ない恩恵に基づいて編纂されるものであるがゆえに、私はこれに極めて美しい形式を与え、……また卿たちにとってもっとも都合が良いと思われる範囲で私の勅法集および永久告示録の例に倣って、この法典全体を50巻と、一定数の章とに分類することを求める。」

　代表的な法学者とその著作は、ラベオー、サビヌス（『市民法』3巻）、プロクルス、ケルスス（『学説集』39巻）、ユリアヌス（『学説集』90巻）、ポンポニウス、ガイウス（『法学提要』4巻、『属州告示註解』32巻）、パピニアヌス（『質疑録』37巻）、パウルス（『サビヌス註解』16巻、『告示註解』80巻、『質疑録』26巻）、ウルピアヌス（『サビヌス註解』51巻、『告示註解』83巻、『討論集』2巻）、モデスティヌスです。編纂

委員たちは、全1528巻300万行とも言われる著作を全50巻、432章、約15万行に要約しました。そのためにユスティニアヌスは彼らに、不要な部分の削除、不完全な部分の補充を認めました。そして、この法典の中に矛盾する法文は存在しない、と断言しました（→第6講3「註釈学派の取り組み」参照）。

史料
6 勅法 Codex Deo auctore（学説彙纂序文「学説彙纂の編纂について」）7-8項
「また特に私が卿たちに努力するよう希望するのは、卿たちが古い法律書の中で不適当または不要または不完全な点を発見したならば、不要な文章を削除したり、不完全な部分を補充したり、全体の内容を整理して体裁を整えなければならない、ということである。……したがって、卿たちが選択して記入した部分はすべて純正で動かしてはならない文字と認められ、原文と同一に取り扱われるべきであって、誰であれその部分を古い本と対照して、卿たちの用いた文字に欠点があると論争しようとしてはならない。……これによって、上述の私の法典にはいかなる部分においても、アンチノミアな〔古代ギリシャ語で矛盾しているという意味〕法文は一つとして存在せず、全法文は調和と統一とをもって一貫しているのであって、この点については誰であれ異議を挟んではならない。」

　このようにして編纂されたローマ法は、第6講以下の西洋法史を通じて、今日まで伝えられており、読者のみなさんが学んでいるであろう法の基礎であり続けています。

第**3**講　民事訴訟［トピック］

　「民事訴訟法」と言うと、昔は「眠素」と揶揄され、退屈な内容である
と言われていましたが、古代ローマ法では「民事訴訟」こそが種々の法
制度をダイナミックに生み出した驚くべき源泉でした。第１講、第２講
でお話しした歴史の流れを思い起こしながら、読み進めてみてください。

1　法律訴訟

　ウェルギニア伝承　　十二表法（→第１講２「十二表法」参照）の
制定に関する伝承によると、前452年、慣習法の成文化についてソロ
ンの法を研究するため、アテネに派遣されていた３人の委員が帰
国すると、公職の選出は停止され、法制定十人委員会が選挙によっ
て設置されました。委員長はアッピウス・クラウディウス、委員は
すべてパトリキでした。翌451年に彼らは法案をケントゥリア集会
に提出し、法案は可決されました。条文は十表（10枚の板）に記さ
れ、広場に掲げられました。再び選挙が行われ、新たな十人委員会
が設置されました。クラウディウス以外の委員はすべて入れ替わ
り、若干のプレブスも含まれていました。450年、彼らによって二
表が付け加えられ、全部で十二表となりました。ところが、彼らは
専制的な支配を目指し、年が変わっても辞任しませんでした。特に
クラウディウスは横暴であり、プレブスの指導者を殺害しました。
さらに、彼は処女ウェルギニアを我が物にするため、手下マルクス

に命じて、彼女はマルクスの奴隷の娘であり、マルクスの奴隷である、という訴えを起こさせました。クラウディウス自身が裁判長を務め、父ウェルギニウスや婚約者イキリウスの奮闘むなしく、マルクス勝訴の判決が下されました。ウェルギニアは、その純潔を守るため、父ウェルギニウスによって殺されました。憤ったプレブスは国外退去を行い、ローマは外敵の脅威にさらされることとなりました。混乱の責任を取って十人委員会は辞職し、再び最高公職と護民官が選出されました。

ローマ最古の民事訴訟？　　　ローマ法研究者の中には、この伝承がローマ最古の民事訴訟を伝えており、それは占有を争う儀式的訴訟であった、とする説があります。どちらが係争物の占有者として認められるかは、あたかもサッカーボールを取り合う2人の選手のうち、どちらがボールに近いか（遠い方がファウルをとられる）という判定のように、直観的に判断されました。ウェルギニアが奴隷であると主張するマルクス（そしてクラウディウス）は、婚約者であるイキリウスとウェルギニアの間柄よりも、主人としてウェルギニアとの間柄が近い、と判断され、マルクスに占有が認められます。これに対して、ウェルギニアが娘であると主張するウェルギニウスは、主人であるマルクスよりも、父としてウェルギニアとの間柄が近い、と判断され、ウェルギニウスに占有が認められます。この時、ウェルギニアはマルクスの奴隷なのか、または、ウェルギニウスの娘なのか、という（原因ないし権原に関する）問題は棚上げとされます。そのような問題を延々と議論しているあいだに、ウェルギニアの身柄はクラウディウスのものとなってしまいます。そういう問題は後の本案手続でゆっくりと議論することにして、まずは係争物を占有すべき側の占有に委ねる（それによって占有者が被告の地位に立つ）、という手続が生まれた、とされます。これは後に法廷手

続と呼ばれました。

神聖賭金対物法律訴訟　　　神聖賭金対物法律訴訟は、少なくとも共和政中期までは、ある物ないし権利の帰属を争う一般的な訴訟でした。ガイウス『法学提要』（4巻16節）はこの訴訟における法廷手続を以下のように伝えています。

①当事者が係争物を法廷に（in ius）持ち込む。

②権利を主張する者が、杖を持ち、係争物、例えば奴隷をつかむ。

③権利を主張する者が、「私はローマ市民法により、その原因にもとづいてこの奴隷が私のものであると宣言する。私が述べたように、あなた、見よ、私は杖を置いた」と述べ、言い終わると同時に、奴隷に杖を置く（"HVNC EGO HOMINEM EX IVRE QVIRITIVM MEVM ESSE AIO SECVNDVM SVAM CAVSAM; SICVT DIXI, ECCE TIBI, VINDICTAM INPOSVI"）。

④相手方（現に占有する者）も同じことを言い、同じことを行う。

⑤公職者が「二人とも奴隷を放せ」と述べ、両当事者は奴隷に杖を置くのを止める。

⑥最初に杖を置いた者が、「あなたがいかなる原因で杖を置いたのか述べるよう、私は要求する」と相手方に尋ねる。

⑦相手方が、「私は杖を置いたように権利を行使した」と答える。

⑧最初に杖を置いた者が、「あなたは不法に杖を置いたので、私は500アスの神聖賭金であなたに挑む」と述べる。

⑨相手方も同様に、「私もあなたに」と述べる。

⑩両当事者が賭金を供託する、あるいは敗訴の際に賭金を支払うことにつき保証人を設定する。

⑪審判人 iudex が指定される。

⑫公職者が両当事者のうち一方に係争物を判決時まで占有させること（中間占有）を決定する。中間占有する者は、敗訴の際に

係争物と果実を引き渡すことにつき保証人を設定する。
⑬両当事者が 3 日後に審判人の面前に再出頭することにつき再出
　　頭保証人を設定する。

　この手続の特徴は、第 1 に、原告と被告との区別がない対照的な
構造であり、両当事者とも相手方と同じことを言明し、動作を行
う、という点にありました。なぜなら、中間占有が決定されて初め
て原告と被告とが決まるからでした。第 2 に、「賭金」は、敗訴＝
宣誓違反の場合に法的保護を受けられなくなるのを免れるための贖
罪金としての性格を有しました。「500 アスの神聖賭金」は元来、約
130 キログラムの銅の塊であり、これは敗訴した当事者を経済的に
破滅させられるだけの量でした。

　法廷手続に続いて、審判人手続では、両当事者が審判人の面前に
出頭して主張の理由を口述し、審判人は証拠調べを行った上で判決
を下し、勝訴者には係争物が付与され、賭金が返還される一方、敗
訴者の賭金は国庫に没収された、と考えられます。

　法廷譲渡　　ローマ人は「応用」によってある法制度から別の法
制度を生み出すことにかけては天才的でした。すべての有体物と、
用益権ならびに相続財産といった無体物に対する物的権利を移転す
る制度であった法廷譲渡は、神聖賭金対物法律訴訟の法廷手続を
「応用」した制度でした。ラテン語の文言に注目してください。

史料
1　**ガイウス『法学提要』2 巻24節**
「法廷譲渡は次のように行われる。ローマ国民の公職者、例
えば法務官の面前で、物を法廷で譲り受ける者が、その物
をつかんで次のように述べる。「私はローマ市民法により、
この奴隷が私のものであると宣言する（HVNC EGO HO-
MINEM EX IVRE QVIRITIVM MEVM ESSE AIO)」と。

> この者が権利を主張した（杖を置いた vindicaverit）後、法務官は反対に権利を主張するかどうかを譲り渡す者に尋ねる。尋ねられた者が否定するか沈黙すると、法務官は権利を主張した者にその物を付与する。これは法律訴訟と呼ばれる。……」

　神聖賭金対物法律訴訟とは、譲受人がほぼ同一の定型文言と動作とを行う点で類似しています。これに対して相違点としては、譲渡人が権利を主張しない、という点が挙げられます。言い換えれば、譲渡人の黙認によって初めて権利が移転されました。

　握取行為　「手中物（しゅちゅうぶつ）」と呼ばれる権利客体に対する権利を移転する手続である握取行為も、法廷譲渡の「応用」でした。ここでも、神聖賭金対物法律訴訟ならびに法廷譲渡と共通の文言が用いられました。

史料
2　ガイウス『法学提要』1巻119節
> 「握取行為は、我々が前にも述べたように、ある種の仮装売買である。これ自体もローマ市民に固有の法であり、この行為は次のようにしてなされる。5人以上の成熟したローマ市民男性の証人、および同じ資格を有するもう1人の者、銅製の秤を持つので秤持ちと呼ばれる者の立会いの下で、マンキピウム権に受け入れる者が銅をつかんで次のように述べる。「私はローマ市民法により、この奴隷が私のものであると宣言する。これは銅と銅製の秤とによって私に買い取られよ（HVNC EGO HOMINEM EX IVRE QVIRITIVM MEVM ESSE AIO ISQVE MIHI EMPTVS ESTO HOC AERE AENEAQVE LIBRA）」と。次に銅で秤を打ち、その銅をあたかも代金のように与える。」

手中物とされたのは、奴隷、農耕用家畜（例えば牛・馬・ラバ・ロバ）、「イタリア」内にある土地、農業用の地役権（道路権、人および家畜荷車の通行権、導水権）でした。いずれも農業社会における重要な生産手段であり、本来その権利移転は禁じられていたところ、儀式的行為によって初めて権利移転が可能となりました。なお、手中物以外の物は非手中物とされ、その権利移転は正当原因に基づく引渡しによってなされました。

2 方式書訴訟

法廷手続　方式書訴訟（→第1講3「方式書」参照）でも、法廷手続と審判人手続とは区別されていました。法廷手続では、まず原告が被告を法廷に召喚し、いかなる方式書を用い、その方式書を用いるに足る事情を説明しました。法務官は、管轄権、訴訟能力、当事者適格等の訴訟要件を吟味して、原告の請求を承認するか拒否するかを決定しました。争点決定は、原告が被告に「訴訟を開陳し」、被告が「訴訟を受諾する」ことによって成立しました。両当事者は審判人の判断に服することを合意し、審判人には判決を下す

【コラム④　1ヌンムスの握取行為】

　握取行為は、銅の塊が売買代金として計量されていた時代に現実売買から発展した権利移転行為と考えられます。前300年頃にローマで貨幣の鋳造が開始された後、ガイウスの時代までには、銅貨1枚（1ヌンムス）を象徴的な売買代金として与える仮装行為となりました。その結果、握取行為は複数の市民法上の法律行為（家父権免除（→第1講2「家族法」参照）、他権者養子縁組、信託等）へと応用されました。

ことが命ぜられました。

厳正訴権　　方式書の記載内容は訴権ごとに異なりました。以下はコンディクティオと呼ばれる確定金額請求訴権です。

●コンディクティオ

・審判人指名 nominatio

ルキウス・ティティウスは審判人となれ。（L. Titius iudex esto.）

・請求の表示 intentio

被告が原告に1万セステルティウスを与えることを要することが明らかならば、（Si paret Numerium Negidium Aulo Agerio sestertium X milla dare oportere,）

・判決請求 condemnatio

審判人は被告が原告に責あるものと判決せよ。もし明らかでないならば、免訴せよ。（iudex Numerium Negidium Aulo Agerio condemnato. Si non paret, absolvito.）

確定金額請求訴訟で審判人に判断が要求されたのは、被告が原告に一定額を与えるべきか否かでした。したがって、被告が原告からの何らかの給付を期待して1万セステルティウスの支払いを問答契約（→第4講3）で約束した場合、原告が何も給付しなくても、審判人は被告の期待を考慮に入れることはできず、1万セステルティウスにつき有責との判決を下さなければなりませんでした。また、債務免除の無方式合意が締結され、被告が与えるべき額が0セステルティウスである場合も同様でした。そこで、被告は、原告は被告の期待を知っていたとして悪意の抗弁を、あるいは債務免除の無方式合意があるとの抗弁を、方式書中の請求の表示と判決請求のあいだに挿入しました。これにより、審判人は原告の期待あるいは無方

式合意を考慮に入れることができ、1万セステルティウスについて免責との判決を下すことができました。

・悪意の抗弁 exceptio doli
もしこのことについて、原告の悪意によって何も為されたことはなく、為されもしないならば、(si in ea re nihil dolo malo Auli Agerii factum sit neque fiat,)

···

・債務免除の無方式合意の抗弁 exceptio pacti conventi de non petendo
もし原告と被告との間にその金額を請求しないという合意がないならば、(si inter Aulum Agerium et Numerium Negidium non convenit, ne ea pecunia peteretur,)

誠意訴権　　信義誠実の原則に基づく契約については、厳正訴権とは異なる訴権が用いられました（→第1講3「衡平」参照）。例えば奴隷の売買契約に基づく代金請求訴訟では、売主訴権で訴えることになります。売主訴権の方式書は、審判人指名と判決請求の文言は同一ですが、請求原因の表示という項目が挿入され、請求の表示の内容も異なります。請求原因の表示には「原告は被告に奴隷を売却したので」との文言で売買契約の事実が記載されます。請求の表示では、「被告が原告に信義誠実に基づいて与え為すことを要するものは何であれ」との文言で、売買契約にまつわる一切の状況を考慮して判断を下す権限が審判人に与えられます。したがって、一部弁済がなされたり、債務免除の無方式合意が締結されたりした場合、たとえ方式書に悪意の抗弁あるいは債務免除の無方式合意の抗弁が挿入されていなくとも、審判人は免訴判決を下すことが可能で

した。

> ●売主訴権 actio venditi
> ・審判人指名 nominatio
> ルキウス・ティティウスは審判人となれ。(L. Titius iudex esto.)
> ・請求原因の表示 demonstratio（要件事実）
> 原告は被告に奴隷を売却したので、(Quod Aulus Agerius Numerio Negidio hominem vendidit,)
> ・請求の表示 intentio（請求内容）
> それゆえに被告が原告に信義誠実に基づいて与え為すことを要するものは何であれ、(quidquid ob eam rem Numerium Negidium Aulo Agerio dare facere oportet ex fide bona,)
> ・判決請求 condemnatio
> 審判人は被告が原告に責あるものと判決せよ。もし明らかでないならば、免訴せよ。(iudex Numerium Negidium Aulo Agerio condemnato. Si non paret, absolvito.)

レイ・ウィンディカティオ　　元首政期、物に対する権利に基づく請求（対物訴訟）において一般的に用いられたのはレイ・ウィンディカティオという訴権でした。この訴権の原告適格は、係争物がローマ市民法によれば自分の物である、と主張する（ことができる）者であり、被告適格は係争物の占有者です。神聖賭金対物法律訴訟では法廷手続で係争物の占有者を決定しましたが、レイ・ウィンディカティオでは占有者はすでに決定されており、したがって方式書にも最初から原告、被告の別があります。占有者については、当初から争いがなかったか、特示命令で決定されたと考えられます。

●レイ・ウィンディカティオ rei vindicatio

・審判人指名 nominatio

ルキウス・ティティウスは審判人となれ。（L. Titius iudex esto.）

・請求の表示 intentio（請求内容）

もし訴訟の客体である物がローマ市民法上原告のものであることが明らかならば、（Si paret rem qua de agitur ex iure Quiritium Auli Agerii esse,）

....

・売却され引き渡された物の抗弁 exceptio rei venditae et traditae

原告がこの物を被告に売却し引き渡したのでないならば、（si non Aulus Agerius eam rem Numerio Negidio vendidit et tradidit,）

....

・仲裁条項 clausula arbitraria

そして、この物が審判人の仲裁により返還されることがないならば、（neque ea res arbitorio iudicis restituetur,）

・判決請求 condemnatio

審判人は被告が原告に、その物が値するであろう額につき、責あるものと判決せよ。もし明らかでないならば、免訴せよ。

（quanti ea res erit, tantum pecuniam iudex Numerium Negidium Aulo Agerio condemnato. Si non paret, absolvito.）

審判人指名はこれまで見た方式書と同じですが、それ以下は大きく異なります。まず請求の表示では、係争物がローマ市民法によれば原告のものであるかどうかが審判人の判断の対象であることが示されます。審判人手続では、原告が係争物を（無主物先占や加工等によ

り）原始取得あるいは（手中物であれば法廷譲渡や握取行為、非手中物であれば引渡し等により）承継取得したかどうかが審理されたと考えられます。次に判決請求を見ると、被告が有責の場合、審判人は被告に、原告に対して係争物の評価額を金銭で支払うよう命じることになっています。実は、ローマ法の民事訴訟における判決は金銭判決が原則であり、それは対物訴訟であっても同じでした。したがって、レイ・ウィンディカティオの原告は勝訴しても物そのものを取り返すことはできませんでした。この弊害を避けるために方式書に挿入されたのが仲裁条項であり、被告が任意に物を返還すると免訴判決が下される仕組みでした。場合により、賠償額を原告が訴訟物宣誓で決定する、言い換えれば原告の言い値で賠償額が決まることもあったので、この仲裁条項により、有責判決を避けたい被告が自発的に物を原告に返還することが促されました。さらに、例えば手中物が握取行為によらずに売られて買主に引き渡された場合、その物に対する市民法上の権利は売主にとどまることとなります。この時、売主がその権利に基づいて買主に対して物の返還を請求した場合、買主は売却され引き渡された物の抗弁を挿入することができました。これによって、審判人は売主の訴えを退ける判断を下すことができました。

3　特別審理手続

元首政期　　元首政の開始以来、皇帝は一定の事件（扶養、信託遺贈等）について自らあるいはその官僚を通じて事件を審理しました（→第2講3「勅法」参照）。皇帝の代官が派遣された属州においては、その代官あるいは彼の補助裁判官が裁判を担当しました。手続は法廷手続と審判人手続という二段階には分かれておらず、判決

を下すのは、方式書訴訟のように当事者によって選任された私人ではなく、官僚たる裁判官でした。

帝政後期　ディオクレティアヌスの時代には方式書訴訟も消滅しました。首都ローマの裁判権を有したのは都市長官で、上級審では皇帝が最高裁判官でした。属州では属州総督が裁判を担当し、上級審は近衛軍団長官が担当しました。法廷召喚手続では国家権力に基づき訴訟通告がなされました。争点決定は、両当事者が口頭で相争った時点でなされたこととされましたが、方式書訴訟のような契約的性格を持たず、特別な行為も必要とされませんでした。審理においては法廷証拠主義が採用されました。判決は必ずしも金銭判決であることを要しないとされ、係争物を給付すべきとの判決には、国家権力に基づく執行力が付与され、差押えが行われました。

　ローマ人が訴訟制度から「応用」によって種々の法制度を生成・展開したことは興味深かったのではないでしょうか。現代では裁判官の判決、特に判例が事実上の法源として重視されていますが、「類推適用」によって法の適用範囲を拡大する点は、古代ローマの法の発展とも通じるところがあります。

第**4**講　契　　約［トピック］

> 　民法典には13種類の「典型契約」と呼ばれる契約が規定されていることはご存じかと思います。「典型契約」とは何でしょうか。「典型契約」に該当しない契約はどのように扱われるのでしょうか。古代ローマ法と日本民法とで、その取扱いに違いはあるのでしょうか。

1　契約とは？

　ガイウス『法学提要』によれば、契約とは債権債務関係を発生させる原因のひとつでした。

史料
1　**ガイウス『法学提要』3巻88-89節**
「すべての債権債務関係は、あるいは契約から、あるいは不法行為から生じる。まず契約から生じるものについてみることにしよう。ところで、これには4つの種類がある。なぜなら、債権債務関係は物〔の交付〕により、あるいは言語により、あるいは文書により、あるいは合意により締結されるからである。」

　「物（の交付）」は要物契約、「言語」は言語契約、「文書」は文書契約、「合意」は諾成契約を指しました。古代ローマ法では、以上の類型に該当する行為だけが市民法によって承認された契約であり、市民法によって承認された契約だけが、原則として、訴権によ

る法的保護を与えられました。これを「類型強制」と呼びます。

2 要物契約

ガイウスは要物契約の例として消費貸借のみを挙げていますが、一般には使用貸借、寄託、質も要物契約に数えられます。ここでは消費貸借と寄託を取り上げます。

消費貸借　本来、消費貸借は友人間の無償行為であって、問答契約によって予め借主に返還を義務づけることとは相容れませんでした。ごく例外的に、借主が返還しない場合（それは友人関係の破壊を意味します）、問答契約は締結されていないけれども、物の交付を条件として、借主に返還を義務づける（貸主がコンディクティオ（→第3講2「厳正訴権」参照）で返還を請求する）ことができました。

史料
2　ガイウス『法学提要』3巻90節
「物〔の交付〕によって債務が生じるのは、例えば消費貸借 mutuum として与える場合である。通常、消費貸借として与えられるのは、重量、数量、容量で確定される物、例えば鋳造貨幣、葡萄酒、オリーブ油、穀物、銅、銀、金などである。我々がこれらの物を数量、容量、重量で計って与えると、それらは受領者の物となる。そして、同じ物ではなく、同じ性質を有する別の物が、特定の時期に我々に返還されることになる。……」

利息付消費貸借　営利行為である利息付消費貸借の場合、問答契約によって借主は貸付金の返還および利息の支払いという債務を負いました。さらに、証拠として証書が作成されました。利息の支払いについては、無方式の合意では足りず（後述）、貸付金の返還とは別個に問答契約を締結しなければなりませんでした。というの

も、貸付金は確定物なのでコンディクティオが付与されるのに対して、利息は不確定物なので問答契約訴権が付与されるからでした。なお、十二表法の時代、利率の上限は１アス（＝12ウンキア）につき１ウンキアすなわち12分の１とされ、共和政末には１箇月につき100分の１（年利12％）と定められました。例外的に、ＧがＳに海上貿易の資本として金銭を貸し与え、Ｓが金銭を返還する債務を負うのは、船が決められた港に運良く到着した場合に限られる、との合意（海上消費貸借）がなされた場合、Ｇが海上輸送における危険（難破、海賊の襲撃）を負担する代わりに、ＧＳ間で任意に利率を定めることができました。

　　寄　託　　ＨがＶに目的物を引き渡し、ＨＶ間で、Ｖがこれを無償で保管する、という合意がなされると、受寄者Ｖは常に、寄託物を保管し、寄託者の求めに応じて寄託物を返還する債務を負います。これに対して、寄託者Ｈは場合により、寄託物のために支出した費用を償還し、寄託物により生じた損害を賠償する債務を負います。

　十二表法の時代、受寄者Ｖが寄託物を使用したり、寄託物を返還しなかったりすることは、不法行為（窃盗）とされました。

> **史料**
> **③**　『パウルスの意見集』２巻12章11節
> 「寄託を原因として、十二表法によれば〔寄託物の〕２倍額についての訴権が……付与される。」

　その後、法務官は告示において、寄託者（原告）が寄託したこと、そして受寄者が悪意で返還しないこと、という事実を要件として方式書の「請求の表示」に記載し、寄託物の価額について有責判決を下すことができる訴権（事実訴権）を付与することを約束しました。さらに、寄託者が緊急事態（例えば暴動・火災・建物の倒壊・

難船）を避けるために、ある物を受寄者に引き渡したが、受寄者が返還しない場合、法務官は事実訴権の判決額を2倍額としました。さらに、法務官法上の事実訴権と並んで、市民法上の訴権としての誠意訴権である寄託訴権が承認されました。

不規則寄託　寄託者が金銭を袋に入れて封印し、これを受寄者に交付する通常の寄託と異なり、寄託者が封をしないで金銭を寄託のために受寄者に交付すると、受寄者は受け取った金銭の所有者となり、これを自己のために消費することができるようになり、その金銭自体ではなく、同額の金銭を返還する義務を負いました。これは不規則寄託と呼ばれました。元首政期には、不規則寄託は消費貸借のルールに従って処理され、寄託者には寄託訴権ではなくコンディクティオが付与されました。専主政期には寄託者には寄託訴権が付与されました。

3　問答契約

問答契約はローマ法において広く用いられた契約類型でした。例えばSがGに1万セステルティウスを支払うことを約束する問答契約は、要約者GがSに対して「君は1万セステルティウスを私に与えることを誓約するか？」と問い、諾約者SがGに対して「私は誓約する。」と答えることによって成立しました。現在者間でのみ締結可能であり、隔地者間で問答契約を締結することは認められませんでした。問答契約の内容が確定物、すなわち確定額の金銭（例：1万セステルティウス）あるいは確定物（例：奴隷スティクス）あるいは種類物（例：100モディウスの小麦）の場合はコンディクティオが、不確定物 incertum、例えば住宅の建築や造船であった場合は問答契約訴権が、要約者に与えられました。問答契約は、問いの動詞と

答えの動詞が一致していなければならず、「君は誓約するか？ spondes?」「私は約束する promitto」では成立しないとされました。また、「君は誓約するか？ spondes?」「私は誓約する spondeo」という問答を用いることができるのは、ローマ市民に限られていましたが、それ以外の動詞は（ギリシャ語であっても）外国人でも用いることができました。問答契約債務を消滅させるには、古くは債務の履行では足りず、受領問答契約、すなわちSがGに対して「私が君に約束したものを君は受領したか？」と問い、GがSに対して「私は受領した。」と答えることが必要でした。後には、問答契約債務を免除するためにも用いられました。

4 文書契約

文書契約とは、文書作成行為そのものが債務の発生原因となる契約です。古代ローマの家父は一般に金銭の出入を金銭出納簿へ記入するのを常としていました。例えば、GがSに1万セステルティウスを貸し付けた場合、Gの金銭出納簿にはSの勘定の借方にその旨が記入されます。これ自体は金銭消費貸借の証拠であり、文書契約ではありません。これに対して、GがSに1万セステルティウスを貸し付けていないのに、GS間の了解に基づいて、Gの金銭出納簿において、上記のように、Sの勘定の借方にその旨が記入された場合、SはGに対して1万セステルティウスの金銭債務を負うことになります。これが借方記入と呼ばれる文書契約です。文書契約は更改に似た機能を果たすことがありました。売買代金債務のような既存の債務を文書契約債務に変更したり（物から人への移転記入）、債務者または債権者を交代したり（人から人への移転記入）することができました。これは移転記入債務と呼ばれました。

5　諾成契約

　諾成契約とは両当事者の合意のみによって成立する契約です。これには委任、組合、売買、賃約が含まれます。

委任 mandatum　　　受任者は合意された事務を無償で処理する債務を負います。これに対して委任者は、立て替えられた費用（例：受任者が第三者に支払った代金、目的物の輸送費）を償還し、事務の処理に際して受任者に発生した損害を賠償する債務を負います。委任は、委任者と受任者との間の権利義務関係のみを発生させま

【コラム⑤　プラウトゥスの喜劇】

　『商人 Mercator』という作品には、同一の目的物の購入についてそれぞれ委任を受けたと称する親子が描かれています。

概要：デミポは放蕩息子のカリヌスを外国での商売に送り出します。カリヌスはロドス島で一人の遊女パシコンプサに出会い、彼女を身請けして連れ帰ります。船に乗り込んだデミポはパシコンプサを見つけて一目ぼれします。彼女が誰の物か尋ねられた奴隷は、カリヌスが母親の下女として買ったと言い繕います。デミポはパシコンプサを隣人リュシマクスに頼まれたので買うと言い、そのじつ自分の物にしようと企みます。カリヌスはリュシマクスの息子エウテュクスに頼まれたので買うと言いますが、先にリュシマクスが買い取ってしまい、自宅に引き取ります。ところがリュシマクスの妻ドリッパは、パシコンプサを夫の愛人と勘違いし、リュシマクスを家から追い出します。カリヌスは絶望して故郷を捨てて旅に出ようとしますが、エウテュクスに押しとどめられます。リュシマクスとエウテュクスはデミポに、パシコンプサをあきらめてカリヌスに譲るよう説得します。デミポは大人気ない行いを反省し、説得に応じます。

す。委任者は、受任者の取引相手である第三者に対して債務を負わず、権利を有しません。

史料
4

> プラウトゥス『商人 Mercator』
> カリヌス「僕は行きます。友人に託されたことを友として果たすために（私は友人として委任された物を友人に引渡すために ut quae mandata amicus amicis tradam）。」
> (385行)
> デミポ「ちょっと黙れ。ある老人がいてね、その人がわしにあの娘——いや、ああいった容姿の娘を買ってきてくれないかと頼んできたんだ（委任した mandavit）。」
> カリヌス「でも、お父さん、僕にも彼女のような容姿の娘を買ってきてくれと頼んできた（委任した mandavit）若者がいるんです。」(426-428行)

無償性　委任は本来、友人間での親切な行いであり、対価の支払いとは相容れません。弁護士、医師、建築士、教師等の「自由業」は、自由人に相応しい専門職と呼ばれ、その労務は無償で提供されました。もっとも、委任者（依頼者）は受任者（自由業者）に謝礼 honorarium（名誉 honos に由来）を支払うのが一般的でした。他人の事務処理を有償で引き受けた場合、それは賃約（後述）に該当します。

組合 societas　組合の原型は相続人共同体です。家長の死亡後、兄弟である複数の自権相続人は相続人共同体を形成して遺産を分割せず、家や農地を維持しました。もっとも相続人共同体は、各構成員が家産分割訴権を提起することで、いつでも解散可能でした（→第1講2「相続法」参照）。この相続人共同体は、後に人為的に発生させることもできるようになり、その場合、他人とのあいだにも兄弟関係が発生しました。

組合は、例えばA、B、Cの３人が、それぞれ定められた物または労務を出資し、定められた割合で利益と損失とを分配することを約束することで、債務を負うことになります。ある組合員が損失のみを負担し、利益を得ないことを内容とする組合契約、いわゆる獅子組合は無効とされます。委任と同様、ある組合員の法律行為の効果は彼自身に生じます。例えば、組合員Aが第三者に対して債務を負った場合、他の組合員は第三者に対して責任を負いません（Aに対しては損失を分配する債務を負います）。組合員Bが第三者に対する債権を取得した場合、当該債権はBのみに帰属します。組合員Cが引渡しで非手中物の所有権を取得した場合、他の組合員との共有とはなりません。

　組合員はいつでも解約告知で組合を解散することができます。組合訴権は、組合構成員のうち二当事者間での清算の結果として発生した残額を対象とします。有責判決に際しては被告に最低限の生活資金が留保されますが、それは組合契約が古くは兄弟関係を基礎にしたことの残滓とされます。また、解散によって当初の組合財産は共有となりますが、組合員は共有物分割訴権によっていつでもその分割を請求することができます。

　売　買　　売買は少なくとも売買目的物と売買代金についての合意があれば成立します。通常は、引渡しの時期・場所・態様、代金支払いの時期・方法等についても合意されますが、合意がない場合には、信義誠実に基づいて審判人に広範な裁量の余地が与えられます。有体物だけでなく、債権のような無体物も売買の目的物となりました。目的物に関する錯誤は、原則として売買契約を無効としました。ディオクレティアヌスは、合意された売買代金が真の価格の半分より少ない場合（莫大な損害 laesio enormis）、売主は売買契約を解除することができる、と定めました（→第15講１「価格とは何か？」

および第19講2「莫大損害」参照)。

　買主は、代金の支払いと、売主が目的物を引き渡して以降は売買代金の利息の支払いとについて債務を負いました。売主は、買主に目的物を引き渡し、買主に「使用し、収益し、持ち、占有することを許す uti frui habere possidere licere」義務を負いました。また、引渡しまでの保管責任と、物の瑕疵および権利の瑕疵（後述）について担保責任を負いました。

　追奪担保責任　　売主Ｖが他人物を買主Ｋに売った場合、真の所有者Ｅが買主に対してレイ・ウィンディカティオ（→第3講2「レイ・ウィンディカティオ」参照）を提起すれば、Ｅが勝訴します。これが追奪です。追奪された場合、Ｋの選択肢は3つです。第1に、レイ・ウィンディカティオの裁定条項に従って自発的に物をＥに返還し、有責判決を回避することです。第2に、Ｅと交渉して、例えばＥから目的物を買い取る等して、目的物を占有し続けることです。第3に、レイ・ウィンディカティオで有責判決を受け、Ｅに対して判決債務額を支払う代わりに、目的物を占有し続けることです。いずれの場合もＫには損害が生じます。そこでＶに対して権利の瑕疵に対する担保責任すなわち追奪担保責任を問うことができるかが問題となります。

　①十二表法では、握取行為の譲渡人が担保人として担保責任を負い、譲受人は、神聖賭金対物法律訴訟で敗訴した場合、担保人に対して売買代金の2倍額の賠償を請求できました（→第1講2「十二表法」、第3講1「神聖賭金対物法律訴訟」「握取行為」参照）。しかし、当事者が握取行為を行わなかった場合、あるいは行うことができなかった場合（非手中物の売買、外国人との取引）には、①の担保責任は発生しません。そこで、②売主が買主に、売買目的物が追奪された場合には売買代金の2倍額を賠償することを、問答契約で約束す

ることができました。さらに、③買主訴権に基づいて追奪担保責任を追及することが徐々に達成されました。第1に、売主が、目的物が他人の所有物であることを知りながら（悪意で）、あるいは他人の所有物ではないと明言して売却した場合、買主は買主訴権で売主の責任を追及することができました。第2に、買主訴権が、2倍額の追奪担保問答契約の締結を売主に強制するために用いられました。そして、第3に、売主が悪意でないか明言していない場合にも、買主訴権で追奪担保責任を追及することをユリアヌスは認めました。

　瑕疵担保責任　　物に瑕疵があることが引渡し後に判明した場合、古来の原則は「買主注意せよ Caveat emptor」でしたが、次第に売主の瑕疵担保責任が問題とされました。まず、握取行為による土地の売却に際し、売主は保証した土地の面積について担保責任を負いました。次に、例えば壺の売買で、買主が売主に「君はこの壺が漏れないものであることの保証を約束するか？」と問い、売主が「約束する」と答えることで、問答契約を通じて売主に瑕疵担保責任を負わせることができました。さらに、高等按察官は市場を監督する権限を有しており（→第1講3「衡平」参照）、奴隷および家畜の売買に関する告示を発布しました。これらの告示は、売主が特定の瑕疵について買主に告知する義務をも規定していました。特定の瑕疵とは、奴隷の場合、身体的欠陥・病気・性格的欠陥（放浪癖・逃亡癖）・加害者委付の責任であり、家畜の場合、病気・欠陥でした。告知義務のある瑕疵を売主が告知しなかった場合、高等按察官は解除訴権および減額訴権を買主に与えました。解除訴権は、売主に売買目的物を引き取らせた上で、売買代金の返還を求めるもの、減額訴権は、瑕疵に応じた割合で代金の減額を求めるものでした。買主はこれらの訴権を選択することができましたが、解除訴権は売買成立の日から6箇月以内、減額訴権は1年以内に提起しなければ

なりませんでした。売主が瑕疵を知っていたか否かは問われません
でした（無過失責任）。さらに、徐々に買主訴権そのもので売主の責
任を追及できるようになりました（→第5講5「買主訴権による瑕疵
担保責任の追及」参照）。

賃 約　賃約を表す locatio conductio というラテン語のうち、
locatio の動詞形 locare は「置く」を、conductio の動詞形 condu-
cere は「持っていく」を意味します。近代において登場した賃約
の三分法によれば、賃約には以下の3つの契約が含まれた、とされ
ました。

①賃貸借＝物の賃約 locatio conductio rei：賃貸人 locator が目的
物を置き（locat rem）、賃借人 conductor がこれを受け取る。
賃借人は賃貸人に賃料 merces を支払う。

②雇用＝労務の賃約 locatio conductio operarum：労務者 locator
が自己の労働力を提供し（locat operas suas）、使用者 conductor
がこれを利用する。使用者は労務者に報酬 merces を支払う。

③請負＝仕事の賃約 locatio conductio operis：注文者 locator が
仕事のための材料を置き（locat opus faciendum）、請負人 con-
ductor がこれを持っていく。注文者は請負人に報酬 merces を
支払う。

この三分法の問題点は、賃貸借と雇用においては、借主・使用者
conductor から貸主・労務者 locator へと対価 merces が支払われる
のに対して、請負においては、注文者 locator から請負人 conduc-
tor へと対価が支払われる、という点にありました。

本来の賃約　賃貸借では、所有者 locator は所有する土地や建
物の使用収益権を売りに出し、買った経営者 conductor から代金
（対価 merces）を受領し、経営者は経営（直接経営あるいは小作人 colo-
nus との賃約）によって得られた果実から収益を上げました。

5 学説彙纂19巻 2 章58法文首項（ラベオー『遺作集』（ヤウォ
レヌスによる抜粋） 4 巻）
「君が高層集合住宅全体をまとめて賃貸し、居住者たちから
の賃料が買主に与えられることを条件として、それを売っ
た。たとえ賃借人がより高い賃料でその住宅の各部屋を賃
貸したとしても、買主に与えられるのは、賃借人が君に
負っている額である。」

　雇用では、本来は委任に基づいて無償で労務を提供する自由業者
locator が、その技芸を売りに出し、買った依頼者 conductor から
代金（対価 merces）を受領し、依頼者は技芸の享受によって満足
（果実 fructus !）を得ました。請負は、歴史的には主に公共事業と
収穫作業の際に問題となりました。共和政中期には上述のように
（→コラム①）、請負人が建設事業や徴税事業を競落しました。ま
た、農場主は収穫作業を売りに出し、買った請負人から代金を受領
する一方、請負人は収穫によって得られた果実を転売して収益を上
げました。このように、公共事業・収穫作業の売却が動詞 locare
や名詞 locatio によって、その請負が動詞 conducere や名詞 con-
ductio によって指示されたのであって、対価の支払いは、賃貸借や
雇用と同様に、請負人 conductor から国庫・農場主 locator へなさ
れた、と近時の研究者は解しています。なお、古代ローマでは、奴
隷制度の存在を理由として、雇用は重要な役割を果たさなかったと
も言われます。もっとも、ダキア（今日のルーマニア）では、鉱山労
働者の雇用契約が記載された蝋板文書が発見されています。

　日本民法では「合意は守られるべし」と言われ、民法典の「典型
契約」に該当しない契約からも債権債務関係の発生は認められてい

ます。これに対して古代ローマ法では、「典型契約」とは市民法上承認された契約であり、これに該当しない契約は無方式合意（→第5講5）として原則、債権債務関係を発生させませんでした。「類型強制」が完全に緩められるには近世を待たなければなりません。

第**5**講 法　　学［トピック］

古代ローマ法の歴史の中で、法学者は様々な役割を果たしてきました。依頼人への助言（遺言、契約文書、方式書の起草）、審判人や公職者に対する専門的助言（新たな方式書や訴権、抗弁の開発、法案の策定）、公衆からの法律相談に対する回答、審判人への就任、法廷弁論活動、法学者の教育、そして著作の執筆です。ここでは法学者たちの活動を通じて、法学がローマ法にもたらした影響を見ていきたいと思います。

1　神官による法解釈・法創造

市民法（→第1講2）の成立に寄与した神官は、一方で法的拘束力を定型文言、定型動作にかからしめ、時には「葡萄の樹」の訴訟のように文言の厳格さに拘泥した面もありました。

史料
1　**ガイウス『法学提要』4巻11節**
「切断された葡萄の樹について訴訟を提起し、その訴訟で「葡萄の樹 vitis」という言葉を用いた者は敗訴した、と伝えられている。なぜなら、「樹木 arbor」という言葉を用いなければならなかったからである。というのも、切断された葡萄の樹についての訴訟を提起できる根拠となっている十二表法が、一般に「樹木 arbor」の切断について定めているからである。」

他方で神聖賭金対物法律訴訟から法廷譲渡や握取行為（→第3講

１）を生み出したような柔軟さをも持ち合わせていました。前４世紀末に（アッピア街道の設置者として知られる）アッピウス・クラウディウス・カエクスの書記フラウィウスが、パトリキに独占されていた法の知識を盗み出して人々に周知した、との伝承はさておき、法学者であると同時に最高神官でもあったコルンカニウスの登場（→第１講３「法学者の登場」参照）は、法の担い手が神官から法学者へと移っていったことを示唆しています。

2　法学者による法解釈・法創造

政治活動との両立　　ポエニ戦争後に公職者の職階制が整備されると、法学者の中にもその頂点にまで上り詰める者が現れます。前

【コラム⑥　クリウス事件における遺言解釈】

　コポニウスという者が、遺言で、自分の死後に自分の子が出生するときはこれを相続人とする、その子が成熟期（14歳前後）に達する前に死亡するときはクリウスを相続人とする、と規定しました。コポニウスの死後、その子は生まれませんでした。クリウスが遺言相続を主張したのに対して、遺言者の最近の宗族員であるコポニウス（当然、遺言者とは別人）が無遺言相続（法定相続）を主張しました。

　争点は、遺言の文言 verbum を厳密に解釈して、遺言者の死後にその子が生まれなかったのだから相続は不在であり、相続人が不在なのだから遺言は失効し、その結果として無遺言相続が開始するとすべきか、遺言者の意思に重きを置いて、一般に成熟者たる相続人がいない場合のためにクリウスを補充指定したと解して、クリウスを相続人とすべきか、という点でした。クウィントゥス・ムキウス・スカエウォラがコポニウスを、雄弁家リキニウス・クラッススがクリウスを弁護しました。

95年に執政官となり、最高神官にも就任したクウィントゥス・ムキウス・スカエウォラは、古典期法学者の必読書であった『市民法について De iure civili』全18巻の著者であり、著名なクリウス事件の訴訟代理人としても知られています。少し時代を下りますが、前51年に執政官に就任したセルウィウス・スルピキウス・ルフスは、その弟子の中から法学者を多数輩出した他、後に帝政期の法学者たちがこぞって著した『告示註解 ad edictum』という著作形式の創始者でもありました。

キケロー　　こうした系譜に位置づけられるのがキケローです。彼は前63年の執政官であり、著述家としても知られています。共和政の信奉者であった彼は、カエサルやアウグストゥスといった個人への権力集中を批判した結果、アウグストゥスによって死に追いやられることとなりました。また、彼は訴追者あるいは弁護人として法廷弁論を行い、それらも多数刊行され、今日に伝えられています。その中でも有名なのが前69年に行われた「カエキナ弁護 pro Caecina」です。これは、マリウスの時代からスッラの時代（およそ前100〜70年）にかけて、イタリア半島中部で展開されていた経済活動を背景とした、ある資産家女性の相続財産に関する占有をめぐる事件です。

カエキナ弁護　　タルクィニア出身のフルキニウスはその死に際して息子を相続人に指定した上で農場を遺し、妻のカエセンニアには農場の用益権 usus fructus を遺贈しました。母と息子は順調に農場全体（カエセンニア農場＋フルキニウス農場）を経営していきました。その後、息子は母より先に死亡し、カエセンニウスという者を相続人に指定した上で、妻と母とに多額の金銭を遺贈しました。遺産分割のため、フルキニウス農場は競売 auctio にかけられることになりました。カエセンニアには用益権によって蓄えた資金があ

り、これと遺贈額を合わせることによって競落代金と相殺することができました。しかし自己競落は禁止されていたので、カエセンニアの委託事務管理人 procurator であるアエブティウスがこれを競落しました（＝買いました）。アエブティウスは銀行業者クロディウスに対して競落代金の支払いを問答契約で約束しました。カエセンニアはフルキニウス農場を小作人 colonus たちに賃貸し、アエブティウスは小作人たちを監督していました。その後４年が経過し、カエセンニアが死亡します。その間にカエセンニアはウォラテッラエ出身のカエキナと結婚していました。カエセンニアは夫カエキナを24分の23の割合で、元夫フルキニウスの被解放自由人 libertatus を72分の２の割合で、アエブティウスを72分の１の割合で、相続人に指定しました。これはカエキナが競売によらずに農場全体を確保することを意味しました。そこで相続人カエキナとアエブティウスとの間でフルキニウス農場をめぐる争いが生じました。

「新しい占有＝所有」　カエキナは、農場は相続財産に含まれるのであるから、自分のものである、と主張します。アエブティウスは、自分が農場を競落した（＝買った）のであるから、自分のものである、と主張します。

争点は、カエキナは農場を占有していたのか、です。アエブティウスの代理人ピーソーは、農場を占有していたのはアエブティウスであり、アエブティウスが農場を競落した（＝買った）、とのカエセンニウスとクロディウスの証言を提出します。また、農場に一歩たりとも足を踏み入れたことがないカエキナが農場を占有していたとは言えない、とも主張します。これに対してキケローは、農場を「占有」していたのはカエキナである、というのも、カエセンニアは生涯を通じて農場の用益権を保持し、小作人たちに賃貸していたのであって、カエキナは相続人としてカエセンニアの地位を継承し

た、またアエブティウスはカエセンニアから委任されて競落し、小作人たちを監督していたに過ぎない、と主張しました。

　近時の研究者は、本件における（カエセンニアから継承した）カエキナと農場との観念的な権利関係（農場に足を踏み入れたことがなくとも使用収益し終意処分の対象としうる）を、従来の占有とは異なる「新しい占有＝所有」と捉えようと試みています。このように法学者は現実の紛争を通じて新たな法概念の創造に寄与しました。

3　法学派の形成

サビヌス学派とプロクルス学派　　元首政期に入り、アゥグストゥスによって回答権を付与された法学者たちは（→第2講2「アゥグストゥス」参照）、クゥイントゥス・ムキウス・スカエウォラの流れを汲み、カピトーによって創始されたサビヌス学派と、セルウィウス・スルピキウス・ルフスの流れを汲み、ラベオーによって創始されたプロクルス学派とに分かれた、と伝えられています。

史料
2 **学説彙纂1巻2章2法文47項（ポンポニウス『法学通論単巻』）**

「この者〔アエリウス・トゥベロ〕の後できわめて大きな権威を有していた法学者は、オーフィリウスに師事したアティウス・カピトーと、アンティスティウス・ラベオーであった。……ラベオーは勉学に対して最大限の労苦を傾けた。一年全体を分割して半年はローマにおいて向学心ある者たちとともにあり、半年は都より退いて書物の起草に労苦を傾けた。かくしてラベオーは400巻の書物を残し、その書物のうち大多数は現在も必携のものとして扱われている。この二人は、いわば相対立する学統を初めて創設し

た。……」

　著名な法学者のうち、サビヌス学派にはサビヌス、カッシウス、ユリアヌス、ガイウスらが、プロクルス学派にはプロクルス、ケルススらが属しました。

　学派間の論争　　両学派は様々な論点について論争を繰り広げました。例えば売買代金については、物の交換が売買の最古の形であり、金銭以外の物（奴隷、トガ、土地）も代金になりうる、と主張するサビヌス学派と、物の交換と売買とは異なるのであるから、金銭でなければならない、と主張するプロクルス学派との間に論争がありましたが、プロクルス学派の見解が優勢であったと伝えられています。

　加　工　　以下の史料は、民法246条「加工」の規定にまで影響を及ぼした学派間の論争を伝えるものです。

　史料
　③　ガイウス『法学提要』2巻79節
　「あなたが私の葡萄の樹〈あるいはオリーブの樹あるいは穂〉から葡萄酒あるいはオリーブ油あるいは穀物を作った場合、その酒あるいはオリーブ油あるいは穀物は私のものであるか、それともあなたのものであるかが問われる。……ある者たちは、材料が重要だと考える。すなわち、作られた物は材料の所有者に属するとみなされており、主としてサビヌスとカッシウスがこの立場をとった。これに対して、他の者たちは、物は作った人に属すると考える。主に反対学派〔プロクルス学派〕の諸先生がこの見解をとった。けれども、彼らは、材料の所有者であった者は窃取した者を相手取っての盗訴権をもち、さらに後者を相手取っての不当利得返還請求訴権が成立する、と考えた。」

この論争は最終的に折衷案が採用されたことを、ユスティニアヌス帝が伝えています。

史料
④　ユスティニアヌス帝『法学提要』2巻1章25法文
「サビヌス学派とプロクルス学派との激しい論争の後で、その中間を取った判断（media sententia）に落ち着いた。それによれば、もし製品を材料に戻すことができるなら、材料の所有者がその製品の所有者として認められる。もし材料に戻すことができないなら、むしろ材料を加工した人が所有者とみなされる。」

4　著作活動

　すでに紹介した『サビヌス註解』『告示註解』（→第2講2「セウェルス朝期の法」参照）をはじめとして、主として学説彙纂（→第2講4）に採録された法文の題辞（インスクリプティオ）から、法学者たちが数多くの多様な著作を残していたことが知られています。そうした著作はいくつかのジャンルに分けることができます。

　註　解　　註解とは、なんらかの先行するテキストに対する注釈・解説です。例えば『サビヌス註解 ad Sabinum』は、サビヌスが著した『市民法3巻 libri tres iuris civilis』という書物に対する注釈でした。『告示註解 ad Edictum』は、例えばセルウィウスのそれは代々蓄積されていた法務官および告示の文言についての解説であったと考えられていますが、ユリアヌスがそれらを編纂した『永久告示録』が作られて以降、ウルピアヌスやパウルスらのそれは『永久告示録』に対する注釈でした。他にも個別の法律や元老院議決についての註解も数多く残されています。註解はその性質上、先行するテキストをそのまま引用する場合も多く、これを通じて法

律、告示、元老院議決、勅法の文言や他の法学者の著作の内容が断片的ながら今日まで伝えられています。

教　本　　教本は、文字通り法学教師が学生を指導する際に用いたと考えられる著作形式です。典型的なのが『法学提要 institutiones』であり、最も有名なガイウスのそれには、人の法、物の法、訴訟の法という体系的な叙述が見られます。ユスティニアヌス帝も、作成を命じた教科書にこの名を採用しました。この他に、格言の形で定式化された法原則について書かれた、『法範録 regulae』『意見集 sententiae』『定義録 definitiones』等の著作形式がありました。

事例集　　事例集では一般に、個別具体的な事例についての著者の見解が示されました。『回答録 responsa』は、回答権を有する法学者の多くが刊行したとされ、ケルウィディウス・スカエウォラやパピニアヌスといったセウェルス朝期の法学者のそれが多く伝えられています。また、『質疑録 quaestiones』『討論録 disputationes』『書簡集 epistulae』には、主として著者の見解への批判とこれに対する再反論が記載されており、当時の法学者間の論争の一端を垣間見ることができます。

この他に、遺言、相続といった個々の法制度や、法務官や属州総督の職務についての解説書が（現代の書店でもこれに類する書籍が「法律書」の棚に並んでいます）モノグラフとして書かれました。

5　元首政期・帝政後期における法解釈・法創造

買主訴権による瑕疵担保責任の追及　　第1に、売主が、目的物に瑕疵があることを知りながら（悪意で）あるいは瑕疵がないと明言してこれを売却した場合、買主は買主訴権で売主の責任を追及する

ことができました（→第4講5「瑕疵担保責任」参照）。

学説彙纂19巻1章4法文首項（パウルス『サビヌス註解』5巻）
「もし君が奴隷を、彼が盗人あるいは加害者であることを知りながら、そうと知らない私に売った場合、たとえ君が問答契約で2倍額の賠償を約束したとしても、君は私に買主訴権で、私がそうと知っていた場合の利害関係について、責を負う、なぜなら、私が〔盗人あるいは加害者であることを理由に〕何かを失うまでは、私はそのことを理由として問答契約に基づいて君を相手方として訴えることはできないからである。」

　第2に、ラベオーは、売主が悪意でないか明言していない場合にも、買主が買主訴権で売主の責任を追及することを認めました。

学説彙纂19巻1章6法文4項（ポンポニウス『サビヌス註解』9巻）
「……君が器を私に、それが無傷であると君が保証する、と言って売った場合、無傷でなかったなら、それを理由として私が失ったものも、君は私に責を負うことになる。これに対して、無傷であると君が保証する、とは言明されなかった場合、君が責を負うべきは悪意についてだけである。ラベオーは反対の考えであり、反対のことが言明されたのでない限り、常に無傷であることについて責を負うべきである、ということだけが遵守されるべきである、と。そしてそれは正しい。甕の賃貸についてもそのように責を負うべきである、とサビヌスが答えたことを、ミニキウスが伝えている。」

　第3に、買主訴権と高等按察官訴権とが融合し、奴隷または家畜

以外の売買であっても、買主訴権で売買の解除および代金の減額を請求することができるようになりました。さらに、物の瑕疵を原因として発生した損害（例：売主が買主に病気の家畜を売却し、その結果、買主の所有する他の健康な家畜が病気に感染し死亡した場合）の賠償も、売主が瑕疵について知っていた場合には、買主訴権で請求することができるようになりました。

> **史料 7**　学説彙纂19巻1章13法文首項（ウルピアヌス『告示註解』32巻）
>
> 「ユリアヌスは〔法学大全〕15巻で、あることを知りながら売った者と知らずに売った者との間に、買主訴権による有責判決について、区別した。すなわち、彼は述べている、病気の家畜あるいは欠陥のある材木を売った者は、そのことを知らずにそうしたならば、私がそのことを知っていたならばヨリ安く買ったであろう限度で、買主訴権で責を負うことになる。これに対して、売主が知っていて黙っており、買主を騙した場合、その売買で買主が被ったすべての損害の責を売主が負うことになる。それゆえ、欠陥のある材木のせいで建物が倒壊した場合、建物の評価額につき、家畜が病気に感染していたせいで他の家畜が死亡した場合、適切な家畜が売られていたならば値していた額につき、責を負うべきである。」

> **史料 8**　学説彙纂19巻1章11法文3項（ウルピアヌス『告示註解』32巻）
>
> 「解除も買主訴権に含まれる、とラベオーもサビヌスも考えており、我々もこれを支持する。」

無方式合意　元来、十二表法が定める同害報復を避けるための手段である「和解」（→第1講2「不法行為」参照）を意味していた

pactum というラテン語は、元首政期の法学者たちによって「典型契約」から外れた合意を意味するものとされました。

例外的に、弁済約束（債務者自身あるいは第三者が債権者に対して既存の債務の履行か担保の設定を約束するもの）と各種の引受契約（銀行業者が顧客の計算で一定額を後者の債権者に支払うこと、仲裁人が両当事者に対して仲裁判断を下すこと、船主、旅館の主人、廏の主人が、客が持ち込んだ物品の安全を引き受けること）について、法務官はその権限に基づいて訴権を付与しました。

　贈　与　　贈与約束は、元首政期においては、独自の契約ではなく、他の行為（引渡し、握取行為）あるいは契約（問答契約、受領問答契約）の原因に過ぎないと理解されました（→第 6 講 3 「註釈学派の取り組み」参照）。コンスタンティヌスは贈与を契約として認め、書面の作成、証人立会の下での引渡し、公簿への登録を成立要件としましたが、引渡しが要件とされている以上、贈与約束は含まれませんでした。その後、ユスティニアヌスが、500ソリドゥス未満の贈与に形式は不要と定めたので、無方式の贈与約束も法定の無方式合意として契約に数え入れられることとなりました。

　以上、時代ごとに様々な側面から古代ローマの法学を見てきました。そこからわかるように、法を学ぶということは、単に法律の条文を暗記したり、その意味を理解したりすることにとどまりません。どうして条文はそのような文言で書かれているのか、どうしてそのような意味だと考えられているのか、どのような紛争を解決するのにその条文が使われるのか、その条文がもたらす結論は紛争当

事者にとって本当に解決と言えるのか、といった疑問を——古代ローマの法学者たちのように——常に持ちながら勉強してみてください。

第 2 部　中世の西洋法史

　　ユスティニアヌス法典、とりわけ『学説彙纂』の再発見に伴う法典分析と解釈の展開を中心とした中世ローマ法学は、同法典を「書かれた理性」という絶対的権威として扱うことで、今日まで続く法条文解釈の技法を生み出すことになりました。この権威が法学者自身にすら帰せられるようになると、これに反発して同法典を人文主義の観点から新たに捉え直そうとする人文主義法学が主にフランスで花開きます。そして中世ローマ法学を学んだ法学者たちを通じたローマ法の継受、人文主義の高まりをも併せて受けることになった神聖ローマ帝国では、ローマ法と地域慣習法とを橋渡しすることで法を捉えようとする「パンデクテンの現代的慣用」が現れることになり、ユスティニアヌス法典の再発見はこうした時代を通じて広く長い影響を与え続けていくのです。

　　こうしたローマ法の再発見と学問の展開の主要な舞台となったのが大学法学部でした。そしてボローニャ大学に代表される北イタリア自治都市は、中世ローマ法学の二大潮流である註釈学派と註解学派の活躍の舞台としても大きな存在感を放ち続けることになります。法学は自治都市で、そして神聖ローマ帝国やフランス王国といった所にも、その司法・行政の両面において強い影響力を与えました。法を学ぶ方法や場所は法学部の教室にとどまらず、裁判所を代表とする実務においても見ることができます。特にその傾向を明瞭に表していたと言えるのが英国（本部ではイングランドを指します）の法曹養成であり、この第 2 部でも注目して取り扱っていきます。本部では以上の観点から、まず中世西ヨーロッパ大陸における法と法学の基本的な流れを、中世ローマ法学の成立と法学の広がりに着目しながら、第 6 講と第 7 講で取り上げます。次にイタリアおよび各地域、つまりフランスや神聖ローマ帝国、そしてイングランドにおける法と法学の特徴へ目を向けて、第 8 講、第 9 講、第10講で見ていきます。

〔年表〕

395年：ローマ帝国の東西分裂

438年：テオドシウス法典施行

507〜511年頃：サリカ法典

800年：カール大帝戴冠

962年：神聖ローマ帝国成立

1066年：イングランドにノルマン朝成立

1075〜1122年：聖職叙任権闘争

1088年頃：イルネリウスによるボローニャでのローマ法講義開始

1140年頃：『グラティアヌス教令集』完成

1158年：ロンカリア帝国会議

1210年：アゾ『勅法彙纂集成』

1215年：マグナ・カルタ

1234年：『グレゴリウス9世教皇令集』

1250年頃：アックルシウス『標準註釈』

1271年：デュランティス『法廷鑑』

1378〜1417年：教会大分裂

1453年：東ローマ帝国滅亡

1495年：永久ラント平和令、帝室裁判所令

1517年：ルターによる「95箇条の提題」提示

1520年：ツァジウスによるフライブルク改革都市法典起草

1521年：ヴォルムス帝国議会

1529年：アルチャート、ブールジュ大学教授に就任

1532年：カール5世による『カロリーナ刑事法典』発布

1572年：サン＝バルテルミの虐殺

1618〜1648年：三十年戦争

1643年：コンリング『ゲルマン法の起源』

1690年：シュトリュク『パンデクテンの現代的慣用』

第6講　中世法学のはじまり［通史］

中世法学の初期の展開を扱う本講では、はじめに第1部に登場した
ローマ帝国の変質と、いわゆるゲルマン大移動に伴う「王国」の登場、
次にこれをもととする新たな「帝国」の登場を扱います。そして、11世
紀末頃の『学説彙纂』の再注目より始まる「ローマ法の再発見」と中世
ローマ法註釈学派へ目を向けます。これらの事項を貫く土台として、
ローマ帝国後期より浸透を強め、西ローマ帝国の弱体化と消失に際して
も共同体意識を支え、かつローマ帝国で培われた識字と文書記録の能力
を受け継いだものとして、キリスト教（今日のローマ＝カトリック）に
も注目します。

1　「王国」の登場とキリスト教

「ローマ帝国」の領土と宗教　　　3世紀以後のローマ帝国はその広
大な領土を維持するために東西共同統治を行っていましたが、政治
の中心が東部へ移動したことで西部との連帯は緩みがちでした。
395年に両者がそれぞれ「東ローマ帝国」「西ローマ帝国」として完
全に分裂した後、東ローマ帝国が1453年まで長らえたのも、こうし
た状態が影響しています。

　西ローマ帝国では大きな政治変動があり、「帝国」の解体と入れ
替わりに各地に複数の「王国」が登場します。この王国の支配層と
なったのが、世界史の教科書で「ゲルマン人」「ゲルマン部族」と
呼ばれる人々です。優位な武力を背景に、彼らは西ローマ帝国を事

実上消失させ、部族ごとに自らの王国を築き上げました。しかし、被支配者かつ多数者であるローマ人を従えるためには、これまでの集団・部族単位を越える統治の方法の確立が急務でした。

　ローマ帝国に広く強い影響力を持つようになったキリスト教は、それまでの迫害（ただし散発的・一時的な）を乗り越え、392年にはローマ帝国の「国教」となります。やがて西方のローマ司教が「教皇」を、東方のコンスタンティノープル司教が「総主教」を名乗るようになり、東西分裂後にはそれぞれの属する帝国の皇帝を保護者にすると同時に、皇帝の政治的正当性を宗教の側から支えたのです。この宗教と皇帝との関係は、旧西ローマ帝国領内各地に現れる「王国」へも引き継がれていきます。

「（暴）力」から「言葉＝法」の統治へ　　共和政・元首政・専制君主政という政治形態の変動に伴い、ローマ法とその法学も徐々にその性質を変化させていきました。こうした中、東ローマ帝国テオドシウス2世のもと438年に施行された『テオドシウス法典』は、数年のうちに東西ローマ帝国で用いられるようになりました。

> **史料 1**　『テオドシウス法典』第1巻第1章第5法文
> 「テオドシウス帝……から元老院へ。……告示の効力により或は聖なる（故皇帝の）一般的効力〔を有する法〕に支えられたすべての勅法が、集成されるように命じる。……それはわれわれの名によって呼ばれ、すべてのひとがこれに従うべくまた避けらるべきことを示すであろう。……」

　ここで示された、最高権力者である皇帝の命令を文書化したもの＝勅法に被支配者すべてが従うローマ帝国の、軍事力よりも「文書＝言葉」をこそ重視するという統治手法は、新たに「王国」を打ち立てたゲルマン支配層を惹きつけました。旧西ローマ帝国に代わっ

て登場した各地の王国にて、改めて「法」を文書化したものをまとめて、「部族法典」と呼びます。そしてこうした文書化への姿勢にとって、当時の王国宮廷に仕えていたローマ人（断片的であれローマ法を知る者）の関与が不可欠であったことは、想像に難くありません。

キリスト教の浸透と影響　　さてキリスト教の宗派のうち、東西分裂前の325年にコンスタンティヌス帝のもとで開催されたニケーア公会議にて異端となったアリウス派が、西ローマ帝国領域に踏み込んだ当初のゲルマンの人々に広く知られていました。これに対して、同会議にて正統の立場を得たアタナシウス派へ496年に改宗したのが、フランク王国の王クローヴィスです。以後の国王もこれに

倣い、ローマ貴族たちの協力だけでなく、ローマ教会とのさらなる接近を果たします。この接近の成功は、国王カール（シャルルマーニュ）へローマ教皇が西ローマ帝国皇帝の座を与えた戴冠式（800年）に、聖俗の権威の融合を示すものとして表れています。

2 新たな「帝国」の登場とキリスト教

「封建社会」の登場　西ヨーロッパにおいて「中世」と呼ばれる時代を特徴づけるもののひとつが封建制度です。この封建制度には大きく2つの形式があり、そのひとつが騎士階級から国王や皇帝までの序列を、日本語で「封」と呼ばれるレーンを仲立ちに形成・構成するレーン制です。もうひとつは荘園制と呼ばれるもので、農民を主な対象とする支配関係でした。こちらも農耕用の土地を仲立ちに領主と農民とが関係を構築しますが、両者は身分上明確に区別されていました。そして領主が強い立場にあった点で、封主と封臣にある程度の並列関係を読み取れるレーン制と異なっています。

聖俗の交錯と聖職叙任権闘争　カールの死後まもなく分裂したフランク王国のうち、東フランク王国となった地域では、カールの血統が途絶えたことを契機に、ザクセン家の王オットーがローマ教皇より皇帝の地位を授けられ、神聖ローマ帝国が962年に成立します。皇帝は「キリストの代理人」という宗教的地位も有すると理解されており、やがて神聖ローマ皇帝が自らの近親者や腹心をカトリック教会の重要職務に任命するようになると、聖俗の「融合」は「混同」へ変化します。

これへの反発も含んで展開したのが、クリュニー修道院を中心とする改革運動です。そして、この改革運動の出身者である教皇グレゴリウス7世の登場は、当時の神聖ローマ皇帝ハインリヒ4世との

間で、聖職叙任権闘争と呼ばれる政治的対立を引き起こしました。
この対立は後年に、皇帝から「聖」の権威を取り去って「俗」の権
威だけを残すヴォルムス協約というひとつの区切りを迎えます。

3　中世法学の登場とキリスト教

　識字能力と文字媒体の継承　　ここまで見てきたように、ローマ
帝国およびキリスト教においても、遺言状や聖書といった文書、教
会での説法や法廷での弁論として、言葉は広く多様な形で知られて
いました。そしてこれらのほとんどがラテン語で行われており、
ローマ帝国で高い程度を誇った識字能力や文字媒体の伝達を、はじ
めに旧西ローマ帝国領域で意識的に担ったのは各地の修道院でし
た。その理由として、「聖書」という文書を解釈して議論するとい
うキリスト教の教育・研究手法の特徴を挙げることができます。

この識字能力や文書への需要はさらに広がっていき、行政運営のために公式な文書を必要とした国王宮廷、さらに次に触れるイタリアをはじめとする自治都市もまた、その動機が実務的な面も含むとはいえ、ローマ以降の法学や学識を残存・保存する副次的役割を果たしたのです。そんな中で登場したのが大学および法学部、そして中世ローマ法と教会法（カノン法）でした。

　中世ローマ法の産声　　聖職叙任権闘争も含め、皇帝と教皇は自らの優位性を正当化しようと過去の法律にその根拠を求めましたが、既知のユスティニアヌス帝『勅法彙纂』や『法学提要』、部族法典は大きな助けになりませんでした。その傍ら、神聖ローマ皇帝（理念上はイタリア国王も兼任）とローマ教皇との勢力上・地政学上の２つの意味で狭間にありつつ、交易の要所となったイタリア半島北中部の各自治都市も、その商業や行政を運営する能力の養成を必要としていました。こうした状況のもと、長らくイタリアの図書館で眠っていたユスティニアヌス帝『学説彙纂』も再び日の目を見ます。これによって『学説彙纂』を含めたユスティニアヌス法典全体が「再発見」され、以降の法や法律、そして法学の極めて重要な基礎となったのです。

　以上を背景に、自由学芸を教えていたイルネリウスをひとまずの出発点とする、今日「註釈学派」と呼ばれる初期中世ローマ法学の潮流がボローニャ大学に誕生します。イルネリウスを含め様々な法学者たちの積み上げた註釈・集成をアックルシウスがまとめ上げたものは、『標準註釈』として極めて高い権威を得ました。この過程の中で、法学者達が皇帝の立法や政策の論証にも携わることで、世俗君主も法学者の有用性や庇護の必要性を認めていきます。こうして発布されたのが、1158年の特許状「勅法ハビタ」です。

勅法ハビタ
「皇帝フリートリッヒは、……入念なる助言にもとづき、学問を修めるために旅する学生達、およびとくに神聖なる市民法の教師達に……学問を修める場所に安全に赴き、そこに安全に滞在し得るものとする。／……学識によって世人を啓発し、神と神の下僕なる朕に恭順せしめ、朕の臣民を教え導く彼等を……保護するものである。／……学生達を法廷に訴え出ようと欲する者は、学生達の選択にしたがって、朕が裁判権を与えた、彼等の師もしくは博士または都市の司教に、訴え出るものとする。……」

註釈学派の取り組み　　アックルシウス『標準註釈』の登場をひとつの区切りとする註釈学派の活動には、概ね以下の特徴があります。まず対象となる文章（＝法文）内語句の意味内容の理解、次に法文全体の内容の要約、そして他の法文との比較参照です。最後の比較参照は、その法文自体が単独で完結するのか、他の法文と参照した際に矛盾は生じるか、もし矛盾が現れた際にはどのようにこれを解消しうるか、といった点も考察の対象でした。もっとも、上記の特徴は、あくまで後の講で触れる複数の註釈学派法学者の取り組みを総合して導かれるものであって、以下に挙げるアゾ（アックルシウスの師匠でもあります）のように、ユスティニアヌス法典に即して、その中に現れる法的用語や概念を分析することもまた、彼らの重要な活動の一角でした。

史料
5
アゾ『勅法彙纂集成』内、『勅法彙纂』第8巻第53〔54〕章
贈与について
「１. 贈与とは何か。／２. 単純贈与といわれるものは何か。／……／１. それでは贈与とは何かをみてみよう。も

とより、贈与はまったくの純粋な気前よさ（施与）であって、たとえば、D. 39. 5. 29や D. 50. 17. 82にみられるように、何らの強制なしに、すなわち市民法上のそれにも自然法上のそれにもよらずに譲与されるものである。……／……9．贈与にもとづいていかに訴えられるか。もとより、問答契約にもとづいては、確定物の不当利得返還請求訴権によるか、あるいは不確定物が問答契約に含まれているときは問答契約訴権によって、もし問答契約が介在しなかった場合には、同様に法律にもとづく不当利得返還請求訴権によって訴えられる。これらは厳正訴権なのであって、贈与として〔訴えられるの〕である。たとえば、後出のC. 8. 53. 35. 5や D. 39. 5. 22にみられるごとくである。しかして贈与者はあらゆるものを引渡さなければならない。たとえば、D. 45. 1. 75. 10や Inst. 2. 7. 2にみられるごとくである。……」

　また、ユスティニアヌス法典全体にとってその法文をどのように体系づけることができるか、という事柄にも註釈学派は強い関心を寄せました。こうしたことは、註釈学派にとって法学が法実務のみを対象としない意味での学問化の表れでもあった面を示しています。加えて、中世ローマ法学の背景となった中世スコラ学は、権威の強調とそこに内包される思想の理性による読み解きを重視しました。その中でユスティニアヌス法典は、神が皇帝の口を通じて発した権威であり、その文言は絶対的なものと理解されていました。

　そのため、言葉の意味内容が難解であったり、一見して法文相互に矛盾が見受けられたりしても、明敏な知性を用いて理解に取り組めば必ず解決できる、という想定が註釈学派たちの心中に登場します。そのため彼らは、法文の語句を書き換えたり、全体の内包する一貫性の欠如にすら変更を加えたりすることなしに、こうした問題

の解決を試みたのです。そのため註釈学派によるこれらの試みは、下記の図表のようにユスティニアヌス法典の法文を取り囲む、つまり法文と註釈とを視覚的にも区別した形で現れています。

史料
⑥　**アックルシウス『標準註釈』**

http://digi.ub.uni-heidelberg.de/diglit/justinian162?fsf1-00

　カノン法（教会法）と『カノン法大全』　　　本講で述べてきた中世ローマ法学の展開と相互に関連を持っていたのが、カノン法（教会法）です。これははじめ聖書のほか、初期キリスト教時代に指導的役割を果たした人々（教父と呼びます）や教皇を含む高位聖職者による文書を中心としており、すでにカール大帝の時代に「教令集」と呼ばれる書物が現れています。しかしながら、本講で見た聖職叙任権闘争を経て、教会には自らの独立性をさらに強化する必要が出てきました。その際、こうした教令の相互矛盾の克服も求められまし

た。こうして12世紀半ば、グラティアヌスという人物が『矛盾教令調和集』（『グラティアヌス教令集』）を著しました。その題名からわかるように、本書はここまで見てきた註釈学派の手法や目的を共有・吸収していました。

> 史料 7 グラティアヌス教令集
>
> 「第1部 第10分節／グラーティアヌス／『確かに、君主の法は教会の法に優越すべきではなく、これに従うべきである。』／それ故、教皇ニコラウス（1世）はコンヴィキヌム公会議に参集した司教たちに書き送った。／一 皇帝の勅法は教会の法を廃止しえない。／皇帝の勅法はあらゆる教会の争訟において用いられるべきであるというわけではない。……皇帝の勅法は神の律法の……下に服しているのである。……（第1節）……聖インノケンティウスは……こう言っている。『……余には、世俗の事情の変更に従って神の教会が動かされたり、皇帝が自らの任務を遂行するために定めた位階や区分が永続的であるとは思えない。』……見よ、かくの如く、皇帝の審決によっては教会の法は廃止されえないのである。……／三 教会の事件においては、主の意思が司祭たちに先んじてはならない。……／……六 国主の法廷は司祭の権力に服している。……／……第2部。グラーティアヌス／『見よ、君主の法は教会の法の後に位置すべきである。しかし、それが、福音および諸カノンの定めに反しない場合には、それに相応しく、十分に尊重されなければならない』……／九 皇帝の勅法は遵守されなければならない。……／……一一 君主の法律および教父の掟を軽視してはならない。……／一二 ローマ皇帝の勅法はすべての人々によって遵守されるべきである。……」

『グラティアヌス教令集』の成功には、当時の新しい教皇令を積極的に取り入れたこともありました。この教皇令とは、主に教皇か

ら司教へ宛てた手紙での命令や、司教から寄せられた法的事項の質問への教皇の回答を指します。教会内の問題への法的決着を与える教皇の役割は強まっていきました。そのため新しい教皇令が次々と発されるようになり、併せて新たに編纂を行う必要も出てきました。こうして新しく教皇令を集録した「教皇令集」の編纂が、13世紀半ばから複数にわたって行われます。特に有名なのが、1234年の『グレゴリウス9世教皇令集』です。例えば以下は、婚姻の法的理解に関わる教皇令が扱われています。

史料
8 **グレゴリウス9世教皇令集**
「第7章　姦通により汚した女を婚姻のため娶った男について／第1条　若し誰かが妻が生存しているときは、これを知らない第二の女と契約する場合には、第一の妻が死んだとき、彼の願により第二の妻から離別されることはないであろう。／〔教皇〕アレキサンデル3世から聖アルバーヌス大修道院長へ／我等に提示されているのは、某男が〇を妻として持ちながら其の事情を知らない他の女と結ばれ、彼女により多くの子を得た、しかし第一の妻が死亡したとき第二の妻から別れようと企てた、そして彼の妻が生きていたのだから彼女と結ばれることは許されなかったと申立てたということである。しかし、何人も、先に姦淫によって汚した女、最も多くは自分の妻の生存間に信義を与えた女、或は妻の死を図った女と婚姻によって結ばれることは無い旨教会法に定められているといえども、しかし上述の女は、彼が他の生きている妻を持っていたことを知らなかったのだから、また、知りながら教会法に違反した前述の男に、彼の悪意からの利益が帰するのは適当でないから、汝の問に対して我等は次の如く答える、即ち、彼の不法行為からの利益が帰すると看做される限り、夫は決して申請によって離さるべきではない、但し上述の女が離婚を

『グラティアヌス教令集』と本教皇令集、そしてこれら以降に編纂された『第六書』『クレメンス集』『ヨハンネス22世追加教皇令集』『普通追加教皇令集』とを総じたものとしての「教会法（カノン法大全）」という名称が、1580年にその校訂・出版を認める教勅にて正式に与えられました。今日、世界史の教科書では、ユスティニアヌス法典を「ローマ法大全」と呼んでいますが、この名称は「教会法大全」の登場を受けて使われるようになった呼び方なのです。

教会の組織規範・紛争解決機関としての能力の獲得と、これに関わる教令集や教皇令集の登場は、同じく「註釈」や「註解」を加えられていく点で中世ローマ法学と共通するだけでなく、今日の裁判制度や訴訟進行の考え方にも強く作用していきます。

一旦は分裂とも言える状態にあった西ヨーロッパ大陸の法は、ユスティニアヌス法典の再発見と註釈による研究によって再びひとつの大きな流れを形成することになります。そして註釈を含めた法学研究の思想的背景には、キリスト教の存在も大きく、両者は相互に影響し合う間柄であったのです。

【コラム⑦　卑俗ローマ法と部族法典】

　3世紀以後のローマ帝国では、次第に地方の性質とローマ法との結びつきが現れるようになり、地方慣習として、これまでのローマ法とは似て非なる法の一類型をなしていきます。これと並行するようにして法学上の蓄積の整理と編集が進み、同時にパピニアヌスなどの法学者の膨大な著作集よりも、簡便にまとめられたガイウス『法学提要』が高い人気を得ます。このガイウスにもやがて整理と編集の波が訪れ、『ガイウスの抄録書（しょうろくしょ）』が西ローマ帝国で用いられていきます。

　地方慣習の発生は、法学者たちに「ローマ法とは何か」という難問を突きつけることにも繋がったのです。膨大な著作集の精通によってこれを克服する代わりに、ガイウス『法学提要』が示したような大まかで適用しやすいルールの理解へと法学者たちの関心が向けられるようになり、これは著作の面でも、やがてルールの簡便さや容易さを重視する方向へ導くものでした。こうして変化したローマ法を、このコラムではローマ法と区別して卑俗ローマ法と呼びます。

　多くの部族法典はこうした時代の法学を受けて編纂されたものでした。その中でも西ゴート王国でローマ系臣民へ発布された『西ゴートのローマ法典』は、名前からも部族法典の特徴である属人主義（ぞくじんしゅぎ）を見ることができます。本法典はテオドシウス法典とこれに先立つ私撰の勅法集、ガイウス『法学提要』などの法学著作の抜粋で構成されており、制定法＝法律（lex）と法学者の著作＝法（ius）とを明示的に分類していました。そして本法典は12世紀までイタリアを除くヨーロッパでローマ法の主な法源として通用したのです。

　ここで用いられたのが卑俗ローマ法やローマ帝国で行われた立法事業であったことから、ゲルマンの部族国家にとって、法の再考察や再編を促すほどの印象を強く与えた様子がうかがえます。加えて、ゲルマン的特徴を強く示す点で他の部族法典と一線を画す『サリカ法典』を含めて、ローマ法の法典としての立法事業はゲルマンの各王国において、ゲルマン的な法文化とも呼びうる規範や制度と卑俗ローマ法とを記録することを促す効果を果たすことになったのです。

第 **7** 講　中世法学の展開［通史］

　中世法学の中盤から後期を扱う本講では、『標準註釈』より展開して
さらに実務的・理論的分析と演繹を行った中世ローマ法学註解学派の登
場とイタリア学風としての定着、次にこれに反発する形で展開した人文
主義法学とフランス学風の隆盛、最後にイタリア学風を通じたローマ法
の継受と人文主義の到来を同時に受けた神聖ローマ帝国における法学の
変化を扱います。

1　註解学派の登場

『標準註釈』による転換　　註釈学派の活動はユスティニアヌス法
典の分析ひとつにとどまりません。それでも、その参照を通じた実
務の問題の解決という活動が「註解学派」の特徴として強調される
理由は、ユスティニアヌス法典全体の意味内容を解析するという註
釈開始当時の最重要課題に、アックルシウス『標準註釈』が決着を
つけたことに求められます。

　さて、ユスティニアヌス法典の法文が執筆・集録された時代と、
中世ヨーロッパの時代とは数百年の隔たりがあるため、その法文を
適用するだけで当の問題がすぐに解決するわけではありません。そ
こで、註釈で明らかになった法文の意味内容を汲み取りながら、問
題解決への糸口となる具体的な発想を引き出す作業も必要となりま
す。この作業において、法文そのものは直に述べていない、その根

幹に共通する「法」を読み解く力としての「理性」を、アックルシウス以降の法学者はさらに重視するようになります。

　註解（助言）の登場　　こうした中世ローマ法学の新たな展開を確立したのが、バルトルスとその弟子バルドゥスを中軸とする註解（助言）学派です。彼らが活動の主軸を置いた当時のイタリア自治都市での差し迫った課題は、都市で制定する条例の位置付けでした。この問題についてバルトルスは、『学説彙纂』1巻3章32法文（D. 1. 3. 32）の分析と読解を通じて、自治都市が持つ条例制定の権利を広く認め、かつ皇帝の承認なしに実施できる「条例制定理論」を確立しました。以下では、バルトルスが依拠した法文を引用しています。

法文と自治都市の立法権

史料
1

学説彙纂1巻3章32法文（ユリアヌス「私法解説」第83巻）
「適用すべき成文法の存せざる場合に於ては慣行および慣習に依りて定まりたる規則に遵ふことを要す、若し此の如き規則の存せざる特別の場合生ずるときは当該の場合に密接、類似せる場合に対する規則に遵ふことを要す、又若し此の如き規則も現存せざるときは羅馬市〔ローマ〕に於て行はるる法に遵ふことを要す。／一　根底既に深き古来の慣習は之を法律と見做して遵守するは理由無しとせず此の如き法は謂はゆる慣習に依りて確定せられたる法なり。何故となれば法律其ものが吾人を拘束する理由は国民の決定に因りて承認せられたるものたるが故に外ならざれば縦ひ一片の文書なしと雖も既に国民の承認したる規則は亦以て万民を拘束すること正当なればなり、抑も国民の意思表示は其の方法を表決に求むるも将た行動および事実に採るも其の間に果たして何の差異かある、此の理に依り法律は啻に立法者の表決に因りてのみならず万民の黙契に出づる不使用に因り

> て廃止せらるるものたることをも学説の齊しく承認せるは
> 極めて正当なり。」

　『学説彙纂』の上記引用法文では、正式に文章として示される
（＝成文の）法律も、不文の（＝成文でない）法である慣習も、その拘
束力の根拠を国民の同意（承認）に求めています。つまりは、ある
規範を法や法律として認める能力を持つのは国民であり、その意思
表示は皇帝の承認を必要としません。そのため、成文で現れる条例
も、不文である都市の慣習も、国民の同意に基づくならばルールと
して十分とされます。このようにしてバルトルスは、政治上は皇帝
に従属する自治都市であっても、自らが独自に都市内の規範を構築
する（＝立法）権限を有するとして、自治都市の現実上の、そして
理論上の立法機能の独立性を示したのです。

　鑑定書と訴訟記録送付　　さて、中世ローマ法学の所産には、純
粋に学問的動機を原因としていない、具体的事件への法の解釈と適
用の取り組みもあります。法の解釈や適用とは、それを要求する現
実の実務上の問題があってこそ意味を持つのであり、そのために法
や法学は「法とは何か」といった抽象的な疑問以外のもの、つまり
具体的な争訟の発生と解決という、実務の存在も必要とするのです。

　こうした実務への関与が註解学派の主たる活動のひとつであり、
中世イタリアの自治都市はやがて、大学法学部へ争訟の解決に際し
て鑑定を依頼するようになります。そのため各地の要請に合わせ、
教授が自身の見解を「鑑定書」として送付することが中世後期より
一般化していました。この「鑑定書」はまた、送付先にとって事実
上の「判決内容」を指示するものでした。

　大学法学部を介したローマ法の継受において後期に属する神聖
ローマ帝国でも、長らくイタリアの大学法学部へ鑑定を依頼する傾

向が強く、国内に大学法学部が設置されると、そちらへ宛先を変えて続けられました。やがてこれは「訴訟記録送付」として、鑑定を理由をつけた判決の形式で法学部から大学へ返送し、裁判所はその判決に変更を加えることなく言い渡す方式として定着することになります。これに関わる史料として、1532年のカール5世刑事裁判令（カロリーナ刑事法典）の末尾を飾る219条も挙げることができます。

史料
[2] 訴訟記録送付への言及
「……司直が、職権をもって、非行者に対し、刑事告訴または刑事審理を遂行する場合には、裁判官は、彼に疑いが生ずるときは、彼が、最小の経費にて教示を求めうと信ずる最寄りの法科大学、都市、コミューンまたはその他の法に精通せる人びとに、訴訟記録送付による鑑定を求むべき責あり。しかして、かかる場合には、すべて疑わしきときは、……刑事事件においてかかる各司直に訴訟記録送付による鑑定を求め、かつ、接触する資格ある者もまた、そのために、法に精通せる人びとを用うべし。……」

こうした鑑定書作成によって得られる収入が、通常の講義より魅力的であったことも、後で見る人文主義法学による強い批判を受けました。かといって、人文主義法学が実務と一切の関係を断ったわけではありません。彼らもまた、当時の註解学派と完全に一致するものではないにせよ、ローマ法への再度の検討を実務的活動に反映させていました。ここまで述べてきたことから、中世ローマ法学と人文主義法学とは学問の手法について鋭い相違を持つとはいえ、ローマ法の注視という点で共通性を持っていたと言えます。

実務への法律家の需要拡大と問題　もちろん、先の条例制定理論はあくまでひとつの都市を対象としたものであり、都市の条例が神聖ローマ帝国におけるローマ法（＝帝国全土に普遍的な規範）にも

優位になるのか、条例同士の内容対立をどう解消するか、といった問題もありました。前者は「条例優先理論」、後者は「条例衝突理論」として、新たに註解学派による理論付けがなされていきます。

　さらに社会や時代の中で日々発生する問題の法的解決には、註釈・註解を学んだ専門家としての法学者が不可欠となりました。同時にこうした人々は、数百年を優に超えたユスティニアヌス法典の本文よりも、権威的な大家による註釈・註解へ拠り所を求めるようになりました。こうして、註釈学派の集大成をなしたアックルシウス、註解学派の先導者となったバルトルスやその弟子バルドゥスを権威として重視し、その中に流れる理性を用いてユスティニアヌス法典を利用しようとするスコラ学的法学としてのイタリア学風がその姿を見せるようになります。しかし、先行研究から紹介される、特にバルトルスの「権威化」ともとれる15世紀から16世紀初めまでの礼賛の声は、イタリア学風の停滞とも呼応するのです。

史料
③　バルトルスの見解の影響力（引用文内の原語表記は省略）
「余は彼の権威の故にバルトールスの意見から逃れない」（ラファエル・フルゴシウス、15世紀前半の法学者）
「余は助言をなすにおいて、バルトールス殿の見解に反しない。そこには常に真理の実体が存在するのが例である」（ルドヴィクス・ロマーヌス、15世紀前半の法学者）
「我等は彼（＝バルトールス）の諸々の託宣を尊重し、崇拝し且つ模倣するように配慮すべきである。蓋し良きバルトールスの徒が最上の法律家と看做さるべきであるからである。」（トマス・グラマティクス、15世紀中期の法学者）
「余は彼（＝バルトールス）を常に法律に関して地上の神として崇拝し、彼の足跡をできる限りにおいて尊重した。」（ヤーソン・デ・マイーノ、15世紀後半から16世紀初期に活躍した法学者）

こうした礼賛の副作用として、上述した権威的法学者の註釈や註解に従いつつ、その上に自らの理解を書き加えることで理論的整合性を追求する、幾重にも折り重なった複層構造の状況を生み出したことは、次節で挙げる人文主義者の批判対象ともなりました。

2 人文主義法学の登場

3R の時代と人文主義　ルネサンス（Renaissance）のほか、宗教改革（Reformation）、継受（Reception）と合わせた「3R」が、この時代の法学を知る上で重要なキーワードとなります。このうち宗教改革は歴史学の研究蓄積に譲りつつ、本講ではルネサンスの人文主義（Humanism）から見ていきましょう。人文主義者たちはその目的である古典古代の世界を理解する手掛かりとして、ユスティニアヌス法典にも着目しました。

ただし、人文主義者たちの眼差しはあくまでも古代の世界に向かっており、これを可能にする道具としてユスティニアヌス法典にも注目した点が重要です。それゆえに、原文に註釈や註解を書き加える解釈学的手法を重視するイタリア学風の成果は、人文主義者の期待に応えられず、鋭い批判の対象ともなりました。例えば、イタリアの人文主義者であるロレンツォ・ヴァラは、ユスティニアヌス法典編纂者（特にトリボニアヌス）からアックルシウス、そしてバルトルスまでの中世ラテン語の「乱雑さ」を批判しました。彼による法学関連の成果には、中世より真正とされていた「コンスタンティヌスの寄進状」を贋作と論証したことがあります。

人文主義法学の登場とイタリア学風との距離　註釈学派と註解学派はともに、『学説彙纂』の収録元法文献が生まれた時代を含めれば優に1000年を超えたユスティニアヌス法典の法文を、自らの時代

の法理論や法実務に用いるため、なんらかの加工や修正を行いました。これが時には法文それ自体よりも権威的学者の註釈や註解を重視する傾向をも生み出したことは、すでに述べました。そしてユスティニアヌス法典はまた、人文主義法学においても議論の重要な基盤を提供することにも繋がっていました。人文主義法学者の「三羽烏」ともいうべきビュデ、アルチャート、ツァジウスの3名それぞれもローマ法の法文に通じており、時に先達の学問的知見について賛辞を送ることもありました。

　そうした中で、ビュデによる次の文句は、こうしたイタリア学風への「非難」一辺倒ではなく、註釈・註解の重視が却ってユスティニアヌス法典そのもの（原典）の軽視や歪曲ともなっている現状の「批判」であり、むしろ原典を注意深く読み解くことの重要性を、私たちに改めて教えてくれます。

> **史料4　ビュデ『ユスティニアヌス学説彙纂第24巻注解』**
> 「ディゲスタをもっと注意深く読んでみよう。……わたしは、むかし良く造られた多くの言葉が時代を無視したために奇妙な使われ方をしていることに注意を向けた。この気品の無さを慨嘆して、先ごろわたしは……ディゲスタがもっと正確に、しかも知的に読まれうるようにとの目的で自分がしてきたことを、友人たちの間に広めようと企てた。」

フランス学風の隆盛：アルチャート　　「三羽烏」の中でもアルチャートの持つ特色として、あくまで文献学者であって法学を専門としなかったビュデ、法学者ではあるものの文献学的素養に必ずしも十全でなかったツァジウスと比して、双方の要素を偏りなく備えていたことがあります。もちろんこれは、単なる優劣を意味するものではありません。しかしながら、やはりブールジュ大学がここで

扱うフランス学風の基盤であり、それはアルチャートの功績によるところが多いのです。

　アルチャートの著作は多数にわたりますが、特に注目するものとして言及されるのが、『言葉の意味に関する4巻』と『皇帝の緒指令（勅法）に関する註解』（ともに1530年）です。前者は『学説彙纂』50巻16章に収められた246の法文に、後者はブールジュ大学の初の講義で用いた『勅法彙纂』2巻1章から4章および、彼自身が私的に用意していた同1巻1章から2章に、アルチャート自身の註解を施したものです。前者では言葉の意味を（本来のものとそうでないものも含めて）研究し、最後に契約や遺言における言葉を検討することによって、法律家にとって従うべき原則を理論的に明らかにすると同時に、実務的にも大きな意義を残したとされます。後者は、イタリア学風の悪癖である註解の錯綜によって生じる説明の冗長さを修正するとともに、釈義の著述スタイルをも採用しながら、これまでの重要な学説にある基本的内容を簡潔かつ整理して述べた著作として評価されています。

フランスからオランダへ　　上記の通りアルチャートは、註解学派の過剰な傾向についてこそ鋭い批判を向けたものの、その学問的蓄積については積極的に吸収し、自家薬籠の物として人文主義による新たな息吹（冗長さの排除や文献学的検討の反映）を付け加えました。アルチャートに代表される文献学的方法の導入と法の体系化が人文主義法学の特徴となり、キュジャスやドノーといった巨塔もこれに続きます。

　しかし人文主義が中世の神学や法学を批判的に見ることもあり、宗教改革の面ではユグノー（カルヴァン派）が人文主義者の多くを占めていました。そのために、宗教改革に伴う各種の流血の中、サン＝バルテルミの虐殺（1572年）において人文主義者たちにフラン

スを離れる必要が生じます。彼らが次に辿り着いたのは当時新興勢力であったオランダであり、やがてグロティウスに代表されるオランダ法学が新たに隆盛を得ることになります。そしてその基盤となったのは、ここまで述べてきたフランス学風なのです。

3　神聖ローマ帝国での取り組み

法学発展の同時的到来　　大学法学部を通じた「ローマ法の継受」、ルターやカルヴァンに代表される「宗教改革」、そしてフランス学風をイタリア学風と分かつ特徴でもあった人文主義を含む「ルネサンス」、これらすべてをほぼ同時期に受容することになったのが、16世紀の神聖ローマ帝国でした。フランス学風がともすればイタリア学風への強い批判という表面的特徴を示すのに対して、神聖ローマ帝国におけるそれは、人文主義法学と中世ローマ法の折衷的側面をより強く示すことになります。

それと同時に、16世紀初頭の神聖ローマ帝国は国制上不安定化の進んだ時代でもありました。すでに大空位時代によって皇帝権力の弱体化と諸侯の強大化が進み、宗教改革や農民戦争も後者へ優位に働きました。加えて各地に都市法やラント法が現れる一方で、イタリアの註解学派の影響もまた非常に大きく、そして人文主義の到来もありました。こうした多層・多重的環境の中、次第に神聖ローマ帝国における法学は、ローマ法を各地の法にすり合わせる「パンデクテンの現代的慣用」へと移行していくのです。

ツァジウスという法学者

史料
5　　ツァジウスの誓約書
　　「私、皇帝法の博士ウールリッヒ・ツァジウスは、……／す

べての弁論や判決、それに関しての上訴の有無、その結論を、今後、裁判官への教示や同旨事案の参考に役立てるために、記録致します。更に、フライブルク市の諸慣習、制定法、諸法を、皇帝法と成文法を参照しながら、裁判所に必要な法書の形に整理致します。これら二つの法書によって、裁判官は係争事件に際して、その疑問点を解決することが出来る筈です。……」

　ツァジウスは16世紀の神聖ローマ帝国を代表する法学者であると同時に、上記に引用した裁判所書記としての活動の一環として、フライブルク都市改革法典の起草に関与しました。それだけでなく、中世ローマ法学の学問的意義を認めつつも、特にバルトルスの権威的存在に盲従する多くの法学者（バルトリスト）の姿勢をツァジウスは次のように強い調子で諫めています。ただし、実務家として日々の裁判業務に携わっていたことから、ツァジウスはこの時期の神聖ローマ帝国に見られるイタリア学風の強い作用を完全には免れえなかったとも言えます。

史料
⑥　ツァジウスによる批判
「バルトリスト達よ、この世を誤謬で充してみよ、そのうち奇麗な原典を汚してしまうだろう。……お前達はしらじらしくも不正を正義と称して、善良な相続人の権利を取り上げている。……間違いだらけのアクルシウスに頼って、法、権利、衡平、学問、理の一切を犠牲にしている。……法（学）とは公正な術であることなど知るまい。……」

　先のフライブルク裁判所書記に就任する前より、ツァジウスは同大学法学部の教鞭をとっていました。のち教授職に就任し、大学に

寄せられる訴訟記録送付に対する法律鑑定を行う傍ら、フライブルク都市改革法典にも導入される人文主義的法学研究にも励みました。この両輪によって彼は、裁判官という実務家には各種の法規や学説を相対化し、具体的な問題判断において重用すべきとして、その学問的研究から衡平に着目してもいます。

相対化と「現代的慣用」　さて、ローマ法の「相対」化を語るためには、かつて神聖ローマ帝国においてローマ法が「絶対」の地位にあったことを念頭に置かねばなりません。それは名称からもわかる通りの「ローマ帝国の継受」という理念的理解のほか、これに沿った意味合いでの「ローマ法の継受」がありました。ただし、この「ローマ法」とは註釈・註解を伴うイタリア学風によって構築された「普通法＝ユス・コムーネ（ius commune）」でした。いずれにせよ、神聖ローマ帝国において当初ローマ法は「絶対」的な優位を持ち、それゆえにこそ15世紀以降に大学の設立が活発化し、法学においてはイタリア学風に属する人々が大きな影響を持ちました。

この「ローマ帝国の継受＝ローマ法の継受＝ローマ法の絶対的優位」の関係へ疑問符を突きつけたのが、法学の心得もあったヘルマン・コンリングでした。『ゲルマン法の起源』（1643年）をはじめとする一連の著作において、結論として彼は古代ローマ帝国と神聖ローマ帝国の理論的連続性を反駁し、ローマ法の絶対的優位の根拠ともなっていた「ロータル伝説」が歴史的事実でないことを論証します。しかしコンリングもローマ法の持つ有用性を否定せず、その継受の段階的展開を含めた分析や研究が大いに神聖ローマ帝国の国制や法実務に有益であることを認めていました。

コンリングの著作を経て、神聖ローマ帝国を支える「法源」としてのローマ法は一定の＝「相対」的な優位性を持ちつつも、都市法や慣習といったもの（以下、大つかみに「固有法」と呼びます）とも並

列して扱われることになりました。コンリングと同時期に活躍した
カルプツォフやメヴィウスが、固有法が時にローマ法に優越するこ
とも認めたことは、神聖ローマ帝国の各地に多種多様な「法源」が
存在しているという錯綜状態の中で、法学者がそれらを実務に際し
て勘案するための学問的枠組を提供するよう求めたのです。

　ザムエル・シュトリュクの全5巻（彼の没後に刊行されたものを含
む）にわたる著書『パンデクテンの現代的慣用』は、イタリア学風
の成果を取り入れながら、固有法とローマ法との綿密な分析を通じ
て、どちらがより実質的に望ましい解決を与えうるかを判断させる
裁量を、法実務に携わる人々に与えることになりました。以上のよ
うな過程から、神聖ローマ帝国におけるローマ法の継受はその独自
性を持つことになりました。こうしたローマ法の漸次的継受は、近
代自然法論の登場とも相互に反響し合い、19世紀に特徴的な近代的
法典の編纂へと結実していくのです。

　註釈と註解の蓄積が中世ローマ法学を形作る一方、ユスティニア
ヌス法典の原文にこそ再注目する人文主義的アプローチが登場しま
した。いずれも法学を用いた問題の解決を念頭に置きつつも、それ
らが展開した地域において異なる毛色を見せ、後年の近代的法典編
纂への学問的蓄積を成していくことになるのです。

【コラム⑧　法書】

　中世には法知識保有者が私的に慣習法を採録した法書が数多く現れました。不文法としてのみ知られていた法規範が文書化されることは、成文法としての確立を行う意味での立法事業の先駆けでした。同時に、広く慣習の中から、「良き古き法」という集団内で伝達されていた法としてのそれが抽出されることを意味していました。法書の登場は法というもの自体について、当初の属人的理解から属地的理解への転換を促すものでもあったのです。

　重要な法書はいくつもありますが、ドイツ地域においてはザクセンの慣習法を採録し、後世にはあたかも法典の如く重視・重用されたアイケ・フォン・レプゴウの『ザクセンシュピーゲル』があります。本書の範囲は上記の「良き古き法」のみならず、例えば「神の平和」運動を経由して成立したものにも及んでいます。ここからも、本書は単なる過去の記録でなく、法規範の意識的な採録であったことがうかがえるのです。

　法書を手掛けた人たちの中には、もちろんローマ法やカノン法にも通じた人が含まれています。フランスにおける法書の中でも特に重要なものとされるボマノワール『ボヴェジ慣習法書』は、ただローマ法やカノン法を吸収するだけでなく、そこで述べられていることを当地の慣習とも織り込みながら論じた著作です。

　早期に国王裁判所を成立させ、かつその中で運用される「王国の法と慣習」を確立していったイングランドでも、当初裁判官を務めた人の中には、ローマ法やカノン法に通じた聖職者もいました。ユスティニアヌス法典『法学提要』の構造を踏襲し、中世ローマ法註釈学派やカノン法学者の著作も参照しながら、不文法たるイングランドの法と慣習を体系的に論じようとした、ブラクトン『イングランド王国の法と慣習』（通称『ブラクトン』）があります。

　この時期にローマ法やカノン法の学識が取り入れられたのは、実体法的な議論も含みつつ、やはり争訟の法的な解決過程、つまり手続法により関心が強かったものと言うこともできます（『ボヴェジ慣習法書』や『ブラクトン』にも、その片鱗を見出しうるのです）。

第8講 法学部の登場と発展 [トピック]

本講では、前2講分で扱った中世ローマ法の継受と展開の主要な舞台となった大学法学部と、そこでの法学教育にさらに注目します。ボローニャ大学が大きな存在感を放ったことはすでに言及した通りですが、その後各地に法学校が設置されたり、法学識の需要が高まっていったりと、大学と教育の関わりは広がっていきます。

1 ボローニャ大学の成立と発展

「大学」登場前のボローニャ　　都市としてのボローニャは古くローマ時代に遡りますが、中世において大学の成立と成長が生じるまでは、決して目立った存在ではありませんでした。しかし、当地の教会を教皇と皇帝のどちらが管轄するかという点で文字通りの境界に位置しており、ローマやラヴェンナといった重要・中心都市の法学校が戦乱や政治的闘争の結果として衰えていったことで、ボローニャが法学研究者の関心を引いたのかもしれません。そのごく一端を、13世紀の法学者オドフレドゥスが自身の『講義』に残した、次の記述から読み取ることができます。

> **史料**
> **1**　**オドフレドゥスの言**
> 「……最初に当市〔ボローニャ〕には（自由）学芸の学校があり始め、ローマの学校が破壊されたとき、法律諸巻がラ

ヴェンナ市にもたらされ、ラヴェンナから当市にもたらされた。……」

イルネリウスと4博士　　いずれにせよ、11世紀末頃からボローニャが法学教育の重要地となり、12世紀前半には当地でイルネリウスとグラティアヌスがローマ法および教会法それぞれにおいて影響力のある「註釈」を行っていたことは確かなようです。同じくオドフレドゥスがイルネリウスの活躍を伝える記述を残しています。

史料
2　イルネリウスへの評価
「教師イルネリウスはわれらのもとで法の燈明、すなわち、当市で教えた最初のひとであった。……ペポなる教師が自分の権威で法律（ローマ法）の講義を開始したが、かれの学問に由来するいかなるものも名声を博さなかった。ところが教師イルネリウスは……当市で学芸を教えており、自分でわれらの諸巻を研究し始め、研究しながら法律を教え始めた。そしてきわめて大きな名声を博し、……われらの諸巻に註釈を付した最初のひとであるため、われらはかれを法の燈明と呼ぶのである。」

オドフレドゥスの記述がイルネリウス一人を「法の燈明」と呼んで高い評価を与えているために、その記述からはまるで彗星の如く燦然と現れ、ただ一人で突然に「註釈」の技法を編み出したようなイルネリウス像が浮かびます。しかし、史料2が同時にその先触れとも言えるペポに言及していることや、史料1での言及を踏まえると、こうした蓄積の上で「註釈」という技法を確立した第一人者としてイルネリウスが登場した、と考えるのが望ましいでしょう。

非常に長大なユスティニアヌス法典への全体的な通暁を試みる専

門的な法学が行われていることを知った人々がボローニャに集まるようになり、こうした「学生」が主体となった自生的な存在としてボローニャ「大学」が現れます。次の世代には「法の百合」の賞讃を受ける、ブルガールス、マルティーヌス、ヤーコブス、フーゴーの「4博士」が登場します。彼らはフリードリヒ・バルバロッサのもとでのロンカリア立法において法律顧問として参加し、その目的であるイタリアにおける皇帝権（レガーリエン）の規定のほか、第6講で挙げた勅法ハビタの賦与にも影響を与えたのです。

法学教育の拡大と教育方法の成立　　ここまで述べてきた事柄は、ボローニャ大学を拠点とする人々に関するものでした。12世紀後半になると、イタリア半島内だけでなく、フランス南西部やドーバー海峡（カレー海峡）を越えてイングランドにも広がっていきます。これには当時の「大学」の特徴がありました。この頃には、現在日本で暮らす私たちが目にするような「校舎」はほとんどなく、講義は教師の私邸などで行われていました。

さらに「学生」が厳密には居住する都市の「市民」でないことに起因する緊張関係もしばしばあったのです。そのため両者の緊張が高まった時には、教師と学生が別の地域へ文字通り「移動」してしまうこともしばしばでした。4博士の次世代に属するプラケンティヌスがモンペリエで法学校を開いたのも、こうした事情を背景としていました。これとは別に、12世紀前半の半ばからは、註釈学派のもとでローマ法を学んだヴァカリウスがイングランドに招かれて講義を行ったり、イタリアにもボローニャ大学の競争相手となったパドヴァ大学が登場しています。

史料
③　**アゾの言**
　「しばしば諸註釈によってテキストの理解が暗くされるとい

う結果になるのが例である。註釈に関するかもしくはテキストに関する註釈が伝達される間に……、熱心な聴講者は望ましい成果を奪われてしまう。……それゆえ、誤謬の迷路にきわめてしばしば入り込む。」
「Corpus iuris〔コルプス・ユーリス〕に関して、基本的な個所と、二次的な……それとがすべて明らかになる」

　さて、第6講で取り上げたアゾの活躍した時代には、個別の註釈の蓄積は夥しいものとなり、註釈自身への検討も求められるようになりました。ここに登場するのがSumma（集成、スンマ）であり、アゾがその目的を『勅法彙纂集成』で述べた箇所が史料3です。
　註釈による「誤謬の迷路」が現れがちであるのは、註釈学派の目的が批判的検討を通じたユスティニアヌス法典の意味内容の復元にあったことでした。これを行うために4博士の時代から成立していた学習方法は、まずテキストの内容の概要を学んだ後にテキスト自体の説明を行うこと、次に類似の章句や分類を含めた整序と連関の提示を行うこと、そしてこれらを通じて各章句が法律問題解決にどのように使用できるかを検討することでした。この最後の部分では、学者間の見解の相違や論争も取り上げられ、詳細な議論が重ねられました。以上の成果をアゾを経てアックルシウスが取りまとめた『標準註釈』の登場で、中世ローマ法はひとつの区切りを迎え、また、こうした手法が並行して教会法にも用いられていきました。

2　註解学派における変化

世俗世界における法学の需要　　自治都市が発展するにつれ、近隣の農村部から人が移住したり、そうした農村の土地を都市民が有し

たりと、人やモノの行き来は複合的な様相を呈するようになりました。従来あった社会の組織や支配体制がこうした状態に起因する新しく複雑な問題への対応の必要に迫られた結果として登場したのが、外部の都市民ゆえに赴任先都市の党派性からひとまず距離を保っている人物に都市の行政を預けるポデスタ制でした。その任期は長くて1年ほどながら、任期終了後には審査があり、厳格に責任を問われるものでした。

　外部から招かれる以上、ポデスタ担当者は当該都市の慣行や法規について十分な知識を持ちえなかったために、大学法学部の教授陣が持つ学識に頼ることでこれを埋め合わせようとしました。ポデスタが担当するのは司法や行政といった実務そのものであったことから、ここで求められる法学識も当然に実務をより強く志向することになりました。中世ローマ法学と実務との関わりは註釈学派においてすでに見られるところですが、註解学派と呼ばれる人々の時代にはより前面に出てくることになったのです。

中世ローマ法学における手法の移行　註解学派の法学手法において大きな特徴となるのは、実務上の法律問題に関係した学問的助言であるconsilia（助言）でした。これは先に挙げたポデスタが任期中に行う裁判業務について、任期後の審査に耐えうるだけの確実な根拠や論理を法学者に求めたことにも大きく影響されています。そして裁判所もまた、当事者の申出を受けて、あるいは自発的にconsiliaを求めることが通例となっていました。こうしてconsiliaは強い影響力を示し、これは統一的・継続的に通用するユス・コムーネの生成に大きく寄与したのです。

史料
④　**バルトルスの助言**
「1：未成熟補充指定が家外人についてなされた場合でも、

それは黙示の通常補充指定を包含する。／2：黙示の通常補充指定は、相続の承認を必要とするか否か、また〔それは〕いかなるときにか。／3：或る特定の物につき相続人に指定された者は、他に相続人がいないとき、全部についての相続人となる。……／ガッルス・ファッロビは、遺言を作成した。……彼は……ロゲリウス、すなわち自己の早逝した兄の子である甥を相続人に指定し、……ロゲリウスが未成熟期に、あるいは……嫡出子なしに死亡したならば、彼はその妻である相続人アグノルキアに補充される、と。……前述のロゲリウスが、前述の遺言人より先に未成熟のまま、前述の夫人アグノルキアをあとに残して、死亡した。その後ついに先に述べた遺言人が死亡した。或る者たちによって、前述の遺言は無効である、と主張される。（そこで）何が法かと汝等から尋ねられる。（これに答えて）、前述の遺言は有効であり、前述のアグノルキアが相続人となる、といわれるべきである。しかして彼女は、（次の）3つ（の理由）からそうなりうるのである。／……第二の疑問は次の点にある。けだし、或る者たちによれば黙示の通常補充指定は相続の承認を要するとされるのに、この場合、かのロゲリウスのみが相続人に指定されたのだから、それ（相続の承認）が介在しうるとは思われないからである。これに対しては次のごとく答えられるべきである。この場合……彼女の承認によって遺言全体が確定されるべきである、と。けだし被指定相続人たちのうちの一人が承認したなら、それで十分であるからである。…………前述のアグノルキアになされた前述の補充指定は約言されたものであって、……そこには通常補充指定が包括されているということ、確実である。（それについては、）なお、D.28.2.29.1のケースがある。そこでは、もし遺言人が余は息子を相続人に指定しかつ甥を補充指定するというなら

ば、それは遺言人の存命中に息子が亡くなる場合にまで及ぶとされている。……もし余が、いつでも死亡した（ならば）云々、と述べる場合には、その言葉は、遺言人の死亡前にであれその後にであれ、（いずれにしても）相続の承認前に亡くなることを含ませる。これについては、D.34.4.3.prのケースがある。かくして次のように結論される。すなわち包括された通常補充指定の効力によって、前述のアグノルキアが相続人たるべきである、と。／……」

3　イタリア外の西ヨーロッパ大陸における法学

フランスにおける法学　　ロレンツォ・ヴァラが「コンスタンティヌスの寄進状」の贋作性を論証したことにも示されるように、人文主義はテキストそのものの歴史的視野からの検討と分析という手法を法学に導入しました。さて、人文主義法学はここまで見てきたボローニャをはじめとするイタリア以上に、フランスにおいて花開いたことは述べた通りです。すでにヴァラの時代から数世紀前より、神学のパリ大学は法学のボローニャ大学と並び高名を誇っていました。しかし、世俗実務との関係も深いローマ法教育は、聖職者をキャリアに必要な教会法学習から妨げるものと考えた教皇によって、パリ大学でのローマ法学習を禁じる勅令スペル・スペクラムが発布されました。

史料
5　**スペル・スペクラム**
「……教会全体の状態を慎重に注意深く観察してみると、激しい心痛を覚え悲しみに耐えないことがある。……主の学問が地上でとるに足りない存在となっているからである。

> ……実際、かかる者たちは、……自分たちの目を地上に据えて、儲けの多い学問へと殺到しているのである。……／確かに、聖なる教会は、よく衡平と正義の足跡に従った世俗の法であれば、その奉仕を拒むものではないが、……余は、パリもしくはその近隣の諸都市および地方において、何人たりとも、あえて市民法〔＝ローマ法〕を教授あるいは聴講することを堅く禁じ、厳重に差止める。そして、これに違反する者は、……破門制裁の軛に繋がれるべきである。……」

　もっとも、その効果はむしろパリ以外の法学校、とりわけ大学におけるローマ法学習と研究を刺激し、モンペリエ大学やトゥールーズ大学、そしてアルチャートの活躍したブールジュ大学などがその受け皿となり、後者は人文主義法学の中心的地位を得たのです。

　慣習法の統一とローマ法　　やがてフランスにおける法学は、多極化していた北部地域の慣習法を統一する必要を強く主張するようになりました。その代表であるデュムランは、『フランス慣習法統一論』という著作で、次のように述べています。

史料
6　**デュムランの言**
> 「……総じて、法書の中に記されている諸慣習法は、この上もなく多岐にわたり、相互に食い違っているばかりか、不明瞭であり、瑕疵さえも内包している。……こうした事情に鑑みると、ユス・コムーネ（＝一般慣習法）と自然の衡平に最も調和しつつ、公的にしてかつ総ての個別的なものについての功利性に最も適合しており、最も簡潔にして最も純粋にして最も用意周到であり、最も絶対的なる（法）集成（libellus）が必要であろう。」

　さらに彼は、著作『パリ慣習法註解第1章「邦土」』において次

のように語り、ローマ法の相対的利用の可能性をうかがわせています。つまり、ユスティニアヌス法典はただ無批判かつ権威的に受け入れるものではなく、法そのものを考察・適用する上で対照先となるという見解を、ここから推し量ることができます。

<史料
7> **デュムランによる言及**
「……偉大なユスティニアヌス帝の下で編纂されたローマのユス・コムーネが、理性に合致する限りにおいて、そして、承認済みの諸風俗と矛盾しない限りにおいて、検討されねばならない。」

神聖ローマ帝国における大学と法学　　1348年のプラハ大学設立から始めて、16世紀初頭までに15を超える大学が帝国内に設置されました。これらの大学は法学部を中軸に置くボローニャ大学型と神学ならびに自由学芸を中心とするパリ大学型とを併せ持った組織形態をとっており、先行する大学を参考にしていたことがうかがえます。従来、神聖ローマ帝国領内から多数の学生がローマ法及び教会法を学ぶためにイタリアの大学を訪れていたことから、イタリア学風が強く帝国内の法学に影響を及ぼすことになりました。ローマ法の継受は、こうしたイタリア帰りの法学識者が媒介する形で裁判所や宮廷、各地の教会にも持ち込まれ、広まっていったのです。

　したがって、中世イタリアの大学法学部で醸成されたユス・コムーネ（普通法）の優位という前提が神聖ローマ帝国を覆っていました。しかし、これはローマ法が単純に各地の慣習を排除していったことを意味しません。バルトルスによる条例制定理論にすでに見られるように、ローマ法とは相異なる慣習の法的効力も認められていました。このことは、皇帝の中央集権化を目指して設置された帝室裁判所規則にも見受けられます。ただし注意しなければならない

のは、慣習や条例には「堅実で適切かつ公正な」「明示されている
もの」という条件が付されていることです。こうした条件が帝国普
通法（ローマ法）には付されていない点にも注目してください。

　大学から供給される法学識者はこうした慣習や条例について不案
内でしたから、ローマ法優位の状態が続くことになりました。先の
講で挙げたツァジウスによるフライブルク改革都市法典などが編纂
されたのは、こうした状態への対応という面を含んでいたのです。
ただし、ツァジウスのような人物は例外的であり、やはりこれも
ローマ法の事実上の優位を残す結果となることもしばしばでした。
こうしたローマ法優位の根拠には、かつての皇帝ロータルの命令が
あったとする「ロータル伝説」がありました。ヘルマン・コンリン
グがこれを反駁したことは、のちの現代的慣用へ続くローマ法の相
対的利用への道を切り開くことになります。

4　イングランドにおける法学

大陸法と英米法　　　西洋法は大きく大陸法と英米法の2種類に分
けることができるとされています。かつては両者の独立性を強く強
調する見方もありましたが、現在はそれぞれの違いだけでなく類似
性にも着目し、もってこの異同を法にまつわる考え方の視点から緩
やかに理解する見方も出てきています。この新しい見方がどのよう

に展開するかは今後の課題として、ここではかつての独立性重視の見解を優勢にした要素として、法学教育および法曹養成を取り上げてみましょう。

今日の日本で暮らす私たちにとって理解の若干難しいものに、英米法の祖となったイングランドにおける中世の裁判所制度があります。19世紀後半まで、イングランドの代表的な裁判所は4つありました。民事を専門とする人民訴訟裁判所、刑事事件をも取り扱う（女）王座裁判所、国王財政に関係する事件を扱う財務府裁判所、これらはコモン・ロー裁判所と総称されます。そして、これらに並列して設置されていたのが大法官府裁判所（エクイティ裁判所）です。

これらの裁判所は中央（ロンドンのウェストミンスタ）にあり、例えば神聖ローマ帝国における領邦裁判所に近い立場にあった地方の裁判機構は、コモン・ロー裁判所およびエクイティ裁判所に比してごく小さな権限しか認められていませんでした。加えて、コモン・ローとは王国の一般的慣習や議会制定法を広く含んだ言葉で、これが形成・発展した主要な舞台こそは裁判所であり、大学法学部ではなかったのです。こうした事情により、大学法学部で教授されたローマ法の影響力が、大陸に比して小さかったことは否めません。

裁判所における法教育と背景　そのイングランドでも、18世紀になると大学法学部でコモン・ローが教授されるようになりますが、上述した裁判所の起源は12世紀に遡ります。それまでのあいだ、イングランドで法学徒たちは一体どこでコモン・ローを学んだかという疑問が浮かびます。その答えは裁判所、特に法廷内での傍聴に見出すことができます。学習を含んだコモン・ローの展開の主な舞台のひとつは人民訴訟裁判所であり、その起源は1215年のマグナ・カルタにまで遡ることができます。

コモン・ロー裁判所が成立した当初もまた、大陸と同じく聖職者が裁判官を兼任する姿が一定数見られます。しばらくして、中央裁判所へ出向く訴訟当事者の負担を背景に、訴訟手続と法廷弁論をそれぞれ代理する専門職としての法律家が現れるようになります。これに自身の将来を見る学徒たちが、中央裁判所近くの宿に滞在し、裁判の折には傍聴席での学習を行うようになりました。こうした変化はまた、人民訴訟裁判所首席裁判官ミーティンガムへの令状より後づけることができます。

こうした法学徒たち＝アプレンティスから人民訴訟裁判所で活動する弁護士（サージャント）が任命されるようになったことで、裁判官もやがてこのサージャントから任命されるようになっていきます。そしてこの法学徒たちがよく滞在した宿が、いつしか法曹学院（インズ・オブ・コート）と呼ばれる学習集団とその場所として定着することになるのです。これとは別に、訴訟事務を取り扱う代訴人（アトーニ）が所属する法曹学院予備院（インズ・オブ・チャンセリ）

も15世紀以降に現れ、イングランドにおける法学（教育）組織が定着したのです。

　ボローニャ大学を中心とした中世ローマ法学の歩みとともに、もしくは後年にその影響を色濃く受けながら、西ヨーロッパの各地で法学習の場が広まっていきます。この歩みにおいて大きな役割を果たしたのが各地の大学であり、その登場が法学とその学びの特徴（イングランドも含めて）を示すことにもなったのです。

【コラム⑨　バリスタ・ソリシタの登場】

　現在の英国でも法廷弁護士と事務弁護士という２つの弁護士職が存在しており、これはそれぞれバリスタとソリシタと呼ばれています。バリスタは上述した法曹学院の訓練課程に、ソリシタは次講で扱う大法官府裁判所の登場に、その起源を有しています。

　まず、すべてのアプレンティスたちがサージャントになれるわけではなかったものの、他の裁判所で弁論を行うことは可能でした。このこともあって、アプレンティスという名称の意味が次第に変わっていき、それ自体が一定の法学識保有を示すものとなったのです。次に彼らによって構成される法曹学院の教育には、模擬法廷で行われる訴答訓練が重要な地位を占めていました。この模擬法廷内で弁論を行うことのできる人々をバリスタと呼称するようになり、その中で10年以上の経歴を持ち、年２回のリーディングという制定法に関する講義を行った人は、模擬法廷内の裁判官席につくベンチャとなって、また法曹学院の運営にも関与していました（こうした制度はピューリタン革命の余波を受けて形骸化していきました）。17世紀以降にはバリスタからも選出可能な国王勅撰弁護士（シルク）という層が登場すると、サージャントは徐々にその優位性を失い、やがて人民訴訟裁判所の弁論権がバリスタ層に開放されたこともあり、19世紀の裁判所統一への流れに伴って姿を消していきます。

　ソリシタは初め、訴訟依頼人に訴訟斡旋の仲介を行う役割を担っていました。この時点では職業としての確立はなく、したがって若手のバリスタが知識と経験をつけるためにソリシタとして活動することもあれば、アトーニが大法官府裁判所や評議会系裁判所の事務を行う際にソリシタを名乗ったのです。このような状況ゆえにその専門性のばらつきが問題視され、その克服として17世紀には法律専門職分野としての独立を果たします。弁論と事務の分担が効率的であると考えた法曹たちは、徐々に弁論のバリスタと事務のソリシタという分業体制を構築し、後者は19世紀の職業組合成立などを背景にアトーニを吸収した事務一般を扱う弁護士層としてソリシタ身分を確立するに至ったのです。

第9講　訴訟手続と裁判機構 [トピック]

　本講では、特に中世法学における実体法と手続法の分化を踏まえた上で、争い事の法的解決を図る訴訟手続、そしてこれを運用する裁判機構に注目していきます。手続法からの実体法の分化は、主に教会の要請を受けた中世ローマ法学者が手がけたことから始まり、教会裁判所機構は世俗裁判所のロールモデルともなりました。もちろん各地域にはそれぞれの法もあり、ローマ法や教会法と併せて各地の裁判所はこれらを運用していくことになります。

1　手続法の分化と整備

　ローマ法学者に対する教会の要望　　今日の私たちは「実体法」「手続法」という2つの区分を法に対して与えており、民法や民事訴訟法もこの区分に従って分類することができます。しかしユスティニアヌス法典の法文それ自体は手続法と実体法の混合物とも呼べる状態でした。そのためこの状態は、聖職叙任権闘争に代表される世俗権力の挑戦からその独立を守るべく裁判所制度を整えていった教会にとって不十分なものであり、彼らはローマ法学者と共同して手続法の分化を促進することになりました。

　手続法文献の登場　　中世ローマ法においては、ユスティニアヌス法典からの抽出と整理という方法が通常でしたが、教会法ではその拠って立つ法規（聖書、教令、教父の著作、教皇令など）を別に有し

ていたために、これらの法規に沿う形で裁判の慣行も生まれていき
ました。こうした事柄も併せて教会裁判所の訴訟手続を論じる著
作、『裁判手続論』（ordo iudiciarii）が登場することになります。複
数の人物がこのタイトルで執筆を行っていますが、その中の一人で
あり、アゾのもとでローマ法も学んだタンクレードゥスによる『裁
判手続論』は、実務を行う法律家にも高い評価を受け、西ヨーロッ
パ各地に広がっていきました。さらに包括的な著作であるグイレル
ムス・デュランティスの『法廷鑑』の評価はなおのこと高く、「鑑
照者」の別名が与えられるほどに、実務に携わる人々の間で広く
読まれ、かつ影響を与えました。

ローマ＝カノン法訴訟の成立と拡散　このようにして成立した
ローマ＝カノン法訴訟手続においては、書面主義が重視されまし
た。その一例として、13世紀の法学者ヨハンネス・デ・ボノーニア
の『書記便覧』が手続の概要を示した部分を引用します。この著作
は民事訴訟の過程を簡潔かつ明快に記したものとして評価されてい
ます。引用はごく一部ですが、その中でも委任状、訴状、関連する
事項についての写しといった言葉が期日ごとの進行に応じて登場し
ています。

史料
[1]　『書記便覧』
「まず初めに、両当事者が代理人を通じて出頭した場合に
は、委任状が提出されると、……書面で述べたり与えたり
するための期日が両当事者のために置かれる。……そして
当事者に与えられた期日以降に作成される提出物の写しが
彼らに与えられる。当事者に与えられた期日が到来し、委
任状が確認されると、もし訴状が準備されていないのであ
れば、訴状を与え、……裁判人が、または彼の委任により
書記がその訴状を被告に与え、そして、認める意思である

か争う意思であるかを熟慮するための期日が彼のために置かれる。その後、……裁判人は被告に認めるか争うかを熟慮したかを問う。……もし、確かに自分が争う意思であると答弁したのであれば、その時には、裁判人は、教皇ニコラウス4世が教皇庁の補佐官たちを使って作成した一定の手続令に従って、被告に……抗弁を有しているかどうかを問う。……被告の抗弁が提出されると、再抗弁のための期日が与えられる。……このようにして抗弁と再抗弁がそろって与えられると、裁判人はそれらの抗弁自体について中間判決を言い渡すための期日を彼らに与える。原告に有利な中間判決がなされると、被告は争点決定および不悪意宣誓を強制される。それがなされると、裁判人は直ちに両当事者に主張をなすための期日を与え、……ローマの裁判所の方式に従って、これから訴点が作られると、答弁をすることについて当事者が熟慮できるようにするためにそれからの写しがそこで与えられる。しかし、ボノーニア（現在のボローニャ）、および私がいたことのあるその他の相当多くの地にあっては、当事者には相手方当事者から与えられた訴点の写しは与えられず、（そうした訴点は）当事者の弁護人にのみ……裁判人を通じて示される。そして、訴点に答弁するための期日が置かれる。続いて答弁が行われると、……証明項目決定のための期日が置かれる。……」

　ロータ・ロマーナ（ローマ教皇庁裁判所）の登場　　上記で引用した史料に、「教皇庁」という言葉が登場していることに注目してください。この教皇庁はやがて最上級審的地位を占めるようになり、ロータ・ロマーナ（ローマ教皇庁裁判所）としてヨーロッパの法学において大きな影響を与えていくのです。ここでは教皇から委任を受けた聴聞官（auditor）が事件を担当し、その書記（notarii）は審理記録を作成して裁判記録（regestrum）に備えていました。特に重要な

のは、委任を受けた聴聞官は当該裁判において教皇へ報告すると
いった義務の要素が薄れていったことと、判決に先立って同僚裁判
官の助言を受けてその多数意見に従うことです。

　これらの定着によってロータ・ロマーナが組織としての成立を迎
えたことは、次第に聴聞官たちが弁論や合議に合わせて付した注意
書きを、教会法学の発展として位置づける効果をもたらしたのです。14世紀の後半には、裁判官たちによる注意書きの集録が半公式
の性格を伴ってヨーロッパ中に広がっていました。ここでは訴訟手
続の展開に伴い、事実関係からその内容が始まり、事実関係に関わ
る議論の賛否とのその論拠の応酬が続きます。記録されるこうした
合議から現れる決定は、訴訟を終結させる終局判決ではなくとも、
当該訴訟の進行に応じて現れた法的問題の決定、すなわち法学的議
論とその決着を示していました。ロータ・ロマーナに数多くの事件
が持ち込まれ、同時に複数の事件を裁判所として処理する必要に駆
られたことを原因とする側面も含みつつ、この裁判手続は世俗裁判
所にもモデルとして働きかけることにもなったのです。

2　各地の裁判所と法曹

中世カノン法学と両法博士　　『グラティアヌス教令集』や『グ
レゴリウス9世教皇令集』といった文献は、その登場によって中世
ローマ法学註釈学派と同じく、まとまったテクストとしての註釈や
論文の対象とされる地位を得ました。このうち『グラティアヌス教
令集』を主たる対象としていたのをデクレティスト、『グレゴリウ
ス9世教皇令集』を主たる対象としていたのをデクレタリストと呼
びます。

　教会法は確かに聖書を最高位のテクストとする点で中世ローマ法

とは異なる姿勢を持ちましたが、その法的概念や思考方法の多くを援用していました。そして手続法の体系化において、同じく裁判官や弁護士として実務に携わることもあった中世ローマ法学者の助けも得ていたのです。このように相互に関係を持つローマ法と教会法は、やがて大学法学部の中で「両法」と呼ばれ、双方の知識を持つことが学識として重要視されていくようになります。両法を学修した者には「両法博士」の称号が与えられました。大学法学部は研究者・実務家の養成機関として、そしてローマ法とカノン法の相互の概念や制度の交換・共有において、重要な地位を得たのです。

フランス王国　両法を学ぶ大学の影響力は、そこで学んだ者たちが世俗裁判所の裁判官の母体として多くの地位を占めていたことにも現れています。ここではごく簡単ながら、フランスと神聖ローマ帝国における世俗裁判所の紹介と併せて見ていくことにしましょう。

　国王権力の優勢化まで一定の時間を必要としたフランスでは、神聖ローマ帝国への対抗の必要もあり、法学者の力を借りて「フランス国王は彼の王国内においては皇帝である」という命題を打ち立て、またバルトルスの条例優先理論を借り受けることで、北部地域における慣習法の優位を維持するとともに、ローマ法（神聖ローマ帝国の普通法）が副次的な地位にあることを強調していました。

　ただしこれらはローマ法学者の力を借りて生み出したものであるだけに、非ローマ的な各種の事項をローマ法を用いながら分析する必要を生み出しました。またフランスはロータ・ロマーナのようなひとつの最高裁判所ではなく、各地方ごとにパルルマン（高等法院）と呼ばれる裁判所を設置していきました。はじめに設置されたパリのパルルマンは最も管轄が広く、残りは12の地方パルルマンと4の最高評定院が補っていました。パルルマンで職務に当たる裁判官に

ローマ＝カノン法を学んだ者たちが任命された結果、自然とその手
続もローマ＝カノン法訴訟手続を横目に見る形で運用されていくの
です。そのひとつは、ボマノワールによる『ボヴェジ慣習法書』に
も見ることができます。

神聖ローマ帝国　　さて、神聖ローマ帝国では次第に地域諸侯が
国王大権（レガーリア）を侵食するようになり、領邦国家と呼ばれ

る一定の自律性を持った支配領域が登場してきました。そして中世において散発的に起こる宗教運動のほか、オスマン＝トルコとの軍事的緊張関係などがこれに加わり、帝国全体の安定性を脅かしていました。これを解消すべく立ち上げられた帝国改造計画において、有名な永久ラント平和令のほか、帝室裁判所の設置が定められました。なお、帝室裁判所はパルルマンと異なり、1箇所のみに設置の形式です。

　帝室裁判所の特徴として、おそらくはフランスにおけるのと同じく、もしくはそれ以上にローマ＝カノン法の学識を備えた人々を裁判所の構成員として重用していたことがあります。史料として、1495年の帝室裁判所規則を見てみましょう。

史料
3　**帝室裁判所規則（1495年）第1条**
「第一に帝室裁判所に聖俗の侯爵伯爵若しくは男爵である裁判官一名および此の帝国国会の助言と意思によってドイツ国民の帝国から選出される一六名の判決人を置くものとする。此等の判決人……の半数は<u>法</u>を修得しその<u>学識を認定されていなければならない</u>し、他の半数は少なくとも騎士の出身でなければならない。……」

　下線の部分での「法」や「学識」はもちろんローマ法や教会法の「両法」を含むものであり、なおかつこうした人々が「ドイツ国民の帝国から選出される」のを条件としている点は、イタリア自治都市で見られたポデスタ制と異なることを示しています。こうした言明が行われた背景には、第8講で触れた、神聖ローマ帝国領内での大学設置が広まってきたことも関係しているかもしれません。

　上掲の史料では学識者は半数と定められていますが、やがて広く判決人に法学識を求めるようになっていきます。それほどまでに、

ローマ法は神聖ローマ帝国において重要な法規範となっており、コンリングによるロータル伝説の反駁を経て、その相対的利用がパンデクテンの現代的慣用へと繋がっていくのです。なお、次に言及する箇所も併せ、帝室裁判所規則もローマ＝カノン法訴訟手続をなす書面主義を採用していました。

> 史料
> 4 帝室裁判所規則（1495年）第14条
> 「訴訟の準備を行うため、そして当事者の確実な証拠をととのえ、不慮の誤認を防止するために、当事者双方は自己の事件につき、その多少にかかわらず、これを書面にして提示することが許される。そして書面による提示が一方の当事者によって強く希望された場合、これによって他方の挙証を妨げることがあってはならない。」

3　イングランドにおける訴訟手続

イングランドでの訴訟手続もまた、上で見てきたような書面主義を採用していました。訴訟開始令状（original writ）と呼ばれるそれには、複数の形式が定められていました。以下に示すのはそのひとつです。

> 史料
> 5 相続不動産占有回復令状
> 「国王がＳ州長官に挨拶を送る。もし、Ａが彼の主張を追行するために保証を与えるならば、朕の裁判官がその地域に来ることになる最初のアサイズ裁判で、良き召喚人によってＮ地の近隣の12名の自由で法に適った人々を召喚せよ。彼らは、前述のＡの父Ｗが、彼の死亡時に、Ｎ地で

> 家屋敷と1ヤードランドの土地を……シーズィンしていた
> か否か、……同上のAが彼の最近相続人であるのか否かに
> ついて、宣誓の上、認定する用意をして朕の裁判官の面前
> に出頭すべきである。その間、彼らに、上述の家屋敷と土
> 地を検分せしめ……そして、良き召喚人によって、前述の
> 家屋敷と土地を現在保有しているBを召喚し、そこで認定
> を聴くことができるようにせよ。そして、その場に、召喚
> 人と本令状を提出せよ。証人　云々。」

　こうした訴訟開始令状に即して民事事件を取り扱ってきたのが人
民訴訟裁判所でしたが、やがて事件の増加に裁判所の処理速度が追
いつかなくなってきました。そこで訴訟当事者（特に原告）と法曹た
ちは、人民訴訟裁判所以外のコモン・ロー裁判所である王座裁判所
と財務府裁判所で民事裁判を起こす手段を模索していきます。王座
裁判所での対応は、「暴力と武力」による権利の侵害を訴えるトレス
パス令状、続いて「暴力と武力」の文言を除いた特殊主張侵害訴訟
令状の考案でした。ここではトレスパス令状のひとつを紹介します。

史料
6　**定期借地権侵害不動産回復令状**
> 「国王がN州長官に挨拶を送る。もし、Aが彼の主張を追
> 行するために保証を与えるならば、何故に、暴力と武力で
> もって、Tが上述のAのために不動産権を設定し、未だ期
> 限が徒過していない、1地の荘園に立入り、……上述Aを
> 彼の借地から追い出し、彼にその他の法外な侵害を加える
> ことで、同上のAに甚大な損害を与え、朕の平和に反する
> ことをなしたのかを説明するために、[某日]、ウェストミ
> ンスタの朕の裁判官の面前に出頭するよう、Bを担保物と
> 確実な出廷保証人に付せ。そして、出廷保証人と本令状を
> その場に提出せよ。証人　云々。」

上記は原告をその土地から追い出したことの理由を説明するよう被告に命じる文面となっています。先の相続不動産占有回復訴訟令状と異なり、下線部の表現が入ることによって、被告には具体的な行動が求められているのです。これは被告に強制を課すものであって、王座裁判所は一躍民事裁判の提起先として人気を博するようになりました。また財務府裁判所では、被告の行為によって原告の国王に対する義務が十分に果たされていないと構成するクオーミヌス（クオーマイナス）令状が用いられるようになりました（下線部に注目してください）。

史料
7　　クオーミヌス（クオーマイナス）令状
「女王が M 州長官に挨拶を送る。朕は汝に命ずる。汝は、……H を逮捕し、……朕の債務者 W に答えるために、……朕の財務府の裁判官達の面前に提出しうるようにせよ。……同上の W にとって甚大な損害を与え、彼が朕の上述の財務府に負っている債務に関してその分少なくしか弁済し得ないと彼（W）が述べ、彼（H）がそこで答えるべきだと、合理的に示しうるからである。そして、本令状をその場に提出せよ。……」

　それぞれの裁判所の管轄対象が異なるために、それに合わせた令状表現が行われていることがわかります。これらの展開と、法律問題の議論と決着を中央裁判所で、事実問題の評決を地方陪審で行う裁判制度とが組み合わさり、18世紀終わりには３つの裁判所が並列的に民事裁判を受け持っていました。

　これらと並行して、上記の裁判所が扱うコモン・ローの救済対象とならなくても、自身に正義と衡平より救済が与えられるべきであると考えた当事者は、これら裁判所の権限の源でもある国王へ請願を行うようになります。この請願はやがて国王の役人の中で極めて

重要である大法官に直接提出されて処理されるようになり、事件ごとに大法官自身が当事者の言い分を聞いて裁判を行うエクイティが、コモン・ローとは別個の組織、大法官府裁判所で展開していきます。コモン・ロー裁判所では認められていなかった当事者審問を大法官府裁判所では行っていたこともあり、こうした手続の違いを反映して、コモン・ローとエクイティは別個の法を持つものとして理解されるようになっていったのです。

　このように、コモン・ローは裁判所での傍聴と法曹学院での訓練によって、エクイティは大法官の判決によって学習されていた点で、大学法学部を拠点とするローマ法と教会法の学習とは異なる点を有しているのです。なお、上述したコモン・ロー裁判所および大法官府裁判所は19世紀の裁判所改革で高等法院の各部局として再編されつつも、相互に影響し合う法体系として現在に至っています。

　手続法の分化と書面主義の採用が、教会裁判所をはじめとして概ね各地域の裁判所にも定着していきました。それと同時に、法について一定の知識を持つ学識者の需要も増加していくことになります。やがてこうした裁判所が、法に関する知識や経験の源として重要な地位を占めていくようになるのです。

【コラム⑩　国王・皇帝からの裁判所の分化】

　中世から続く封建勢力の拡大は、神聖ローマ帝国内にいくつもの領邦を形成するようになりました。この領邦は自律性を持っていたために、やがて領邦間の衝突や自治都市との対立が、フェーデと呼ばれる武力を伴う争いの形で現れるようになります。こうした状況を抑制するために、12世紀頃から行われていたラント平和令に加えて、安定した形での司法機関が強く求められました。

　この司法機関が帝室裁判所として帝国に設置されることになるのですが、その過程では皇帝側の反発を受けました。中世の世界観では帝国の裁判権が皇帝の裁判権と同一視されていたために、常設の司法機関の設置はその権力と皇帝とを切り離すものとして理解できたからです。これが実現したのは、イタリアをめぐるフランスとの軍事的衝突に急ぎ対応する必要があった皇帝マクシミリアンの妥協によるものでした。

　早期の国王中央集権が進んでいたイングランドでは、同じく国王は正義の源として意識され、司法権を握る存在でした。当初イングランド国王はフランスの広大な領地とも行き来していたために、国王不在のイングランドを管理・運営する統治上の必要も生じます。そうした事情より、国王から裁判官を派遣する巡回裁判が12世紀より始まり、13世紀には有名なマグナ・カルタによって、確定地における国王裁判所が設置されました。

　常設裁判所が設置されたことは、こうした機関に対する国王や皇帝の影響力の消失を意味する訳ではありません。神聖ローマ帝国では帝室裁判所設置後ほどなくして、皇帝を裁判官とする帝国宮内法院が設けられ、特に統治に関わる事件を扱うようになりました。イングランドでは裁判官の任免権を国王が長らく握っており、この状況が完全に改められるには、世界史でも有名な名誉革命の後の王位継承法の制定を待つ必要がありました。しかし、国王あるいは皇帝から切り離された形での常設裁判所の設置は、これを支える学識としての法学と法学者の需要を高める方向へ働くことになるのです。

第**10**講　法学者と法学の広がり［トピック］

中世から近代にかけての期間においても、法学の分野ではローマ法が註釈・註解の助けを借りて大きな影響を与え続けていました。これとは別に、ローマ法と異なる地域慣習法への注目、特に神聖ローマ帝国と古代ローマ帝国の直接的な連続関係への反駁といった事象も起こります。この権威とその批判的検討というやり取りを本講ではごく簡単ながら概観していきます。

1　法学者と権威

「これが『法』を表している」と言えるものを権威として提示するということについて、中世の人々は様々に取り組みを行っていました。第6講を読んでいただいた方は、例えばユスティニアヌス法典の存在をすでに思い起こされていることでしょう。ただし、ユスティニアヌス法典とりわけ『学説彙纂』の意味内容は、長い休眠のうちに西ヨーロッパで忘却されていました。中世ローマ法学は、これを再び読み直すことから始まりました。そしてアゾやアックルシウス、そしてバルトルスらについても前講までたびたび特別に言及してきました。こうした著名な法学者の登場は、法学の発展における学問的権威の出現として理解することができます。以下の標語も、こうした権威的法学者の影響の強さを反映しています。

法学者の権威に関わる法諺

「アゾ【の書】を持たざるものは法廷に赴くべからず」
「註釈の認めざるものは法廷もこれを認めず」
「バルトルスの徒にあらざれば法学者にあらず」

　中世のカトリック教会的キリスト教世界観とは異なる、古代ギリシャおよび共和政ローマの再発見および再注目を通じた人文主義が西ヨーロッパに広まり、法学にも大きな影響を与えたのは第7講で見た通りです。代表的な人文主義法学者の1人であるアルチャートは、人文主義にしばしば見られた歴史研究への過度な没頭に陥ることなく、註解学派的な助言活動も積極的に展開したほか、「博士たちの共通見解」にも重要な意義を認めていました。

　にもかかわらずアルチャートを註解学派に含みえないのは、註解学派的活動が定着した15世紀のイタリア学風に顕著だったアックルシウスやバルトルスという権威への盲目的な服従には与しなかったこと、またこの権威的法学者たちが重視しなかった法学以外の学問（歴史や言語、文学）を積極的に取り入れたことに求められます。このような人文主義者が法学分野でも増加していくにつれて、ユスティニアヌス法典を重視する点では変わらないものの、法学へのアプローチは中世のそれとは異なっていきます。その結果として新たな影響力ある見解が誕生し、地域によっては従来の権威的見解を塗り替えるようになりました。

2　各地域での「法」分化

　すでに以前の講で見てきたように、中世の西ヨーロッパで法学が飛躍的に発達した一因には、イタリア半島をはじめとする自治都市

の登場、都市内での自律的な行動（特に行政活動や交易の安定）を支える学識者への需要がありました。そうした中で、註釈および註解を主軸とする中世ローマ法学がユスティニアヌス法典を中心として展開したことは、法の学問的発展の面を含んでいます。人文主義法学もまた、異なる視点での学問的発展を志向していました。

　このことはまた、「（ローマ）法の継受」という言葉を考察する上で非常に重要です。ユスティニアヌス法典が編纂された時、そこには「東西分裂前のローマ帝国の復活」という想定がありました。この想定の実現可能性こそ喪失したものの、註釈学派や註解学派、そして人文主義法学の登場などを経て、編纂当時とは異なる想定ながらも、法という対象を考えたり用いたりする上での不可欠な素材としてユスティニアヌス法典は活用されていきます。そうした活用の歩みについて、地域の別も含めながら見ていきましょう。

　フランス地域　　註釈学派の時代にプラケンティヌスがボローニャを離れたのちに法学を教授したのがモンペリエであった点を取り上げたように、法学教育の開始も大学の歴史では比較的早期に属します。また、モンペリエを含む南部がローマ法の影響を受けた成文法地域として捉えられるのですが、これはユスティニアヌス法典のみを法として諸々と運用した、といった意味を持ちません。つまり成文法地域では、ローマ法を軸に慣習法がこれを取り巻いていると理解していたため、ボローニャ大学の註釈学派たちが行った方法を持ち込むことは、慣習法との摩擦に繋がったのです。

　そのため、13世紀末から14世紀初頭にかけての成文法地域では、上述の衝突を解決するために、むしろ慣習法の尊重を前提とし、その改善にローマ法を役立てる試みを行いました。さらに16世紀より高まっていく人文主義の影響が、両者の区分を明確にしました。フランスではローマ法の継受を全般的・全面的なものとする必要が

（後述する神聖ローマ帝国と異なり）なかったために、人文主義的な歴史対象としてローマ法を理解する余地を残しました。こうした土壌に生まれたのが先の講で述べたフランス学風であり、キュジャスやドノーといった大法学者によるローマ法分析は、今日にも影響を与えています。

慣習法整理への機運　　さて、慣習法地域と呼ばれた北部ではローマ法の影響はさらに低いものでしたが、慣習法はその性質上、適用される地理的範囲に制約がありました。その意味でも、13世紀後期の地方裁判官ボマノワールが編纂した『ボヴェジ慣習法書』が他地域との比較も含んでいる点は、本書の特徴の一部を成しているのです。そして、15世紀以降フランス国王の権力が強化されていくに従い、それまで以上に慣習法の統一化が要求されていきます。そのひとつを以下に例示します。

史料
2　シャルル7世のオルドナンス（王令）
「裁判における当事者たちは、わがパルルマンの法廷においてもまたわが王国のその他の裁判官の前においても、わが当事者もその他の当事者も、いくつもの慣行、訴訟手続慣習及び慣習法を提出し引用している。これら〔慣習法など〕は、わが王国の諸地方の多様性に応じて多様であり、……／そして、もしわが王国の諸地方の慣習法、慣行、訴訟手続慣習が文書に認〔したた〕められたならば、これによって、訴訟ははるかに一層簡短となり、……裁判官たちは、より良くかつ一層確実に裁判するであろう。……／すなわち、わが王国のすべての地方の慣習法、慣行及び訴訟手続慣習は、これを成文化し文書に記録し、慣習法家、法実務家……による承認を受け、……書物に書かれ記録され、朕の許にもたらされねばならない。しかる後、朕は、わが国王顧問会議またはわがパルルマンの成員によって、

> ……布告し確認するであろう。……／而うして、上にのべたように記録され承認され確認された慣習法、訴訟手続慣習および慣行は、裁判においてもそれ以外においても、守られ遵われることを、朕は欲するものである。……」

法学者の応答：デュムラン　　こうした中、法学者たちが慣習法に対して行う註釈や比較も発展しました。こうした学者たちの中で特に重要な人物がシャルル・デュムランであり、パリ慣習法（1510年に成文化）が1580年に改定される際、1566年に死去した彼の研究成果が全体的に活用されています。このように慣習法の成文化に大きな影響を与えた彼の発言から、いくつかを見てみましょう。

史料
③　慣習法の成文化について
> 「明晰であり、均衡のとれている良き法律が制定されていることほど、国家にとって有益であり必要なものはない。同様にして、諸法律が混沌としかつ不明確な状態で、無法者および山賊らの中にいることほど、危険かつ有害なものはない。……邪悪で不正な輩らは……根拠を欠いた裁判を提起し、他人の財産、特に、品行方正で無辜の市民らの財産を略奪しようとしている。実際のところ、裁判官は、……悪しき輩らを処罰することもできないようだ。その原因は、法が混沌としかつ不明確な状態にあるからだ……根拠を欠いた裁判を提起する輩達が略奪品をせしめているのは、諸慣習法が未だ成文化されておらず、法が、この上もなく痛ましいほどに混沌とし、かつ不明確な状態にあるからだ。……」

フランスでは法源として、パルルマンをはじめとする各法院の判決、上掲したシャルル7世のもののような王令、そして慣習法があり、ユスティニアヌス法典と註釈・註解がなした統一性には及ばな

い状態でした。その中でデュムランが法源に言及した際に、補充性という限定付きでユスティニアヌス法典やローマ法学も法源に含みうることを認めている点が注目されます。

> **史料 4 ローマ法への視線**
>
> 「実に、最後に我々が、書かれたローマ法から借用しているものは、衡平に調和しており、それについて問題となっている事案に適合しているところのものである。それは、かつて、我々がユスティニアヌス大帝または彼の後継者らに服従していたからではない。むしろ、この上もなく賢明なる人々に由来するあの権威により整序せられた（ローマ）法は、かくも衡平に適っており、合理的であり、そしてあらゆる観点から見て絶対的であるので、一般に総てのキリスト教諸民族による援用と賛同とにより、（このローマ法は）普通（法）とさえなっている。」

　このように、神聖ローマ帝国の皇帝法という側面を長らく持っていたローマ法について、フランスはその政治的勢力を維持するためにも一定の距離を置かざるをえませんでした。それでもなお、ボローニャ大学を中心としたローマ法とその法学の研究の成果は、フランス王国においてはその自国法を考察・分析する上で活用され、これらはやがて近代の法典編纂における下地となるのです。

　ドイツ地域（神聖ローマ帝国）　　中世において、カトリック教会とフランス王国や神聖ローマ帝国との関係は緊張と武力衝突を含むものでした。世界史の教科書でも取り上げられる顕著な例として、ハインリヒ4世のもとで始まった聖職叙任権闘争、ボニファティウス8世に降りかかったアナーニ事件とその後の教会大分裂があります。そしてこうした政治的事象以外にも、ロータ・ロマーナに代表される教会裁判所の組織構成がヨーロッパ中に広がっており、裁判

管轄という司法的分野でも教会と世俗は対立・緊張の関係にあったのです。その中で大学法学部を通じて浸透していたイタリア学風もまた、ローマ皇帝法ゆえに神聖ローマ帝国の普通法になるという位置づけをローマ法に与えることになりました。

「ローマ帝国」理念の見直し　ローマ帝国皇帝と神聖ローマ帝国皇帝、ローマ法と普通法とを強固に結び合わせる考えを解体し、結果として神聖ローマ帝国におけるローマ法の相対化とその帰結としての「パンデクテンの現代的慣用」の礎石をなしたのが、コンリングでした。

彼は『ローマ・ゲルマンの皇帝』という著作において、カール大帝の皇帝戴冠は何よりもその武力を源にしており、ローマ帝国とは歴史的に直接の関係を持たないことを喝破します。そして神聖ローマ帝国はかつてのローマ帝国のような普遍的な世界帝国ではなく、その支配地域にあるイタリアとドイツの総称であり、「ローマ帝国」という呼称の混同という誤りが生じているとします。

> 史料
> 5　「ローマ皇帝」の整理
> 「ドイツ（ゲルマン）もイタリア王国もローマ帝国と呼ばれるものとは区別される国家であり、皇帝は……（ローマ）皇帝ではない。ここからつぎのことが結論される。新しいドイツをユスティニアヌス法から考慮し、あるいはドイツにおける皇帝にローマ帝国における古代の皇帝権力を与え、また（ローマ帝国という）名称からドイツをローマ帝国とし、皇帝はまさに（ローマ）皇帝としてドイツを統治するという馬鹿げたことが主張されてきた。しかし、これらはまったく誤っていることが今や明らかとなったのである。」

彼はまた『ゲルマン法の起源』という著作を表し、その中で上記のローマ法の直接的適用の根拠とされてきた1531年の『カリオン年

代記』に収録された「ロータル伝説」を反駁し、ローマ法は神聖ローマ帝国内に時間をかけて徐々に浸透していったことを改めて示しました。注意が必要なのは、コンリングは神聖ローマ帝国内における帝国や皇帝の権威に積極的に賛同していなかったことです。この立場はむしろイタリア学風などの中世ローマ法学者のとるところであり、コンリングの著作も従来の歴史を批判的に検証するところから生まれたと解する必要があります。

　ローマ法の伝播と相対化　　さて、コンリング以前の神聖ローマ帝国におけるローマ法の伝達に関する通説は、皇帝ロータルによる1137年の帝国法律を基にローマ法が神聖ローマ帝国に継受されたというものでした。コンリングはこれについて、根拠づける史料がない点、ロータルがイタリアに遠征するより前に当地でイルネリウスの註釈研究が始まっており、先の講で述べたようにこれを聞きつけた人々がボローニャで学識を得て持ち帰ったことがローマ法の伝播と実務での使用に影響した点などを明らかにして、従来の通説を反駁したのです。このロータルの逸話は1531年の『カリオン年代記』に当時のルター派神学者メランヒトンによって挿入されたものであるとされ、これは現代の研究でも確認されています（挿入の背景には、カトリック教会への対抗があったと推定されています）。

　しかしコンリングはただ通説を否定するのではなく、ローマ法がどのように学習されてきたのかを歴史的に明らかにし、加えてその継受は包括的なものではなく、イタリアの大学法学部を中心とする法学識保有者による徐々の受け入れであったことを述べています。

史料
6　**ローマ法の継受について**
「確かに他国と同様にドイツ人もローマ法に拘束されることがある。しかし、ローマ帝国の威厳が今なおわれわれの上

> にそびえ立っているから、ローマ法と繋がりを持つのでは
> ない。ローマ法は自由な裁量の下に用いられることによっ
> て継受されたのであり、それがさまざまな訴訟において多
> くの利益を与えていることは見受けられる」

　こうして古代のローマ帝国およびその法との直接的な関係性を解
体したコンリングの功績は、法学史においてはローマ法と地域慣習
法との相対的利用を模索する時代、パンデクテンの現代的慣用へと
ドイツの法学を一段階先へ進める一助となったのです。

3　イングランドでの法学教育

　法学教育と法文献　　　早期の国王裁判所の成立と中央集権化をな
したイングランドでは、ローマ法の影響は大陸法に比して小さいも
のであったと考えることができます。もっともそれは、例えば上記
で見てきたような鑑定活動等の直接的な裁判実務への影響という意
味合いであり、双方が没交渉的関係であったことを意味しません。
実際、初期のコモン・ロー裁判所でも、それなりの数の聖職者が裁
判官を務めており、いわば間接的な影響を推察できます。しかし、
先の講で述べた法曹学院の定着もあって、この影響は表面上薄まっ
ていくことになります。

　有名無名を問わず様々な法文献がイングランドの法学習を彩って
きましたが、特に注意を要するのがイヤー・ブックス、リトルトン
の『土地法論』、そしてクックの『イングランド法学提要』です。
まずイヤー・ブックスは、匿名形式の文書であり、法廷（特に人民
訴訟裁判所）で交わされる法的議論を書き取った私的なものでし
た。にもかかわらず、これが累積していくことによって、ある種の

拘束性とも言える存在へと変化していくのです。

プリゾート裁判官の発言
「……もし今やわれわれがイヤー・ブックにおいてしばしば判断されてきたところに反して判断するならば見習弁護士たちはその本を信用しなくなるだろうからである。」

先人への関心　法廷での議論を指した先人たちの知恵への尊重は、15世紀末に刊行され、19世紀まで絶大な人気を誇ったリトルトンの『土地法論』にも見出すことができます。本書は著者の息子に宛てて執筆された書物であったようですが、これまでの議論や判決、制定法の積み上げによって複雑に錯綜していた不動産関連法制を見事に整理していたために、当時流布しつつあった活版印刷によって広く知られるようになりました。

史料
8
リトルトン『土地法論』あとがき
「我が息子よ、私が上述の書物で述べた全てのことが法であると信じることがないように。……法でないことについては、賢明な法の識者に尋ね、学びなさい。……人は、法の議論と理由によって、より早く法の知識と確実性とに到達しうるからである。／法は理性によって証明されるとき、より称賛に値するものとなる。」

　上記までは主に先例を扱うものでしたが、中世より続く制定法の解釈にもこの傾向を見ることができます。一例として、クックの『イングランド法学提要』第2巻序文を取り上げてみましょう。

史料
9
クック『イングランド法学提要』2巻序文
「旧制定法及び他の制定法を扱う本書『法学提要』の第2部

では、我々はほとんど必然的に、我々の古の著者達、『ブラクトン』『ブリトン』『裁判官鑑』『フリータ』や、以前には印刷されたことのない多くの訴訟記録を引用せざるをえなかった。これは賢明な読者に、本著作で我々が扱うこれらの全ての制定法が定められる以前のコモン・ローが如何なるものであったかを認識して頂き、それによって、制定法が新たな法を導入するものであったのか、古き法を宣言するものであったのかを知ってもらうことが、当該法文それ自体の真の理解を大いに助けることになるからである。……」

法学教育対象の変化　　ヨーロッパ大陸における法律家、特に影響力の高い人々の母体となったのは大学ですが、イングランドではこれを法曹学院や裁判所に求めることができます。そしてピューリタン革命の最中での混乱をきっかけに法曹学院がその教育機能を喪失し、同業組合的側面のみを残した時代も含めて、イングランドの法律家は実務家の顔を強く備えており、そのため実務を意識した学習方法が論じられてきました。

史料
[10]　ヘイルによる『ロール法要録』序文
「……法学生にとって必要なのは、方法的に体系立った読書と学習を遵守することです。……第一に、学生にとっては、2、3年間、『リトルトン』……、そして、とりわけ、我がクック卿の『リトルトン註解』を、そしてできれば彼の判例集を精読して過ごすのが適切です。これによって彼は実務訓練を行うに相応しくなり、……また、ウェストミンスタでの法廷の傍聴を彼にとって有益なものとすることができるようになるでしょう。……彼に大きな共通拠点帳（common-place-book）を与え、アルファベット順のタ

イトルに分けさせなさい。……その後に、法廷年報〔イヤー・ブックス〕を読み始めるのが相応しいでしょう。……読書の過程で読み取ったものを抽出して、その要旨、とりわけ事例の要旨乃至解決された問題点を適切なタイトルの下に自分の共通拠点帳に書き込みなさい。……」

　こうした実務中心の法学学習とは別に、18世紀にはオックスフォード大学で初めてイングランド法の講義を行い大きな成功を収めたブラックストンによって、連合王国そのものを担う「紳士」の大学での養成と法学教育とが結び合わされることになるのです。ここに至って、法曹学院における専門的＝実務的法学の教育・訓練と、基礎知識的な法学の教育とが確立され、今日の英国における法曹養成に繋がることになります。

史料11　ブラックストン「法の研究について」
「……多くの紳士は、……イギリスの国制の擁護者であり、イギリスの法の創造者、廃棄者、解釈者なのである。……彼らは、この国制と法を、できるなら改良し、少なくとも毀損することなく、次の世代に伝えるよう、自然、名誉、宗教の全ての絆によって義務付けられている。古い法を全く知らずして新しい法に賛成することは、立法府の議員として何と不相応にみえることだろう！　法の条文を知らずして、その人は、どんな解釈ができるのだろうか！」

【コラム⑪　法学習とその場所】

　『ユスティニアヌス法典』という成文法典を源泉とした註釈・註解の蓄積を下敷きとする法学識によって各地の裁判所と関わる法学者を養成した西ヨーロッパ大陸の大学法学部と、中世から続く訴訟記録（法廷弁論と判決）に法学識の源泉を置いた英国とを並べてみると、法学習・訓練の方法における差異を見ることができます。

　こうした差異はそれぞれに異なる特徴として捉えることができます。大学では一定のカリキュラムに沿った体系的な学習を行うことに大きな特色があり、一方でイングランドに特に見出される法廷実務を通じた訓練は、法活用の修練の場として機能していたと言えます。もっとも、中世スコラ学の影響を受けていた中世ローマ法学があまりに細部までを議論の対象としていたのと同様に、中世から続くイングランド法学も体系的事項の教育を欠いた各論的な面での訓練に陥りがちでした。本第10講で取り上げたブラックストンの講義とその著作は広く評価されましたが、その後まもなくして大学法学部での教育はいったんは勢いを減じていきました。

　ローマ法や教会法の教授の場所として一定の体系的学習の場を提供していた西ヨーロッパ大陸の大学と異なり、裁判所での実務を中心に法学習を行っていたイングランドでは、19世紀に再び大学での法学習について模索が行われます。ともすれば従来の訓練型学習の否定にも捉えられかねない大学法学部での法学教育について、憲法学の権威として高名なダイシーは、ブラックストンが初代を務めたヴァイナー教授位への就任記念講演論文において、従来の訓練型学習と大学での法学教育には「何らの真の対立関係も存在しない」と締めくくっています。そこで示されているのは、体系的理解や、法に関わる概念の分析や定義の提供、そして準則を「秩序だった一連の諸原則」にまで整理すること、法学的著作の新たな動向を「援助し刺激し導くこと」を通じて、実務によって見過ごされがちな側面を補完するといった見方です。多数の学生を法学部が抱えるようになった今日も、法学の両側面である専門性と一般性に関わる法学の取り組みの歴史を反映しているのです。

その学識にある程度の権威性を認められた法学者の登場は、法学の道筋を辿る上でも重要な意味を有しています。一方でこれに大きな信頼を置き、他方でこれに対して批判的精神から検討するといった学問の作用も、ここまでから推察することができます。法学という学問に対してどのようにアプローチするのか、先人たちの取り組みから考察を深めてみてください。

第 3 部　近世の西洋法史

第3部では、近世という時代の西洋法史を扱います。どの期間を近世と呼ぶかについては、異なる見解が存在しており、それ自体が興味深いテーマです。本書では、宗教改革からカント『人倫の形而上学』出版までの約300年間を近世とします。部分的には、中世および近代の章で扱う時期とかぶります。ある日突然、中世が近世になったり、近世が近代になったりするわけではないので、これは仕方がありません。近世の特徴として、宗教的権威の後退、自然科学の台頭、中央集権化の促進、市場経済の発達などが挙げられます。本部ではこれらに加えて、当時のマイノリティの人々の視点から、近世西洋法の問題点を紹介します。具体的には、女性に対する抑圧と植民地支配を取り上げます。

近世という時代は、中世から近代へ向かう過渡期（transition）でした。どの程度まで中世から脱却しながら、どの程度まで近代に到達していないのか、という点に、近世の特色が現れます。ある意味では中途半端な時代でもありますが、当時の人々の試行錯誤には、現代にまで繋がるさまざまなアイデアが盛り込まれていました。法学の分野では、主権国家の芽生え、国際法の揺籃、法典編纂の試み、契約の自由化、貨幣制度の整備などが該当します。また、複数の学問領域の区別がそれほど明確ではなく、混ざり合いながら発展する傾向もありました。例えば、1人の人間が数学者でもあり法学者でもある、ということが比較的容易に起こりました。中世ではそもそも学問の種類が少なく、近代ではそれぞれの分野がすっぱりと独立したことを考えると、これも近世の特徴になるでしょう。この章でも学際性を意識して、さまざまな領域との接合を意識的に扱っています。

〔年表〕

1492年：コロンブスのアメリカ大陸再発見
1517年：ルターによる贖宥状批判（95箇条の提題）
1533年：スペインの征服によりインカ帝国が滅亡
1567年：明王朝が海禁政策を中止
1600年：イギリス東インド会社設立
1618〜1648年：三十年戦争
1625年：グロティウス『戦争と平和の法』
1642〜1649年：ピューリタン革命
1648年：ヴェストファーレン体制が成立
1661年：フランスでルイ14世による親政の開始
1672年：プーフェンドルフ『自然法と万民法について』
1721年：ピョートル1世が戴冠し、ロシア帝国が成立
1748年：モンテスキュー『法の精神』
1755年：リスボン大地震により、無神論争が過熱
1756〜1763年：七年戦争
1763年：パリ条約
1775〜1783年：アメリカ独立戦争
1776年：アダム・スミス『国富論』
1787年：アメリカ合衆国憲法が成立
1789年：ベンサム『道徳および立法の諸原理序説』
1794年：プロイセン一般ラント法が施行
1797年：カント『人倫の形而上学』

第11講 繋がりゆくヨーロッパと世界 [通史]

> この講では、西洋法史における近世とはどのような時代をいうのか、そしてその時代にはどのような特徴があったのかを概観します。この時代には、近代的な主権国家の萌芽が見られ、各国の利害調整のために、国際法という分野が形成されます。また、市場経済が成立し、その活動が国家を超えてグローバル化していきます。自然科学の誕生も、見逃せないファクターです。これらは法学の世界にも影響を与えたので、近世の法学者は学際的であることが求められました。

1 近世西洋法史へのいざない

グローバル・ヒストリーから見た近世　近世とはなんでしょうか。私たちは今、近世の部を開いています。近世という時代があって、その時代における西洋法史が語られることになるのでしょう。しかし、近世とは何か、という問いに答えることは、容易ではありません。もともと「近世 (early-modern)」という用語は、近代初期を指し示すために作られたものです。もしこの当初の意味で用いるだけならば、「近世」という部を設ける必要はなかったでしょう。

　グローバル・ヒストリーにおいては、この近世という言葉に、特別な意味合いが込められています。グローバル・ヒストリーとは、特定の地域や国に着目するのではなく、地球全体を通じた人やモノの動き、あるいは文化の伝搬などを、大域的に記述する歴史学の一

分野です。つまり、地球規模で考えた場合、近世と近代とのあいだには、大きな違いがあると考えられているのです。

グローバル・ヒストリーにおける広い意味での近世は、コロンブスのアメリカ大陸再発見から1870年代までの、400年近い期間を指します。この時代を特徴づけるのは、技術発達による世界の結合です。航海技術の発展を通じて、コロンブスはアメリカ大陸とヨーロッパ大陸とを再び橋渡ししました。さらに、アフリカ、インド、東南アジア、東アジアへの海路による交通が活発化しました。これは、地球規模における人とモノの移動です。19世紀前半には、電信によってデータを移動させることが可能になり、コミュニケーションの範囲は飛躍的に拡大しました。1850年代からは、海底ケーブルの敷設によって、大陸間の通信も容易になりました。極東の日本でも、1870年に電報が導入され、1871年にウラジオストク・長崎間の海底ケーブルが完成しました。グローバル・ヒストリーにおいては、世界の交流網の結合が始まり、それが完成するまでの時代を近世と考えるわけです。

本書で扱う近世　このように、世界の結合を軸とすれば、コロンブスから1870年代までを近世とすることができます。そして、グローバル・ヒストリーという観点から、西洋法史を記述することも可能でしょう。例えば、コロンブスによるアメリカ大陸再発見ののち、ヨーロッパ各国は、現地住民から収奪することを、法的にも正当化しようとしました。また、1865年には、各国の電信条約をもとに、万国電信連合が設立されました。これらも法史には違いありません。

しかし、第11講から第15講までは、そのような体裁をとっていません。より伝統的な西洋史における「近世」を、すなわち、宗教改革から1800年頃までの歴史を扱っています。その理由は２つありま

す。ひとつは、本書のテーマが西洋法史である以上、西洋史の時代区分を採用するほうがすっきりするからです。

　もっとも、これはあくまでも表面的な理由です。もうひとつの理由が大切です。近世西洋法の特徴のひとつに、学際性があります。近世の法学者たちは、ローマ法や教会法に精通していただけではなく、ギリシャ・ローマの古典、数学や論理学のような純粋科学、力学などの自然科学、さらには医学をはじめとする応用科学の知識も修得し、これを法学へ反映する傾向を持ちました。そして、この特徴に鑑みた場合、16世紀フランスの人文主義法学を起点とし、カントの『人倫の形而上学』（1797年）を終点とすることが、うまい切り取り方になります。第11講では、この伝統的な近世における、西洋法史の基本的な特徴を通覧しましょう。

2　宗教から世俗へ

　宗教的権威の退潮と世俗権力の自立　　まず、第12講から第15講までに共通する時代背景として、宗教的権威の衰退が挙げられます。中世において、世俗の政治権力は、教会権力との折衝に腐心していました。教会という強力なライバルの存在は、世俗の政治権力にとって厄介であると同時に、助け舟にもなりました。政治権力の根拠を問われたとき、教会や神から与えられたものであると回答することができたのです。

　けれども、1500年頃を境に、宗教と政治との密接不可分な関係は、次第にゆるみ始めました。世俗の政治権力は、キリスト教的世界観に依拠する必要性から、解放されていきます。もっとも、この解放は、短期間で達成されたわけではありません。17世紀にはイギリスのフィルマーが王権神授説を唱え、ロックと鋭く対立しまし

た。また、フランスではボシュエが同様の主張を展開しましたし、ザクセンではバレンティン・アルベルティが、キリスト教的世界観を法理論の前提とするように要求しました。政治権力が宗教的な根拠、例えば神からの授権を有していなければならないのか否かについて、思想家たちの対立は激化していきました。

社会契約論　17世紀には、古い宗教的政治理論を打破する試みも活発になりました。その代表が、契約説です。契約説は、政治権力が確立される前の状態、いわゆる自然状態を想定します。その自然状態において、人々は政治権力の設立に合意し、自分たちを拘束したのだ、と仮定するのが契約説の考え方です。実際にそのような合意が歴史上あった、と考える論者もいましたが、どちらかといえば、思考実験に近いものです。つまり、仮に私たちが政治権力のない状態に置かれたとしたら、なんらかのかたちで政治権力を作ろうとするはずであり、その時に合理的な構想をするはずだ、というわけです。ここに神は登場しません。

立憲主義の萌芽　契約説の出現により、統治の根拠は宗教的なものから世俗的なものへと置き換えられました。しかし、これだけでは問題は解決しませんでした。仮に契約説が正しいとしても、人々が自然状態でいったいどのような合意に至るのかが、はっきりしなかったのです。

例えば、自然状態において、人々は王制や貴族制に合意するでしょうか。ロックは、王や貴族の存在を否定しておらず、むしろ合理的な不平等であると考えていた節があります。とはいえ、合理的な政治構想が、王や貴族に無制限の特権を与えたり、僭主制を肯定したりすることはないでしょう。

したがって、契約説によれば、政治権力は、それがどのような形態であるのかはともかく、一定の制約に服さなければなりません。

ここに、近代的立憲主義の芽生えがあります。そして、その成果
が、いわゆる人権の概念へと結実しました。1688年のイギリス権利
章典、1787年のアメリカ合衆国憲法、1789年のフランス人権宣言な
どは、すべてこの思想の系譜に属します。

史料
[1] **1688年のイギリス権利章典（一部抜粋）**
「停止権限　議会の同意なくして王の権威により法や法の執
行を停止する権限があるかのようにふるまうことは違法で
ある。
金銭の徴収　議会の同意なく国王のためまたは国王の用の
ために大権を口実にして、認められている期間よりも長
く、また認められていない方法で、金銭を徴収すること
は、違法である。
常備軍　平時に王国内に常備軍を徴集維持することは、議
会の同意がないかぎり法に反する。」

3　主権国家の胎動

中間団体と絶対主義国家　　現代を生きる私たちは、通常、国家
という単位に包摂されています。無国籍や係争地などの論点をいっ
たん捨象する場合、現在の地球は、国家単位で分割されていること
になります。しかし、自立した国家がパズルのピースのように地球
の一角を占める、という状態は、歴史的に普遍な現象ではありませ
ん。ここでは、神聖ローマ帝国を一例に、近世の国家構造を概観し
てみましょう。
　帝国という名称は、複数の地域を股にかける強大な権力を思わせ
るかもしれません。ところが、近世の帝国はむしろ、特定の地域に
権力を限定させるブロックのような存在として機能していました。

なるほど、中世においては、モンゴル帝国のオゴデイによるヨーロッパ遠征（1241年、ワールシュタットの戦い）、ティムールによるオスマン帝国の打破（1402年、アンカラの戦い）のように、ユーラシア大陸を横断する大帝国が一時的に君臨しました。ティムールの死後、この試みは破綻し、東アジアには明・清が、インドにはムガル帝国が、西アジアにはサファヴィー朝が、黒海および地中海東部にはオスマン帝国が君臨しました。このように、ユーラシア大陸の各地域に異なる帝国（インペリウム）が登場し、ユーラシア大陸の統一を断念したのが、近世の特徴なのです。そして、オスマン帝国は、1453年に東ローマ帝国のコンスタンティノープルを陥落させました。これにより、ヨーロッパには西ローマ帝国の帝権のみが残りました。この帝権を中世から近世にかけて継承していたのが、神聖ローマ帝国です。

神聖ローマ帝国の内部構造　神聖ローマ帝国には、次のような特徴が見られます。第1に、皇帝は選挙制でした。この選挙制度を定めたのが、1356年の金印勅書です。選挙制とはいえ、15世紀以降は、ハプスブルク家がこの座をほぼ独占していました。しかし、他の帝国では世襲または簒奪が即位の通例でしたから、神聖ローマ帝国はやはり特異であったと言えます。

　第2に、神聖ローマ帝国の基礎になっていた帝権は、多分に理念的なものでした。他の帝国は、軍隊などの現実的な力によって、その領域を獲得しています。つまり、ある国が他の国を軍事力や経済力などによって圧倒していき、その結果として帝国が成立するわけです。これに対して、神聖ローマ帝国の皇帝は、帝国内の構成員全員を武力によって征服したから皇帝になった、というわけではありません。神聖ローマ皇帝は、もともと存在した西ローマ帝国の帝位を承継した者であり、ローマ教皇による戴冠という、外部からの承

認を必要としました。また、帝国内には、帝国等族という構成員が多数含まれていました。彼らは帝国議会を形成して、神聖ローマ皇帝の活動に、さまざまな制約を課しました。神聖ローマ帝国は、帝国領土を支配している現実の権力というよりも、人々に共同体意識を持たせるための理念的な存在だったのです。

このように、神聖ローマ帝国は、多数の中間団体を抱えていました。このため、皇帝が帝国のすみずみまでを思い通りに統治することはできませんでした。とりわけ、三十年戦争のミュンスター講和条約とオスナブリュック講和条約をもとにヴェストファーレン体制が確立されると、神聖ローマ皇帝は、現在のドイツに当たる地域への影響力を大幅に失いました。これは、領土を失った、という意味ではなく、ドイツ地域の帝国等族が、自分たちで統治権と外交権を行使し、神聖ローマ皇帝の指図を受けることが少なくなった、という意味です。

史料
2 **オスナブリュック講和条約（1648年）第8条第1項**
「ところで、政治的な事柄において今後は紛争が起きないようにするために、各選帝侯、王およびローマ帝国等族は皆、各人の古来の権利、大権、自由、特権、教会上および政治上の領土に関する権利の自由な行使、領主権、王権、そしてこれらの者のあらゆる財産について、この講和の効力によって、事実に関するいかなる口実によっても決して乱されることができず、かつ、乱されるべきではないようなかたちで安定させられ、確定されるべし。」

このような経緯から、神聖ローマ帝国は中央集権化が遅れていた、と評されることもあります。この評価は、あくまでも相対的なものであることに注意が必要です。イギリスもフランスも、近代的な意味での主権国家ではありませんでした。つまり、ある究極的な

統治者がいて、その統治者が国家のさまざまな機構を体系的に支配する、という構造にはなっていませんでした。その証拠に、イギリスやフランスにも中間団体は多数存在しており、聖職者や地方貴族が政治に対して強い影響力を有していました。その実態については、第13講で詳しく見ていくことにしましょう。

4　学際としての法学

近世における学際の隆盛　　近世の法学の特徴は、その学際性です。学際とは、「単一の専門分野や職業が適切に扱うには広範で複雑すぎる疑問に答え、課題を解決し、テーマに取り組むプロセス」を言います（アレン・F.レプコ／光藤宏行ほか訳『学際研究―プロセスと理論』（九州大学出版会、2013年）13頁）。近世においては、法学者が経済や哲学や自然科学の知識を駆使して、法的な問題を解決したり、反対に、経済学者や哲学者や自然科学者が、法的な問題に取り組んだりしました。その背景については、第14講にゆずります。ここでは、3つのケースを簡潔に紹介しましょう。

経済学からの挑戦　　近世における経済思想は、16・17世紀の重商主義と、18世紀の重商主義批判とに大きく分けられます。この2つの経済思想は、法というシステムに対して、正反対の態度をとっていました。重商主義は、国家間の貿易を競争的なゲームと捉え、相手を出し抜くために各種規制を用いることを推奨しました。例えば、国内の特定産業を保護したり、国外からの輸入に関税をかけたりしました。

　これに対して、18世紀以降、自由主義経済思想が芽生えていきます。その代表は、イギリスのアダム・スミスです。スミスは、重商主義が行う法的な規制に、多くの点で批判的でした。特定の産業を

保護したり、輸入制限をしたりすることは、国富の増大を阻害していると考えたのです。

イギリス功利主義と立法の科学　　イギリスのホッブズは、機械論的な世界観にもとづいて、自然法を分析しました。彼が前提としたのは、自己保存の法則とそれを計算するための理性を備えた、利己的人間像です。イギリスの神学者バトラーのように、人間が利己的であること自体を否定しようとする論者もいました。バトラーによれば、人間には神から授かった良心があって、利他的な性質を初めから有しているのです。

しかし、思想家たちの中には、キリスト教的な説明をすることに難色を示し、別の方向からホッブズを批判する者もいました。そのひとつが、功利主義という考えです。代表的な人物は、やはりイギリスのベンサムです。ベンサムは、「最大多数の最大幸福」というモットーのもと、神を前提としない世界でも人間は利他的な行動を取りうることを示そうとしました。彼は功利主義を統治の原理と捉えていたので、社会の幸福が最大になるように、立法者はルール設計をしなければならないとも説きました。

哲学から法学へ、法学から哲学へ　　この時代には、哲学と法学との交流も盛んでした。ドイツの有名な哲学者カントは、『人倫の形而上学』という書物を1797年に出版しています。カントはそこで、さまざまな法制度に言及しています。その中でも注目に値するのが、Ersitzung という単語です。これは取得時効を意味するドイツ語なのですが、もともとドイツの法学者が使っていたものではありませんでした。ローマ法の議論をドイツ語でもできるように、カントが導入したのです。これは現代のドイツでも使われています。

反対に、法学がカントに影響を与えた例もあります。カントは彼の哲学の中で「演繹」という言葉を何度も使っています。これは論

理学における演繹のことではありません。ここでいう演繹とは、ある権利を導出するための論証を意味しており、領土紛争などで用いられる専門用語でした。例えば、ある地域が我々の領土に帰属することを演繹する、という具合です。カントはこれが法律用語であることも熟知しており、自らの哲学に応用したのです。

5　市場経済の成立とグローバル化する交易

アジア交易と東インド会社　　近世において、ヨーロッパは他国との経済的コミュニケーションを促進させ、アジアにまで進出するようになります。この時に重要な役割を果たしたのが、貿易でした。香辛料などの貴重品をアジアで購入し、ヨーロッパへ運ぶルートが確立されていきます。

　貿易は国富の増大に資する、と考えられていた近世では、国家がこれに多大な関心を持ちました。そこで、アジア貿易を行う会社を設立し、国家がこれに独占権を付与するというアイデアが生まれます。いわゆる東インド会社と呼ばれるものです。イギリス東インド会社が1600年に設立されたのを皮切りに、他の国も競争に乗り出しました。これらの会社は勅許会社といって、国王から設立許可をもらわなければなりませんでした。なお、東インド会社という名前がついていますが、これはインド東部のことではなく、東南アジアを含む交易圏のことなので、注意が必要です。

　株式会社の誕生　　このような流れの中で、会社経営に関する整備も行われました。1602年、オランダ東インド会社が設立され、これが世界初の株式会社であると言われます。これに対して、イギリス東インド会社は当初、アジアとの交易によって生じた売上をすべて出資者に配分する方式をとっていました。この方式では、次の航

海のための投資が難しいという問題が生じました。売上を出資者にすべて渡すと、会社には手持ち資金がなくなってしまうからです。そこで1657年には、利潤のみを出資者に分配する方式へと移行しました。これは、現代の株式会社における配当に類似しています。

中南米との交易　ヨーロッパから見て西の大陸、すなわちアメリカ大陸との交易は、コロンブスによる再発見から活発化しました。この時の主役になったのは、スペインとポルトガルです。両国は中南米に植民地を拡大し、現地の商品をヨーロッパへ輸出しました。また、現地住民を事実上奴隷化したり、アフリカ大陸から黒人奴隷を移住させたりしていました。この圧政により、中南米の人口は大きく減じてしまいました。これについては第12講で触れます。

　中南米との交易を通じて、ヨーロッパに大量の貴金属が流入しました。すると、貨幣に関するそれまでの考え方に、変化が現れました。昔の人々は、金や銀で貨幣を作ることが多かったので、貴金属の価値と貨幣の価値とのあいだには、なんらかの関係があるのではないか、と考えていました。例えば、金の含有量が50％の貨幣と、25％の貨幣とでは、同じ額面でも価値が異なるのではないか、という具合です。ヨーロッパの人々は、金属の価値と額面との関係に頭を悩ませ、このことが、法制度にも影響を与えました。詳細は、第15講で論じます。

　以上、近世西洋法史の特徴を通覧しました。近世においては、宗教的権威の後退と主権国家の芽生え（第13講）、理性にもとづく学際研究の活発化（第14講）、市場経済の成立とグローバルな交易（第15講）がキーワードになります。

【コラム⑫　歴史的方法論の課題】

　歴史とは、なんでしょうか。この問いはとても難しく、これまでさまざまな見方が生まれて来ました。古くは、目的論的な歴史観というものが強く、時間は特定の目的に向かって流れていると考えられていました。例えばキリスト教の終末思想（人類史は神による最後の審判へ向かう過程だとする思想）が、これに当たります。また、歴史に理念を見出そうとする勢力も、大きな支持を得ていたことがあります。古代ギリシャや古代ローマの文化には普遍的な価値がある、と考えて、これを取り出そうとしてみたり、ナポレオンを世界精神の現れだと表現してみたりと、枚挙にいとまがありません。日本でも復古神道のような考えは、これに該当するでしょう。

　しかし、時間の流れが特定の目的を持っているとか、歴史の中に理想的なものが存在していて、現代の私たちはそれを尊重すべきだとか、そのような仮定は維持が難しくなっています。科学的に支持できない、というだけでなく、前述のアイデアには倫理的な問題も含まれていました。人類が特定の目的のために子孫を残し続けている、という考えは、優生学という危険な発想と結びつきました。過去に理想を求める動きも、同様です。古代ギリシャを学問の発祥地とした上で、著名な白人男性をずらずらと並べていく歴史描写は、ほんの50年ほど前まではスタンダードな手法でした。現在では、女性や非白人の学者が古代からいたこと、ヨーロッパの学問の発展は他の文明からも大きな影響を受けていたことが自覚されるようになっています。

　法史学の分野では、女性の法学者や、ヨーロッパに滞在していた非白人の法学者を登場させることが、依然として低調なように思われます。これには、法学特有の事情もありそうです。女性が大学で数学を勉強できなかった時代、マリー＝ソフィ・ジェルマンは、フェルマー予想の解決に貢献しました。彼女は被差別者であったわけですが、後世には数学者と呼ばれています。これに対して、法史における被差別者は、被害者としてしか登場しない傾向があります。そのような描写の妥当性をどのように問うていくのかも、今後は課題になっていくでしょう。

第12講　マイノリティたちの西洋法史 [通史]

この講では、近世という時代がマイノリティの人々にとって、法的にどのような時代であったのかを概観します。まず、ケアの倫理という近年明らかになった観点から、婚姻に関するイギリスの復縁制度を見ます。次に、当時の中南米やアジア地域で行われていた収奪に関して、西洋法がどのような役割を果たしていたのかを考察します。これと関連して、助産師などの出産に関わった女性たちの法的地位を紹介します。最後に、魔女狩りと拷問についても言及します。

1　ケアの法史

婚姻の軛？　　近年注目されているケアの倫理（→コラム⑬）は、紛争に2通りの解決方法があることを示唆しています。ひとつは、概念や法的三段論法を駆使して、体系的な説明を与えようとする道です。もうひとつは、個々の事案の具体性に着目して、関係者全員の利害を調和させようとする道です。人間の道徳的発達が、近世と現代とでそれほど変わっていないならば、近世においてもケアの倫理は存在したはずです。このような道徳性の発達に関する男女の差異は、従来の法史において、ほとんど考慮されてきませんでした。今回は、近世イングランドにおける夫婦権回復訴訟を、ケアの倫理の観点から再解釈してみましょう（夫婦権回復訴訟の裁判例については、赤松淳子「近世イングランドにおける夫婦権回復訴訟—婚姻の軛

と妻の権利」東洋大学人間科学総合研究所紀要16号（2014年）67-85頁の記述を参照しています）。

　夫婦権回復訴訟とは、一方の配偶者が他方の配偶者から捨てられたとき、「婚姻の軛 conjugal yoke」を回復するように請求することができる訴訟です。このような訴訟の背景には、キリスト教的な考え方がありました。夫婦とは神が結びつけた関係であるから、婚姻は原則的に永続するものであり、離婚や離縁は認められない、とされていたのです。この前提は、17世紀後半から18世紀前半にかけて、イングランドでも維持されていました。

　夫婦権回復訴訟は、定義上、夫から妻に対しても請求することができましたが、実際の訴訟においては、妻から夫に対して行うものが中心でした。夫が同居を拒み、夫婦として共同で生活することを拒絶しているならば、夫は妻を捨てたことになります。このとき、妻は夫に対して、同居をするように、あるいは扶養をするように請求することができました。

　この夫婦権回復訴訟に関する伝統的な法史の関心は、どのような要件のもとで夫婦権の回復が認められていたのか、またその要件はどのようにすれば証明されるのか、という点に向けられてきました。とりわけ問題となったのは、秘密婚の場合です。秘密婚とは、正式な手続によらないで夫婦のようなかたちになった男女の結びつきを言います。この秘密婚に関しては、ローマ・カトリックとプロテスタントとのあいだで、異なる対応が生じました。

　男女が婚姻の合意のもとで同衾したときは、たとえ親の承諾や証人なしでも、婚姻として有効である。これが、カトリックの基本的な考えでした。プロテスタントは、このような解釈を不道徳であると非難して、秘密婚に対して厳しい態度をとるようになりました。プロテスタントの一派であるイギリス国教会も、秘密婚に否定的な

法律文化社
出版案内

2024年版

新シリーズ [Basic Study Books : BSB]

＊ 初学者対象。基礎知識と最新情報を解説。

＊ 側注に重要語句の解説や補足説明。

＊ クロスリファレンスで全体像がつかめる。

A5判・平均250頁

[BSB]

地方自治入門　2750円

馬場 健・南島和久 編著

歴史、制度、管理を軸に、最新
情報を織り込んで解説。「基盤」
「構 造」「運 営」「活 動」の 4 部
16章構成。

〈続刊〉

入門 国際法　2750円

大森正仁 編著

自治体政策学　3520円

武藤博己 監修
南島和久・堀内 匠 編著

入門 企業論　2970円

佐久間信夫・井上善博
矢口義教 編著

法律文化社　〒603-8053 京都市北区上賀茂岩ヶ垣内町71 ☎075(791)7131 FAX 075(721)8400
URL:https://www.hou-bun.com/　◎価格税込

数学嫌いのための社会統計学 [第3版]
津島昌寛・山口 洋・田邊 浩 編　2970円
社会統計学の入門書として、「数学嫌い」の人でも取り組みやすいように、実際のデータを利用して、分析の手順を丁寧に説明する。社会調査士資格取得カリキュラムC・Dに対応。

子どもの「貧困の経験」
●構造の中でのエージェンシーとライフチャンスの不平等

大澤真平 著
3960円

子どもは貧困による不利と困難をどのように認識し、主体的に対処していくのか。量的調査と8年の継続的インタビュー調査に基づいて、子どもの視点から「貧困の経験」を理解するとともに、貧困の継続性と世代的再生産を捉え、支援・政策のあり方を考える。

ひとり親家庭はなぜ困窮するのか
●戦後福祉法制から権利保障実現を考える

金川めぐみ 著
5280円

国会議事録にみる国家の家族観と「福祉の権利化」の2つの視点から変遷過程を考察し、政治哲学の人間像とケアの倫理を基に「公的ドゥーリア」の概念を提示、法政策のあり方を示唆する。

デンマーク発 高齢者ケアへの挑戦
●ケアの高度化と人財養成

汲田千賀子 編著
2530円

いま日本の高齢者介護の現場では人材不足が大きな問題となっており、それは介護の質的水準の低下に直結する。限られた人材で対応するには、ケアの高度化が必須となる。本書は一足早くケアの高度化を実現したデンマークの現場を知る著者が、その実際を詳解する。

態度をとっていました。具体的には、1604年の教会法規定によって、一定の人の許可がなければ婚姻は成立しないものとしました。

しかしながら、イングランドの裁判所は、たとえ秘密婚であっても、一定の条件がそろえば夫婦として認める、という方針をとりました。ただし、このときの条件が比較的厳しいもので、式を執り行ったのが聖職者であるか否かが、重要な争点となりました。また、ヨーロッパの複雑な宗教事情から、聖職者がカトリックか否かも問題になりました。

この点について有名なのが、1752年のスクリムシャー対スクリムシャー判決です。この事件は若干複雑で、イングランドとフランスの二国をまたいで争われました。原告女性と被告男性は、1741年にパリで出会い、ローマ・カトリックの聖職者の立ち会いのもとで結婚しました。ところが、被告男性は、この婚姻は秘密婚であり、自分の意思に反していたと主張し、パリで婚姻無効の訴訟を起こしました。この訴訟では、男性が勝訴しています。そこで原告女性は、1749年にロンドンで夫婦権回復訴訟を提起しました。裁判官は、女性を敗訴させました。今回の秘密婚はイングランドにおいて好まし

くないカトリックの聖職者によるものであるから、というのが、その理由のひとつでした。

このような裁判所の判決は、司法判断の伝統的な枠組みを示しています。あるルールが存在しており、そのルールは抽象的な要件効果の組み合わせからなります。そして、その要件の証明が行われたときに出てくる効果は、原告と被告の一方を勝たせ、もう一方を負かすものとなります。このような Win-Lose の構造が持つ問題は、ギリガンの著書でも指摘されています。ヒラリーという女性弁護士は、ある法廷で、相手方弁護士が相手方に有利な証拠を見逃したことに気づきました。ヒラリーは、他人を傷つけないというケアの倫理を信じていたので、このことを指摘しようか迷いました。しかし、相手方に有利な証拠を指摘すると、自分の依頼人に不利な判決が下される恐れがあるため、沈黙を守りました。「そのとき、彼女がはっきり理解したのは、裁判という敵対システムが、『真理の探究と思われること』だけでなく、相手側の人間に対する気配りの表明をも妨げること」でした（キャロル・ギリガン／川本隆史ほか訳『もうひとつの声で―心理学の理論とケアの倫理』（風行社、2022年）320-321頁）。

このような Win-Lose の構造においては、勝利条件を満たすために、非難合戦が始まることがあります。夫婦権回復訴訟においても、この傾向は見られました。そこではしばしば、相手方の姦通や暴力が主張されました。また、法廷が（ケアの倫理が指摘するような男性中心主義的な）整合性を求めるあまり、当事者の主張の粗探しをすることもありました。1670年のハンプソン対ハンプソン訴訟において、妻のメアリ・ハンプソンは、同居を再開するにあたって夫が自分に暴力を振るわないように、裁判所が勧告して欲しい、と願い出ました。ところが、裁判所は、これを拒否しました。その理由

は、次のようなものでした。自分が夫婦権回復訴訟を提起したのは、夫が良い人だからだ、とメアリは裁判で述べており、この発言は夫の虐待の恐れと矛盾している、というのです。

　しかし、はたしてそうでしょうか。良い夫という概念に暴力的な夫は含まれない、だから矛盾だ、というのは、単なる概念操作です。この概念操作は、メアリとケアの倫理が求めているもの、すなわち夫婦関係の修復という目標に、なんら寄与していません。ここに、ケアの法史という、新しい視点を導入する必要性があるのです。

2　航海、植物、中絶

　大航海時代の女性たち　　コロンブスのアメリカ大陸再発見は、ヨーロッパに新しい知識をもたらしました。その中でもとりわけ顕著だったのが、植物に関する知識です。ヨーロッパ人は、中南米にある植物をせっせとヨーロッパ大陸へ輸入し、これを通商、科学、文化などのさまざまな領域で活用しました。この節では、ロンダ・シービンガー『植物と帝国─抹殺された中絶薬とジェンダー』で明らかにされた研究成果と、法史との関連を見ていきましょう。

　植物の採取や流通にあたって、近世の女性たちは重要な役割を果たしていました。まず、自ら航海に出て、植物の採取にたずさわった女性たちがいました。1699年、マリア・ジビーラ・メーリアンは、南米のスリナムへ移住し、植物や昆虫の採取とそれらのイラスト化に貢献しました。また、自らは航海に出ず、ヨーロッパへ運び込まれた植物のコレクションに勤しんだ女性もいました。メアリー・カペル・サマセットは、1690年代から植物園を作り、膨大な種類の植物を管理していました。

　他方で、これらの比較的裕福な女性または貴族身分の女性とは異

なり、裏方の助手として活躍した女性もいました。例えば、フランスのジャンヌ・バレがそうです。バレは船による世界一周を初めて達成した女性でしたが、ここで法的な問題が絡んできます。1689年のフランス王立海軍条例は、短時間の訪問目的以外で女性を船に乗せることを禁止していました。そこでバレは、コメルソンという博物学者の付き人として、男装して船に乗り込みました。

　当時、女性が男装するケースには、法的規制が原因になっているものがいくつかありました。イギリスでは17世紀頃から、レズビアンの女性が結婚するために、男装するケースがあったようです。1721年には、プロイセンのカタリナ・マルガレータ・リンクという女性が、男装して結婚をしたことが発覚し、火刑に処されるという事件もありました。

　人工妊娠中絶　　ヨーロッパとの交易は、中南米に深刻な問題をもたらしました。それまで中南米にはなかった疫病が流行しただけでなく、スペインなどの宗主国は、原住民を弾圧し、さまざまな面で経済的な搾取を進めました。植物もそのひとつで、ヨーロッパ人たちの目を引いたのは、中絶作用でした。1699年にスリナムへ移住したメーリアンは、その地で女奴隷が胎児をおろすために植物を使っていることを報告しています。彼女たちの中絶は、白人の主人に対する政治的抵抗であり、自分の子どもを奴隷にしないための、断固とした拒絶であったと考えられます。

　メーリアンは、この中絶薬が、オウコチョウという植物であることを突き止めました。が、ここで再び法の問題が絡んできます。近世のヨーロッパ社会において、人工妊娠中絶は犯罪であると考えられていました。例えば神聖ローマ帝国では、1532年の『カロリーナ刑事法典』が、人工妊娠中絶に対して死罪を定めています。

カール５世『カロリーナ刑事法典』第133条（上口訳）
「同じく、何ぴとかが、掻爬、食料又は飲料により生命のある子を堕胎する場合、又は、何ぴとかが男又は女を不妊とする場合において、かかる悪行が故意を以て行われるときは、男は斬首刑を以て、女は、自らの身体に対して行う場合においても、溺死刑その他の刑罰を以て処罰されなければならない。ただし、未だ生命のない子の堕胎が行われるときは、判決人は、本令の末尾に定めるごとく、法有識者その他に鑑定を求めなければならない。」

　この条文で目に留まるのは、ただし書きの部分です。もし子どもがまだ生命を有していなかったならば、即座に死刑に処するのではなく、鑑定を求めるものとされています。これは、キリスト教社会において信じられていた生命観と関係しています。当時、胎児に魂が入るのは、妊娠後すぐにではなく、ある程度の時間が経ってからだと考えられていました。そして、その兆候は、胎児がお腹の中で動く胎動によって確認できるとされたのです。このため、魂が入る前の中絶については、まだ人ではないから殺人ではない、と評価されていました。

　このことが、中絶薬とも関係しました。もしいかなる妊娠の段階でも中絶してはいけないとされていたならば、中絶薬がヨーロッパに輸入されることは、非常に問題視されたでしょう。しかし、教会裁判所をはじめとして、胎動前の胎児は、まだ人ではないとされていました。したがって、その段階で中絶薬を飲んでも、罪に問われない傾向があったのです。証拠法もこれに寄与しました。胎動が起こったかどうかを知っているのは当の妊婦だけであり、本人が自分に不利な証言をするはずがありませんでした。

3　魔女狩り

魔女とは何か　　　魔女という言葉を聞くと、現代では魔法を使う
ヒロインのようなイメージがあります。しかし、近世における魔女
は、当時の社会的・文化的な背景と密接な結びつきがありました。
前節で見たように、中絶はヨーロッパにおいて広く行われていたと
推測されます。『カロリーナ刑事法典』の条文からもわかるよう
に、中絶薬も使われていました。例えば、サビナという針葉樹は、
古代ローマからよく知られていた中絶薬の一種です。

　このような中絶薬の使用は、助産師と呼ばれる女性がつかさどっ
ていました。彼女たちは薬草の知識に優れていましたが、その技術
は妖しいものであるとみられ、迫害の対象にもなりました。中世末
期になると、ドイツのハインリヒ・クラーマーが異端審問官として
熱心に魔女狩りを行い、1486年に『魔女に与える鉄槌』という手引
書を発表しました。その第１部11問で、クラーマーは、助産師に対
する自身の見解を表明しています。クラーマーによると、助産師は
カトリック信仰を傷つける者であり、中絶をするだけでなく、子ど
もを悪魔に捧げる危険な人物でした。

助産師たちの沈黙と処刑　　　助産師たちは、人工妊娠中絶に倫理
的な問題が発生しうること、少なくとも当時の風潮からはその行為
が悪行とみられる可能性があることを、意識していました。このた
め、1567年のイギリスにおける助産師の誓いや、1587年のパリの誓
いにもとづいて、助産師たちは、胎児を意図的に殺害したり、中絶
薬を処方したりしないことを誓いました。また、近世の高名な助産
師たち、例えばフランスのルイーズ・ブルジョワや、ドイツのユー
スティーネ・ジーゲムントらは、産婦人科学に繋がる書物を執筆し

たにもかかわらず、中絶の方法については語りませんでした。

　助産師の立場は、社会的にも弱いものがありました。中絶反対論者は彼女たちを公然と攻撃していましたし、いったん中絶が事故を起こすと、取り返しのつかない落ち度として厳しい制裁を受けました。例えば、フランスの公認助産師マリー・ル・ルーは、名門の女性を中絶によって死亡させたという罪で、胎児の胎動が問題とされることなく、絞首刑に処せられました。近世社会は、中絶を不道徳とみなしていたにもかかわらず、その処理を助産師たちに暗黙裡に負担させ、事件が起きたときだけ法的に処罰していたのです。

　魔女狩りに関する論争　　魔女狩りに関して、教会全体がこれを積極的に推奨したわけではありません。クラーマー自身が他の聖職者から非難され、活動拠点としていたティロルから退去させられました。また、医師のヨーハン・ヴァイヤーは、1563年に『悪魔の幻惑について』を発表し、クラーマーの著作を辛辣に批判しました。

　ところが、このような批判にもかかわらず、16世紀になると魔女狩りが横行するようになりました。原因は現在でもよくわかっていませんが、被害者の構成が女性に偏っていることを考えると、社会的弱者に対するなんらかの弾圧であったことは、否定できないでしょう。

　魔女狩りは、刑事手続に関するさまざまな問題点を露呈しています。とりわけ、被告人を魔女と断罪する手続について、大きな欠陥がありました。

史料
③　**クラーマー『魔女に与える鉄槌』（1486年）第３部第２問（一部抜粋）**
「複数の単独証人〔Ａが「私は牝牛を魔法にかけられた」と証言し、Ｂが「私はこどもを魔法にかけられた」と証言し

た場合のように、複数人が異なる事件をそれぞれ単独で証言したこと〕によって、あるいは単に悪評があったことによって、裁判官は誰かをこの種の異端として正当に有罪にすることができるのかと問われるならば、これについても次のように答えよう。できない。複数の単独証人のみによっても、悪評があったことによっても、できない。……刑事においては、証明は光よりも明白でなければならず、また、この種の犯罪においては、何ぴとも推定によって有罪とされてはならない、というのが、とりわけその理由である。……したがって、この種の人には、悪評を理由とする雪冤宣誓が、また、証人たちの発言から浮上した重大な嫌疑を理由とする誓絶が、勧告される。しかしながら、単独証人ではあるけれども、彼らが事実の本質において一致しており、事実の明白性においても意見を合わせているならば、そのときは、裁判官の良心がそこで重責を負わされる。」

　このクラーマーによる解説の前半部分は、当時の証拠に関する考えを、よく表しています。ローマ法に限らず、ギリシャ法やヘブライ法においても古くから、証人は大切な証拠とされていました。科学技術が発達していない時代においては、物証を集めることが困難であり、どうしても証言に頼らざるをえなかったのです。

　もちろん、ある人がこれこれのことを見たとか、これこれのことを聞いたというだけでは、偽証や冤罪の危険性が高まります。そこで、証人は原則的に2人以上が必要である、という考えを伴うことになりました。このことをよく表しているのが、「半証拠」という表現です。半証拠とは、証人が1人しかいない状況を意味しました。つまり、証言はそもそも2人以上にならないと完全にならない、という前提のもとで使われた用語なのです。

　また、刑事裁判においては、光よりも明白な証拠がなければ、被

告人を有罪とできませんでした。この言い回しも、古くからよく用いられており、刑事司法の性格を示しています。すなわち、いろいろな証拠を集めてみたとき、単に被告人が怪しいというだけでは足りず、被告人が犯人であることについて、合理的な疑いの余地がないようにしなければならないのです。

　さらに、雪冤宣誓という宣誓が認められています。これは、自己の無実を請け負ってくれる証人とともに、自分が無罪であることを宣誓し、有責判決を回避する方法です。ゲルマン法において古くから見られる宣誓であり、さまざまなケースで利用されました。クラーマーは、雪冤宣誓によって無実を獲得することを認めています。

　以上のように、クラーマーは前半部分で、当時の刑事司法に忠実な論を展開しています。ところが、最後の最後でこれを骨抜きにする説明を付け加えています。すなわち、複数の単独証人が主要な事項について証言を一致させている場合には、裁判官の裁量が働きます。結局のところクラーマーは、証人の証言のみによる断罪について抜け道を用意しており、推定無罪のような考えを採用する意図はありませんでした。

　近世はマイノリティにとって、法的に過酷な時代でした。法の運用は、マジョリティに向けられたときとマイノリティに向けられたときとで、異なる現われ方をしていました。男性を中心とする司法手続において、婚姉は「軛」であり、男性がそこから解放されているかどうかに、焦点が当てられました。人工妊娠中絶は、ヨーロッパの人々と植民地奴隷とのあいだでは、異なる文脈で語られていました。ヨーロッパ女性の人工妊娠中絶は、もっぱらキリスト教道徳の問題でしたが、植民地においては、労働力の再生産の阻害として認識されました。また、中絶は社会的に事実上黙認されていたもの

の、社会がこれを負担するのではなく、助産師がこれを負担し、不祥事があったときは、当時の通説的な法解釈を曲げてでも、助産師の責任とされました。法制度の運用は、その法制度の制定理由とは、必ずしも一致していなかったのです。魔女狩りは多くの弱者に対して、不公正で恣意的な判決を下し続けました。

【コラム⑬　ケアの倫理とケアの法史】

　20世紀後半、アメリカの心理学者キャロル・ギリガンは、道徳性の発達に関して、重要な発見をしました。従来の男性中心主義的な正義の倫理に対して、女性が持っているケアの倫理が併存していることを示したのです。彼女の研究は、コールバーグという心理学者の実験に対する批判から始まりました。

　コールバーグは、子どもの道徳的な発達段階を調査するために、ハインツのジレンマという思考実験を行いました。ハインツには、病気で命の危機に瀕している妻がいます。妻の病気は、高額な医薬品を投与することでしか治りませんが、ハインツにはお金がありません。コールバーグはこのような状況を説明したうえで、被験者の子どもたちに、ハインツは薬を盗むべきでしょうか、と質問しました。コールバーグはこの実験から、伝統的な見解が裏づけられた、と信じました。低学年の子どもたちにおいては、女子のほうが男子よりも道徳的な発達が早く、反対に、思春期になると、男子のほうが女子を追い抜く、という見解です。

　コールバーグの実験では、次のような例が見られました。11歳のジェイクという少年は、ハインツは薬を盗むべきである、と答えたうえで、人間の生命に対する権利は、お金に対する権利よりも重いからだ、と理由づけしました。コールバーグは、なぜ人間の生命はお金よりも重いのですか、と尋ねました。これに対して男の子のジェイクは、代替不可能性で答えました。つまり、人間の生命は取り換えが利かないけれども、お金は取り換えが利くからです。この回答が正しいかどうかはさておき、ジェイクは、権利（生存権と財産権）のランクづけをしたあとで、

そこに簡単な推論を加えて結論を出していることがわかります。

　他方で、同じ11歳である女の子のエミリーは、次のように答えました。「うーん。ハインツが盗むべきだとは思いません。盗む以外の方法もあるかもしれないと思います。たとえば、お金を人に借りるとか、ローンを組むとか。でも、とにかく本当に薬を盗むべきではないと思います。でも、ハインツの妻も死ぬべきだとは思いません」（ギリガン前掲書104頁）。コールバーグは、なぜ薬を盗むべきでないのですか、と重ねて尋ねました。エイミーは、もしハインツが薬を盗んで刑務所に入ってしまったら、それ以降は妻に薬を持って行くことができなくなるからだ、と答えました。エイミーはさらに、薬剤師は「ハインツの妻に薬をあげちゃって、あとから夫に残りの代金を支払ってもらえばいい」（同106頁）とも答えました。

　以上の違いから、ジェイクは論理的で明快な回答をしているのに対して、エイミーの説明の仕方は曖昧であり、従来の見解が補強された、とコールバーグは考えたわけです。これに対して、ギリガンは疑問を投げかけます。コールバーグは、ジェイクのような抽象的思考が唯一の正しいロジックである、という前提で話を進めています。ギリガンはこれに反対して、エイミーは別のロジックで考えているのだ、と指摘します。エイミーが用いているロジックは、ケアの倫理です。ケアの倫理とは、抽象的な権利の序列や、概念操作ではなく、具体的な当事者がなるべく誰も傷つかないように調整することを目指します。この観点を通してみると、エイミーの回答はまったくロジカルなことに気づきます。エイミーは、ハインツ、ハインツの妻、薬局の店員という具体的な当事者のあいだで、どうすれば誰も傷つかずにこの問題を解決できるのか、という点に気を配っています。そこから出た結論は、ハインツがお金を借りるか、あるいは薬局の店員が後払いを認める、というものでした。道徳的に混乱しているのはエイミーではなく、盗むべきか盗まないべきかという二者択一に固執しているコールバーグのほうだったのです。

　男性的な倫理とは別に、女性的な倫理がある。この考えは、LGBTQ＋の観点からは、慎重に判断されなければなりません。しかし、倫理に関する推論は多様である、という指摘は、法史にも深い反省を促します。ここに、ケアの法史の可能性があるのです。

第**13**講　西洋法史における主権国家の萌芽 [トピック]

　この講では、近世においていわゆる主権国家が誕生していく過程を概観します。そこでは、特定の領域に対する絶対的な権限を国家が有するようになります。国家は領域内の宗教を監督し、立法と司法を統一し、相互にそれぞれの主権を尊重し合います。なお、この講では司法の統一、宗教の監督、および主権の相互承認のみを扱い、立法については第14講で論じることにします。

1　国家における司法の統一

　フランスにおける司法の統一：高等法院の設立　　フランスでは中世に、高等法院という司法専門の機関がパリに設けられ、これが王国全土を管轄することになっていました。この高等法院は、王会から司法を分離させたものであり、その司法権はもともと、貴族から剥奪したものでした。それ以前は貴族たちが、自分の領地における独自の裁判権を有しており、国王から独立して裁判をしていました。聖王ルイの改革によって、ローマ法およびカノン法の訴訟手続の助けを借りながら、王権にもとづく中央集権化に成功したのです。

　高等法院の中間団体化　　1443年にトゥールーズ高等法院が追加で設立されると、これを皮切りに、独自の高等法院が有力地域へ次々と設置されるようになりました。これらの高等法院の裁判官については、法服貴族という一種の身分制に近い運用がなされていま

した。この官職は、国王から購入することができただけでなく、時には相続させることも可能でした。したがって、中近世の高等法院は、国王の支配に服する機関でありつつも、地方の固有な権力という性格を併せ持っていました。

　高等法院が地方勢力であったことの証左として、しばしば国王と対立した事実が挙げられます。例えば、高等法院には、国王の勅命に対する拒否権が留保されていました。また、高等法院は、自分が管轄する地域に対して一定のルールを強制する権限を有していました。つまり、限定的な立法権限があったのです。高等法院はこれらの権限を利用して、地方の利益を代弁する存在となっていました。

　このようなフランスの状況は、モンテスキューの『法の精神』にも反映されています。モンテスキュー自身が法服貴族であり、ボルドー高等法院での地位は伯父からの相続でした。『法の精神』は、立法、司法、行政の三権分立を説いたものとして有名ですが、中間団体の重要性についても言及しています。地方権益を代弁する高等法院は、このような中間団体の一種でした。

モプーの司法制度改革とその挫折　　絶対王政を確立したいフランス王にとって、高等法院の強力な権限は目障りでした。ルイ15世の時代には、大法官モプーが司法制度改革に乗り出しました。モプー自身も法服貴族で、高等法院の院長を務めたこともある人物でしたが、国王に忠実な性格で、王権を支持する立場をとりました。

　彼は旧来の法服貴族を追放して、高等法院の再編に取り組みました。売官制の廃止など、現代から見ると一見当然のような改革もなされました。ところが、ルイ16世は一転してこの態度を改め、1774年にモプーを追放し、従来の高等法院のかたちに戻してしまいました。このモプーの改革とその失敗については、さまざまな評価があります。王権と高等法院との対立は、中央と地方との利害調整機能

を果たしており、モプーはこのプラスの側面を見落としていたのではないか、という指摘も近年ではあります。

　いずれにせよ、高等法院は、フランス革命（→第16講 1「フランスによるドイツの支配の時代」）において解体されました。フランス革命以後、しばらくのあいだ、フランスの司法制度は裁判官の権限の抑制に努めました。これには、前述のような歴史的背景があったのです。ナポレオン民法典の 4 条と 5 条には、裁判官が恣意的な判断をしないように警告する条文が、わざわざ設けられています。

> 史料
> 1 **ナポレオン民法典（1804年）第 5 条**
> 「裁判官には、自分に委ねられた訴訟について一般的な且つ規則を制定するような方法で判決を下すことは禁じられる。」

ドイツにおける司法の統一：帝国改造　　神聖ローマ帝国における司法の統一は、フランスとは異なるかたちで進みました。神聖ローマ帝国は、諸侯の領邦や自由都市などの集合体であり、300近い数のそれぞれに自治権が認められていました。このような諸侯や自由都市は、帝国等族という身分を形成し、帝国を中央集権化しようとする皇帝をけん制し続けました。したがって、フランスの高等法院のような制度は、そもそも採用のしようがありませんでした。

　しかし、帝国の安定のためには裁判機構が不可欠であったので、帝国内部でも司法改革が進みました。その発端となったのが、帝国改造です。マクシミリアン 1 世は1495年、帝国内における私戦（フェーデ）を通じた紛争解決を全面的に禁じました。これを永久ラント平和令と言います。それまでは決闘などの武力闘争による紛争解決が認められていたのですが、すべて裁判によって解決されなければならないとされたのです。

永久ラント平和令（1495年）第2条および第3条（一部抜粋）
「**第2条**　そしてこれにもとづいて我々は、あらゆる公然の私戦（フェーデ）と身柄の拘束とを帝国全土でやめさせ、取り去ったこととする。
第3条　また、だれであれ、その男性または女性の品位ないし身分の如何を問わず、次条に掲げるもののひとつまたは複数に違反して振る舞うか、あるいは振る舞うように指図された者は、他の刑罰とともに法的に、我らが神聖帝国の追放（アハト）刑に処されるべし。」

帝国等族の主導による帝国最高法院の設立　　裁判による解決を指定した以上は、裁判機構を整備しなければなりません。帝国諸侯と自由都市には自治権があったので、各諸侯や自由都市は、自分たちで独自の裁判システムを整備していきました。その一方で、帝国等族たちは、フランクフルト・アム・マインに帝国最高法院を共同で設置しました（帝国最高法院および帝国宮内法院の説明については、鈴木山海「一六五四年「帝国宮内法院令」の成立」法制史研究66号（2016年）89-131頁にとりわけ依拠しています）。これは、各地の裁判所で問題が解決しなかったとき、あるいは解決の仕方に当事者が不満だったときに、上訴先として選択されるものでした。ただし、刑事事件の上訴は慣習的に禁止されていました。また、教会裁判所が扱うものとされていた家族法に関する訴訟も、最高法院にはほとんど係属していなかったと言われています。

　上訴にあたっては、自治権との関係が問題になりました。領邦や自由都市での判決に不満があったときは、帝国最高法院に上訴してよい、ということになると、諸侯や自由都市の自治権は実質的に退行することになります。そこで、各諸侯と自由都市には、不上訴特権、すなわちその地域の住民たちに帝国最高法院を使わせない権利が留保

されました。ただし、この不上訴特権は絶対的なものではありません
でした。例えば、自由都市ケルンでは不上訴特権が付与されてお
り、ケルン市民は建前上、帝国最高法院に上訴することができません
でしたが、実際にはたびたび上訴していました。このような特権の形
骸化が起こった理由は、帝国最高法院の裁判官たちが、帝国臣民の
権利保護をみずからの使命としていたからであると言われています。

　帝国最高法院は、皇帝の干渉を防ぐように設計されていました。
皇帝は、裁判所長官を任命することはできましたが、それ以外の陪
審裁判官の任命権は、帝国等族に委ねられていました。また、1507
年の帝国最終決定23条によって、帝国最高法院の裁判は、外部の査
察を受けなければならない、ともされていました。帝国最高法院
は、宗教改革後の宗派対立などで機能不全に陥ることもありました
が、18世紀になっても上訴裁判所として活用されていました。領邦
や自由都市における独自の裁判制度では、縁故主義による原告また
は被告の贔屓を避けられなかったことが、大きな原因であると考え
られています。

　例えばリューベック市には、参事会という独自の裁判システムが
ありましたが、その構成員は地元の名士たちでした（以下の事件の
解説は、渋谷聡「市長門閥から上訴市民を救う――一八世紀帝国司法と複数
諸地域間の連携」服部良久編著『コミュニケーションから読む中近世ヨー
ロッパ史―紛争と秩序のタペストリー』（ミネルヴァ書房、2015年）247-
267頁の記述を参照しています）。1744年に起こった遺産相続事件で
は、被告がリューベック市長であったため、原告女性は最初から不
利な立場に置かれていました。彼女は、最終的に帝国最高法院への
上訴によって、権利を擁護してもらうことができました。この時に
帝国最高法院が依拠した法が、リューベック都市法ではなく、ロー
マ法であったことも、注目に値します。

皇帝の主導による帝国宮内法院の設立　ところが、神聖ローマ皇帝自身は、この帝国最高法院という機構に満足していませんでした。1498年、マクシミリアン1世は、皇帝自身を最高裁判官とする帝国宮内法院を設立しました。もっとも、この帝国宮内法院は、最初から裁判所としての性格を帯びていたわけではなく、皇帝の助言機関として出発しました。本格的に裁判所として稼働し始めたのは16世紀半ばからであり、1550年と1559年にそれぞれ出された帝国宮内法院令によって、整備されました。

　帝国宮内法院の存在は、当然に帝国等族の反感を買いました。皇帝主導の裁判所があると、自分たちの自治権がおびやかされてしまうからです。しかし、皇帝側は着実に基盤を固めて、1654年には、帝国最高法院と並ぶ、もうひとつの上訴裁判所となります。帝国宮内法院は、皇帝を最高裁判官とするだけでなく、法院長と陪席裁判官の全員を皇帝自身で任命することができました。

　この帝国宮内法院と帝国最高法院との並立は、神聖ローマ帝国における皇帝とプロテスタント諸侯との対立構造について、興味深い事件を提供しています。1618年から1648年にかけて、帝国ではフェルディナント2世およびフェルディナント3世とプロテスタント諸侯とのあいだで、三十年戦争が行われました。帝国内に悲惨な被害をもたらしたこの戦争は、ミュンスター講和条約とオスナブリュック講和条約の締結で決着し、いわゆるヴェストファーレン体制が構築されました。従来、これらの講和条約は神聖ローマ帝国の死亡診断書と呼ばれ、皇帝権の失墜という評価がされてきましたが、この解釈は現在では否定されています。その一例となるのが、帝国宮内法院の地位です。オスナブリュック条約では、帝国宮内法院の諸規則を、帝国最高法院に譲歩して合わせるように定められました。けれども、フェルディナント3世は1654年の帝国宮内法院令におい

て、この条約を事実上無視する態度をとりました。皇帝権が依然として一定の力を持っていたことの証です。

2　国家における宗教の監督

　宗教改革　　1517年、ドイツのマルティン・ルターは、贖罪状を批判するため、『95箇条の提題』を発表しました。この書簡は、カトリック教会全体を批判する意図で書かれたものではなかったのですが、その後の経緯で、ルターと教皇庁の関係は悪化してしまいました。いわゆる宗教改革の幕開けです。

　カトリックとプロテスタントの対立は、神聖ローマ帝国の内部で深刻な問題をもたらしました。これについては、純粋に信仰上の問題だけでなく、神聖ローマ帝国内部の複雑な政治バランスが影響を与えました。当時の神聖ローマ帝国では、皇帝の即位に関して選挙制を採用していました。これは1356年の金印勅書によって定められたものです。マインツ大司教、トーリア大司教、ケルン大司教の聖職諸侯と、ライン宮中伯、ザクセン公、ブランデンブルク辺境伯、ボヘミア王の世俗諸侯とを合わせて、合計7諸侯の多数決でローマ王を選出します。この王が、教皇の手で戴冠し、神聖ローマ皇帝となりました。このような選挙の仕組みがあったため、神聖ローマ皇帝は、独裁的な権限を有しておらず、外部勢力の協力を得ないと、帝国内をうまく統治できないという状態に置かれました。

　ヴォルムス帝国議会とルターの処遇　　宗教改革が起こっていた頃、神聖ローマ皇帝カール5世は信心深い性格であり、カトリック教会との関係を尊重していました。このため、ルターに対しては快く思っていなかったのですが、帝国内にはルターを支持する者もあり、これを武力で押さえ込むほどの力も持ち合わせていませんでし

た。そこで、話し合いという解決策がとられました。1521年、ヴォルムスにおいて帝国議会が開かれ、ルターの処遇を議論しました。その結論は、ルターの教えは異端であるというもので、破門と帝国追放（アハト）刑が下されました。これはカール5世の意に適ったものでしたが、ザクセン選帝侯フリードリヒ3世は、ルターを匿い、プロテスタント容認政策を採用しました。これによって、神聖ローマ帝国の諸侯のあいだでも、対応が分かれるという事態が生じました。

アウクスブルクの宗教和議　　1552年にはザクセン選帝侯モーリッツが挙兵し、カール5世を帝国から一時的に追い出すという事件が起こりました。皇帝側は大きく妥協せざるをえなくなり、カール5世の後継者候補としてローマ王になっていたフェルディナントとモーリッツとのあいだで、パッサウ条約が締結されました。パッサウ条約は最終的な合意ではなく、将来別の話し合いで対立を克服することとされました。これにもとづいて1555年に成立したのが、アウクスブルクの宗教和議です。

史料
3　**アウクスブルクの宗教和議（1555年）第15条（一部抜粋）**
「論争の的になっている宗教は、キリスト教に適った友好的かつ平和的な方法のみを通じて、円満かつキリスト教的な理解と和解へ導かれるべきであり、すべては帝室と王室の尊厳、諸侯の名誉、真実の言葉、そしてこの和平の刑罰規定にもとづくべし。」

領邦教会制の確立　　この和議によって、ある領邦の内部での宗教を監督するのは、ローマの教皇庁でも神聖ローマ帝国の皇帝でもなく、諸侯自身ということになりました。このような体制を領邦教会制と言います。領邦教会制は、それまで対等だった世俗と宗教のバランスを変更し、世俗権力が宗教勢力に対して優位である状態の

基礎となりました。

3　主権の相互承認

三十年戦争の終結とヴェストファーレン体制　　主権国家として認められるためには、周囲からの承認が必要です。自分がこの領域を支配しているといくら言い張っても、周囲が承認しなければ、それは単なる実効支配に過ぎません。日本国内の市町村が勝手に独立宣言をしても、意味がないのと似ています。

　ヨーロッパでこの主権の相互承認がいつ生じたのかについて、かつては三十年戦争の終結時であるという解釈がありました。三十年戦争が終結し、1648年にミュンスター講和条約とオスナブリュック講和条約が締結された時、そのような主権の相互承認があったというのです。

　しかしながら、この説は現在、支持されていません。その理由のひとつは、これらの講和会議が、国家間のみで締結されたとは言い難かったことです。神聖ローマ帝国からは皇帝だけでなく、さまざまな諸侯や自由都市が参加していました。ヴェストファーレン体制の目的のひとつは、これらの帝国等族に自治権を認めることでしたが、それぞれの等族が主権国家になるという約束をしたわけではありません。

　このように、ヴェストファーレン体制は、主権国家同士の国際的相互承認という観点から見ると、不十分なものでした。そこで、本書では、国際的相互承認の萌芽の段階であると考えることにしておきます。

　イタリアにおける外国の支配　　国家の主権を語る上で、近世はイタリアにとって不遇の時代でした。イタリア半島では1494年から

1559年まで、断続的に戦争を繰り返していました。これにより、ル
ネッサンス発祥の地であったイタリアは荒廃しました。

　当時のイタリア半島は、イタリアというひとつの国ではなく、大
小さまざまな共同体が乱立する状態でした。その中にはいくつかの
有力な共同体が存在しており、ヴェネツィア共和国、ミラノ公国、
ナポリ＝シチリア王国などがそれにあたります。ヴェネツィア共和
国は他国との主従関係のない国家でしたが、ミラノ公国とナポリ＝
シチリア王国は、神聖ローマ帝国との封建関係を有しており、形式
上は神聖ローマ帝国から土地を封土としてもらっているかたちに
なっていました。

　ヴェネツィア共和国は、803年に東ローマ帝国から事実上独立し
て以来、長年にわたって自治をよく保ち、地中海の貿易国家として
発展しました。ヴェネツィア共和国が消滅するのは、本書における
近世の末期、すなわち1797年のナポレオンによる征服の時です。

　これに対して、ナポリ＝シチリア王国では、1435年に支配者のア
ンジュー家が断絶した際、だれが王位を継ぐのかで揉めました。ス
ペイン王を輩出していたアラゴン家が当初これを継承しましたが、
1494年にアラゴン家も断絶しました。これに目をつけたのがフラン
スで、シャルル8世は、自分がナポリ＝シチリア王国の王位継承者
であると主張し、戦争を起こしました。これがイタリア戦争の発端
です。以後、イタリア半島では、ミラノ、ナポリ、シチリアをめ
ぐってスペイン、フランス、神聖ローマ帝国、教皇庁が利害対立を
繰り広げ、占領したり奪還されたりしました。

　ミラノやナポリのような広い地域を外国が手に入れると、他の小
さな地域を従属させることができるので、この時代のイタリアは外
国支配であったと言われてきました。しかし、法的な観点から見る
と、イタリア半島全体が外国の支配にずっと服していたわけではあ

りません。

　このことは、イタリア半島北西部にあったフィナーレ侯国の事件から、明らかになります（この事件の解説は、皆川卓「イタリアが外国に支配されるとき—近世の「帝国イタリア」とその変容」服部良久編著『コミュニケーションから読む中近世ヨーロッパ史—紛争と秩序のタペストリー』（ミネルヴァ書房、2015年）268-291頁の記述を参照しています）。1558年から1573年にかけて、この侯国がどこに帰属するのかが争われていました。当時、北部の大国ミラノはスペインに服従していました。イタリアの重要な地域を押さえた外国が、その周辺をも支配する、という考えが仮に正しいとするならば、フィナーレ侯国の帰属問題はスペイン王によって処断されることになります。しかし、現実はそうではありませんでした。フィナーレ侯国も神聖ローマ帝国の封土であるという理由から、当事者たちは、神聖ローマ帝国の帝国宮内法院へ訴え出ることにしました。スペイン王はこれに不満でしたが、介入することはできませんでした。

　近世では主権国家の萌芽が見られ、国家間では相互に干渉し合わないこと、また、国家の内部の統治はその国家に委ねられることが常態化するようになりました。司法の統一が試みられ、国内の裁判機構は不十分ながらも整備されていきました。宗教は依然として汎ヨーロッパ的な問題でありつつも、ローマ教皇庁の顔色を窺うことなく、原則的には国内問題として処理されるように変化していきました。しかし、そのような主権の確立は、近世ではまだ完成しませんでした。神聖ローマ帝国やイタリア半島がそうではなかったように、一枚岩の主権国家が、パズルのようにヨーロッパの地図を覆い尽くしていたわけではありません。完全な主権国家の確立には、近代を待たなければならなかったのです。

【コラム⑭　ドイツ以外の地域における世俗の優位】

　宗教に対する世俗の優位は、ドイツ以外の地域でも進んでいました。イングランドでは、ヘンリー8世の離婚をローマ教皇庁が認めなかったことが原因で、1534年にイングランド国教会が成立し、ローマ教皇庁から分離しました。

　フランスは14世紀からローマ教皇庁と対立関係にあり、フランスの王権が教皇権に事実上優位している状態を作り出していました。しかし、フランスの諸王は、国内の宗教問題を必ずしもうまくコントロールできていませんでした。絶対王政の確立期にあたり、フランス国内でのカトリックとプロテスタントの対立が、ユグノー戦争に発展しました。ユグノー戦争は1562年から1598年までの30年以上にわたって断続的に行われました。最終的に、1598年のナントの勅令は、プロテスタントに対する一定の信仰の自由を認めました。しかし、この勅令は1685年に破棄され、プロテスタント弾圧の契機となるフォンテーヌブローの勅令が発せられました。1787年になると、ルイ16世がヴェルサイユの勅令を発し、カトリック中心主義的な政策は終わりを告げました。1789年にはフランス革命によって「人と市民の諸権利の宣言」が出され、個人の信仰の自由が保障されました。

　これらの事例で特徴的なのは、世俗と教会との関係が、国内の法的な状態と直結していることです。なんとなく世俗のほうが優位であるとか、なんとなく教会のほうが優位であるとか、そういう事実の問題として争われていたわけではありません。近世においては、国家が自国の宗教を監督し、これに特権を与えたり規制をかけたりすることが可能になりました。しかし、当初の積極的な監督は、血なまぐさい事件を引き起こし、最後は信仰の自由という重要な人権の確立へと繋がりました。

第14講　西洋法史における近世自然法論の役割［トピック］

　ヨーロッパの法思想のひとつに、自然法論というものがあります。人間の理性によって道徳法則を発見するという試みは、古代から現代にかけて連綿と受け継がれてきました。近代科学の勃興により、近世における自然法論は、法を論理的に体系化しながら、自然科学の知識とすり合わせていきました。この講では、法典編纂事業、植民地論争、海洋論争を例にとって、それぞれの特徴を紹介します。

1　自然法とは何か？

近世以前の自然法論　　　ヨーロッパには、自然法という考え方が古くから存在していました。古代ローマにおいても、自然法という言葉が法学文献に登場しています。

　まず、古代の自然法という概念は、自然に対する素朴な見方から出発します。例えば、古代ローマの法学者ウルピアヌス（→第2講2「元首政期の法」）は、学説彙纂1巻1章1法文3項で、「自然法とは、自然がすべての動物に教えた法である」という説明をしています。ウルピアヌスはその例として、異性婚、および子の出産と養育とを挙げています。つまり、ウルピアヌスは、彼独自の自然観察をしてみて、さまざまな動物が異性同士で繁殖していると考え、これを自然が動物に教えた法則であると結論づけたのです。とはいえ、異性婚が自然のルールであるという見解は間違っていて、人間以外の動物のあいだでも同性愛的行為は確認されていますし、そもそも

雌雄で繁殖しているわけではない生物もいるので、自然観察として
は誤っています。

これに対して、中世になると、神の法という分類が登場します。
キリスト教社会となった中世において、自然は神の手による被造物
であり、そこに与えられた法則の作り手も、神であると考えられる
ようになります。代表的なギリシャ教父であるアウグスティヌス
は、神の永遠たる法が、人間の心に刻印されていると主張しまし
た。人間の道徳生活は、この神の永遠たる法を認識することで成り
立つと考えられたのです。中世神学の巨人であるトマス・アクィナ
スも、この立場を支持しました。

　近世自然法論　　近世になると事情は一変します。宗教改革によ
るキリスト教共同体の分裂や、自然科学の勃興により、宗教的な言
説が必ずしも共有されなくなってきたからです。このため、理性の
認識対象は、神の法則ではなく、自然の法則（と彼らが考えたもの）
に回帰していきます。コペルニクスが『天体の回転について』
（1543年）で地動説を唱え、ニュートンが『自然哲学の数学的諸原
理』（1687年）で古典力学を確立するまでのあいだに、いわゆる機械
論的自然観が台頭しました。ホッブズはこの立場を強く支持してお
り、自然法の文脈において神の役割を認めていません。機械的に動
く人間が、自己保存の欲求からどのようにして共同体を構築できる
のか、という問題を、ホッブズは論じています。

とはいえ、幾人かの著名な自然法論者、例えばプーフェンドルフ
やロックは、神の存在と自然法の宗教性を認めています。特にロッ
クは敬虔なキリスト教徒でしたから、神の存在は理性的に証明可能
であるとさえ思っていました。このように、宗教的要素が近世にお
いて一掃されたわけではないのです。

また、自然法則への回帰と言っても、近世においては、古代と異

なる問題意識がありました。ストア的自然法論は、まだ自然科学が誕生していない時代の思想でした。このため、理性が自然法を発見すると言っても、その仕方は素朴で、内容も世間知のようなものにとどまっていました。これに対して、近世では自然科学の台頭が著しく、このことが法学者たちにも影響を与えました。彼らは自然科学の成功を目の当たりにして、その方法に関心を持ちました。その方法とは、対象の経験的観察と、論理的な体系構築です。両方を取り入れるのが近世自然法論者の通例でしたが、論者に応じて、どちらに重点を置くのかが変わってきます。

　イギリスでは、ホッブズやロックに始まり、その後のスコットランド啓蒙に至るまで、経験を重視する傾向が見られます。この流れは、法学の分野においては、伝統や慣習を尊重する傾向に繋がりました。反対にドイツでは、定義から定理を導出していくという、数学を真似た方法が好まれました。後者の最も代表的な論者は、クリスティアン・ヴォルフです。ライプニッツの同僚であり、数学者でもあった彼は、『科学的な方法で研究された自然法』(1740～1748年)において、自然法体系を三段論法で書き下すという、壮大な試みを行っています。

2　法典編纂

　近世ドイツにおける法典編纂　　理性によって発見された自然法という考え方は、実定法との鋭い対立を生じさせました。その矛先を向けられたのは、ユスティニアヌス帝の『ローマ法大全』でした(→第2講4「ユスティニアヌス帝時代の法」)。それまで『ローマ法大全』は「書かれた理性」として尊重されていましたが、自然法が合理的な法として提案されると、その地位を喪失しました。ローマ法

を絶対視しない新しい法典を作る下地が整い始めます。

とはいえ、法典編纂という事業は、そう簡単なものではありませんでした。神聖ローマ帝国では、これをめぐって2つの点が争われました。ひとつは、仮にローマ法が不合理であるならば、どのような法を使うべきなのか、という問題です。もうひとつは、そもそも新しい法典が必要なのかどうかです。

法典編纂不要論　　以上の2点について有力な調停案を示したのは、17世紀後半の著名な法学者ザミュエル・シュトリュクでした。シュトリュクは、1番目の論点を、パンデクテンの現代的慣用というアイデアで解消しました。パンデクテンとは、学説彙纂を指すギリシャ語です。慣用とは、学説彙纂のさまざまな法文が、神聖ローマ帝国で実際に使われてきたことを意味します。

シュトリュクは、ローマ法には間違っているところもあることを認めた上で、自然法とゲルマン法によってその欠陥を補うというアイデアを打ち出しました。ゲルマン法とは、ゲルマン人と呼ばれる人々がかつて使っていた法のことです。もっとも、そのような法が実際にあったのかどうかについては、現在では疑われています。

このように、1番目の論点に対しては折衷的な態度をとったシュトリュクでしたが、もうひとつの対立軸、すなわち法典の必要性については、きっぱりと否定的な立場でした。神聖ローマ帝国内部の意見を統一して新しい法典を作ることは不可能である、とシュトリュクは考えていました。

法典編纂必要論　　これに対して、トマジウスという法学者は逆の立場をとりました。シュトリュクのような妥協的な態度では司法の混乱を収束させられないとして、法典編纂を主張します。トマジウスはその際、パッチワーク的な作業を提案しました。すなわち、ローマ法、教会法（→第6講3「中世法学の登場とキリスト教」）、ゲル

マン法、そして自然法の中から最適なルールを選択し、それぞれを
うまく繋ぎ合わせて、整合させようとしたのです。トマジウスはフ
リードリヒ・ヴィルヘルム1世から、プロイセンの法典編纂事業を
一時任されました。しかし、これは頓挫しています。編纂作業自体
が滞ったわけではなく、提出された草案がなんらかの事情で採用さ
れなかったようです。

　その後、プロイセンではなくバイエルンにおいて、ローマ法を範
としたバイエルン・マキシミリアン民法典（1756年）が制定され、
神聖ローマ帝国領内における初めての本格的な民法典となりまし
た。プロイセンはこの点で、先を越されてしまいました。

　プロイセン一般ラント法　　プロイセンはその後も法典編纂の試
みを続け、これが1794年のプロイセン一般ラント法に結実しまし
た。まずフリードリヒ大王が、司法大臣のカルマーに法典編纂を命
じました。ローマ・カノン普通法とドイツの固有法および自然法を
併用するというトマジウスの方針は、この法典編纂でも維持されま
した。また、裁判官の恣意的な判決を防止するため、条文の解釈禁
止を前提にしようとしましたが、これは断念されています。ただ
し、法の解釈方針は法典の中に明記されました。

史料
[1]　**プロイセン一般ラント法（1794年）導入部第46条**
「係争中の法的事件の判決にあたって、裁判官は、法律の文
言およびその文脈から、係争中の対象との関連において明
白に分かる意味、または法律の最も疑いようのない直近の
根拠から分かる意味以外の意味を、法律に付与してはなら
ない。」

　編纂にあたっては、司法官僚のスワレツやクラインが、実際の作
業にあたりました。残念ながら、フリードリヒ大王はこの法典の完

成を見ないまま亡くなりました。最終的に完成した法典は、1794年、フリードリヒ・ヴィルヘルム2世のもとで施行されました。このプロイセン一般ラント法は1万9千条を超える条文から成り立っており、その細かすぎる性格から、運用が柔軟にできませんでした。

フランスにおける法典編纂　フランスにおいては、革命のあとに法典編纂の機運が高まりました。その下地となったのが、1789年の「人および市民の諸権利の宣言」です。

史料
[2]　**人および市民の諸権利の宣言（1789年）（一部抜粋）**
「**第1条　人間は自由で権利において平等なものとして生まれ、かつ生きつづける。社会的区別は共同の利益にもとづいてのみ設けることができる。**
第2条　あらゆる政治的結合の目的は、人間のもつ絶対に取り消し不可能な自然権を保全することにある。これらの権利とは、自由、所有権、安全、および圧政への抵抗である。
第3条　すべての主権の根源は、本質的に国民のうちに存する。いかなる団体も、またいかなる個人も、明示的にその根源から発してはいない権限を行使することはできない。」

1791年には、フランス最初の成文憲法である1791年憲法が制定されました。そして、その基本原則を定めた第1編で、王国全土に共通する市民法を制定すべきことが明記されました。しかし、ルイ16世は1793年に処刑され、フランス王国からフランス共和国へ移行する混乱の中で、民法典編纂事業は難航しました。国民公会が準備した立法委員会は、いくつかの草案を準備しましたが、いずれも成立していません。

北部慣習法と南部成文法との調和　フランスで本格的な民法典編

纂が行われたのは、ナポレオン時代に入ってからです。彼はポリタリスに編纂を命じ、4名の委員が実際の作業にあたりました。この時の委員会は、フランスが高等法院制度のもとで地域ごとに固有の法運用をしていたことを、考慮しなければなりませんでした。特に、フランス固有法の影響が大きかった北部の慣習法的伝統と、ローマ法の影響が大きかった南部の成文法的伝統を調和させる必要が生じました。ポリタリスは、この課題を明確に意識していました。穏健派の彼は、体系の統一性を壊さないようにしながら、各規定を整合させるように努めました。

ナポレオン民法典　　編纂作業は2段階からなりました。まず、編纂委員会は、1803年3月から1804年3月にかけて、36の法律を制定しました。これに続いて、「フランス人の民法典という表題のもとに36の民事単行法を一つにまとめる法律」という法律が1804年3月21日に作られ、これによって『フランス人の民法典』が成立しました。ナポレオンが皇帝に即位すると、『ナポレオン民法典』に改称されます。こちらの法典はプロイセン一般ラント法とは異なり、現代でもフランスの民法典として妥当しています。

3　国際法の誕生

コロンブスのアメリカ大陸再発見　　近世に自然法論が台頭した別の理由は、国際法を確立するためでした。1492年、コロンブスによるアメリカ大陸再発見を受けて、ヨーロッパでは深刻な外交問題が起こっていました。アフリカ大陸の植民地化を進めていたポルトガルは、西回り航路に関心を持ち、アジアの一部と誤解されたアメリカ大陸への進出を目論見ました。コロンブスを支援していたスペイン王室は、外交でこの衝突を回避するという道を選びました。

スペインとポルトガルの領土紛争　この時、異なる外交ルートから、異なる解決策が提案されました。ひとつは、ローマ教皇との外交です。スペイン出身であったアレクサンデル6世は、贈与大勅書（インテル・カエテラ）と呼ばれる教皇勅書を発し、一定の子午線を基準にして、その東側をポルトガル領、西側をスペイン領とするように命じました。この子午線は、南米大陸の東端をややかすめているるだけだったので、スペインに有利な勅書でした。

　しかしながら、教皇庁の権威は、すでに衰え始めていました。スペインもポルトガルも教皇勅書を無視して、直接交渉を行いました。その結果、1494年、両国でトルデシリャス条約が締結されました。これにより、スペインの優先権は、贈与大勅書よりもやや西側の西経46度37分を基準にするように後退させられました。この譲歩は、当時のポルトガルの政治力および軍事力の強大さをうかがわせます。また、ポルトガルはこのあとも、トルデシリャス条約を反故にするような行動を繰り返し、1750年のマドリード条約によって、現在のブラジルに該当する領域の支配権を確立しました。

　このような経緯に対して、スペインとポルトガル以外の国は、不満を持ちました。スペインとポルトガルが2国だけでアメリカ大陸を分割したことが、他の国には納得できなかったのです。イギリスなどの国は、スペインやポルトガルの船団に海賊行為を働くようになりました。フランスのフランソワ1世は、スペインのカルロス1世から略奪を非難された時、新しい土地を無断で分割したスペインとポルトガルにはなんの正当性もないのだから、非難される筋合いはないと返しています。

　スペインとポルトガルに批判が集まったのは、ヨーロッパ諸国のみからではありませんでした。スペインとポルトガルは、中南米で原住民に対する虐殺と搾取を繰り返していました。海賊がスペイン

やポルトガルの船から奪った物も、もともとは船主などが現地で収奪し、本国へ輸送しようとしていた財貨だったのです。

スペインの植民地では、エンコミエンダという制度が採用されていました。原住民のキリスト教化に志願した者は、一定数の原住民を使役してもよい、とされたのです。建前上、原住民は奴隷ではない、ということになっていましたが、実態は強制労働であり、原住民の人口を大きく減らす原因となりました。

国際法の登場　アレクサンデル6世の贈与大勅書が当事者から無視されたように、教会の権威によって自分の立場を強化することは、近世においてもはや困難になっていました。このため、国際紛争を解決するときは、宗教によらない方法が必要になりました。

スペインの神学者ビトリアは、当時スペインが行っていた植民地政策に関連して、万民法という概念を洗練させました。彼は1539年に「インディオについて」という講義を行い、スペインの中南米統治を、先占や民族間通商の自由によって根拠づけました。つまり、スペインが中南米を統治しているのは、教皇庁からお墨付きをもらったからではなく、合理的に考えて根拠があるからだ、と言いたかったのです。

ビトリアは一方で、原住民の権利を尊重するようにも説きました。彼は、中南米の先住民族にも、万民法上の権利を享受する資格があると考えたのです。

航海の自由論争　このように誕生した国際法の潮流は、自然法論と合流しながら、17・18世紀を通じて盛んに論じられるようになりました。その一例として、航海の自由が挙げられます。各国がアジア方面に貿易会社を作って通商を行う中、独立運動中のオランダもここへ参入したいと考えるようになりました。そこで1602年に、オランダ東インド会社を設立して、参加を試みようとしました。と

ころが、当時のオランダを支配していたスペインは、この会社を畳んで、アジア貿易から撤退して欲しいと要求したのです。

グロティウスの『自由海論』　オランダのグロティウスは、スペインの要求に対して理論的に反論するため、1609年に『自由海論』を匿名で発表しました。そこではさまざまなテーマが論じられており、海を独占する権利は存在しない、という主張も含まれていました。グロティウスの論拠はいくつかあるのですが、海洋は陸地と異なる性質を持っており、陸地のように支配することはできないというのが、ひとつのポイントでした。

セルデンの『閉鎖海論』　しかし、この論証は、水かけ論になりやすいものでした。海洋を陸地のように支配することはできない、という問題は、相対的な事象です。イギリスのセルデンは、オランダの海洋利権の拡大を警戒して、グロティウスに反駁を加えました。それが1635年の『閉鎖海論』です。

この反駁において、セルデンは、当時の測量技術の発達に訴えかけました。オランダのフリシウスが1533年に三角測量を発明したことで、海にある対象との距離も測ることが可能になっていました。セルデンはこれに目をつけて、海洋の幾何学的分割というアイデアを出します。海洋は陸地と同様に幾何学的に分割でき、それを地図にすることができるので、海水の流動性は問題にならないとされたのです。

沿岸と公海の区別　自然法論の大家であるプーフェンドルフは、折衷的な提案をしました。海を沿岸海域とそれ以外とに分けた上で、沿岸海域については領土と類似の考えを認めつつ、それ以遠については領有を否定したのです。以後、海岸からどれくらいの距離までが領海と認められるのか、という点に、議論の軸は移っていきました。

近世では自然法論という立場から、法の体系化と、国際法の整備が進められました。この時代の自然法論の特徴は、2つありました。ひとつは、当時隆盛になりつつあった自然科学の知識によって旧来の知識を更新し、法の表現をなるべく秩序だったものにしようとしたことです。もうひとつは、国家間の争いにおいて宗教的な権威が使えなくなったため、理性的対話を重視し、合理性によって他者を説得する動きが生じたことです。

【コラム⑮　自然法と人定法との関係】

　自然法という考え方は、法学者にとって助けとなることもあれば、つまずきの石となることもありました。仮に理性が自然法を発見できるとして、その自然法は、社会の中にある法とどのような関係を持つのでしょうか。

　このことは、すでに古代ローマの時代から問題になっていました。ウルピアヌスは学説彙纂50巻17章32法文において、ローマ市民法によれば奴隷は人ではないけれども、自然法によれば奴隷も人である、と述べています。つまり、自然を素朴に観察してみると、自由人であれ奴隷であれ、それぞれ人として本質的な違いはないので、奴隷も人です。しかし、ローマ帝国は奴隷を物として扱っていたので、ローマ市民法上、奴隷は人ではありません。このように、自然法というものが存在すると、人間が決めたルールとバッティングしてしまうことがありました。

　中世のトマス・アクィナスも、類似の問題と取り組んでいます。彼によれば、神の法は、商売で暴利を貪ることを禁じています。しかし、世俗の法ではこれを徹底することができないので、ある程度の利潤は許容されました。

　近世においても、この論点は生じました。近世では自然法を体系化し

て、その内容を豊かにしたので、古代や中世よりも問題は深刻になったと言ってよいかもしれません。そこで法学者たちは、3つのケースを区別して論じるようになりました。すなわち、(1)自然法が人定法に優越する場合、(2)人定法が自然法に優越する場合、そして、(3)人定法がルールを定めていないときに、自然法がこれを補完する場合です。

ここで「優越する」という曖昧な書き方をしているのには、ワケがあります。自然法が人定法に優越するケースには、自然法が人定法を直接的に無効とする場合（(1)-①）と、直接的には無効としないけれども、自然法に対してなんらかの配慮を求める場合（(1)-②）とがあります。例えば、他人にお金を貸すとき、利息を取ってはならない、とする自然法があると仮定します。同時に、自分が帰属する共同体の法律では、利息を取ってもよいことになっていると仮定します。このとき、共同体のこの法律は無効だ、と考えるのが(1)-①です。これに対して、共同体の法律がそのように定めている以上は、利息を取ってよいけれども、本当は悪いことだと自覚しなさい、と考えるのが(1)-②です。

同様に、人定法が自然法に優越するというケースにも、2つの場合分けが必要です。すなわち、ある共同体で自然法と異なる法令が定められたとき、自然法のルールを無視しなければならなくなるケース（(2)-①）と、本当は人定法に従ったほうがよいけれども、自然法に従うことも許容されるケース（(2)-②）です。前者の例としては、一夫一妻が挙げられます。自然法上は多夫多妻が認められるけれども、一夫一妻を定めた国においては禁止される、というのが、プーフェンドルフやトマジウスの考え方でした。このような考え方は、一夫一妻以外の婚姻制度を持つ国との国際関係を尊重しつつ、ヨーロッパの伝統的な婚姻制度を維持するうえで、有用なレトリックとなりえました。(2)-②の例はほとんど見られませんが、自殺の禁止に関する議論は、この構造で理解できるかもしれません。すなわち、人定法が自殺を禁止している場合、遵法意識からすれば自殺すべきではないのですが、なんらかの事情があるときは、自然な自己決定にもとづいて、自己の生命を放棄することも可能なのです。

第15講　市場経済の成立と西洋法史 [トピック]

> この講では、近世ヨーロッパにおける経済活動の変遷と法制度との関係を概観します。近世では市場経済が発達し、資本の蓄積が進んだことにより、旧来の経済政策に対して疑問が持たれるようになりました。そのひとつは、価格に対する立法的・司法的介入であり、もうひとつは、貨幣政策です。本講では、自由主義経済へ向けて近世の法制度が変化していく様子を描写します。

1　価格決定の自由

価格とは何か？　　　マーケットにおいては、売り手の集団と買い手の集団とが少しずつ価格調整を行い、最後に両者の均衡点が見つかります。価格が高すぎれば、売り手が増加する代わりに買い手が減少し、価格が安すぎれば、買い手が増加する代わりに売り手が減少する、というプロセスを踏みます。

では、市場経済が成立する以前、売買は、どのようなものだと考えられていたのでしょうか。ひとつの大きな特徴が見られます。物には正しい価格があると想定されていたことです。この前提を採用しているのが、ディオクレティアヌス帝とマキシミアヌス帝が出したと伝えられる次の勅法です。

勅法彙纂4巻44章2法文（285年）

「とても高価な物を、もし君があるいは君の父親がとても安い価格で売り渡したならば、人間性に適っているのは、君が裁判官の権限の介入を伴って、代金を買主たちに返還することによって、売られた土地を取り戻すか、あるいはもし買主が選択するならば、正当価格になるように君が不足額を受領することである。ところで、価格がとても安いと見られるのは、真の価格の半分すら支払われなかったときである。」

　この法文は、いわゆる莫大損害（→第4講5「諸成契約」）という制度を設けたものです。莫大損害とは、目的物の正当価格の半分未満で物が売られたとき、その売買の解消または不足分の補填を認める制度です。例えば、ある土地の正しい価格が100であるにもかかわらず、30で売ってしまったときは、売主は、売買をなかったことにするか、あるいは70を追加で支払うように、買主に請求することができます。ディオクレティアヌス帝たちによると、売買は売主と買主との駆引きの産物なので、ある程度までは価格決定の自由が認められるのですが（勅法彙纂4巻44章8法文）、その乖離が正しい価格の半分を超えてしまったときは、是正をしなければならないのです。

　さて、この制度を耳にしたとき、すぐに次のような疑問が生じます。正しい価格とは、いったいなんでしょうか。なるほど私たちは、高すぎるとか安すぎるとか、そういう印象を持つことがあります。けれども、この印象は、その人の感覚の話でしかありません。私が高いと感じるから正しくないとか、私が安いと感じるから正しくないとか、そういうことは言えません。

　しかし他方で、異常な値段をつけることは正しくない、という意識が、多くの人にあるようにも見えます。例えば、パンデミックで

医療品が不足しているときに、普段の倍の値段で売ることは、しばしば非難の対象となります。では、正しい価格とは、なんなのでしょうか。この問いは、後世の法学者を悩ませました。そして、中世の著名な法学者アックルシウス（→第6講3「中世法学の登場とキリスト教」）がとった立場は、次のようなものでした。正当価格とは、問題となっている売買があった場所の近隣で、一般的に採用されている価格である。これを共通価格といいます。

　正当価格の否定　　ところが、この解釈には、理論的な根拠が欠けていました。みんなが支払っている価格は、なぜ正当な価格なのでしょうか。アックルシウス自身は、なんの理由づけもしていません。そこで、後世の法学者たちは、価格とはそもそもなんであるのか、ということを議論するようになりました。当初の議論は、価格を客観的要素に分解する傾向がありました。例えば、人間の生存にとってどれくらい必要であるのか、同じ商品が世界にどれくらいあるのか、射幸心を煽る性質を持つかどうか、などです。

　いろいろな法学者がいろいろな説を出す中で、プロイセンの法学者クリスティアン・トマジウスは、画期的な案を出しました。価格は物に内在する性質ではなく、人間が外部から主観的に与えるものだ、とトマジウスは考えたのです。トマジウスは近代経済学が成立する以前の法学者ですが、価格形成については慧眼を持っていました。価格は、人間がその商品をどれくらい欲しがっているのか、その商品がどれくらい希少なのか、この2点で決まる、というのがトマジウスの主張でした。そして、トマジウスは、次のような当時の法律を擁護しました。

　史料 2　　**マクデブルクポリツァイ条例（1688年）第22章第12条**
「売買契約が法廷で成立して認証された時点に鑑みれば、売

買の目的物は実際に自分に支払われた額の倍より高く処分されることが可能であった、と売主が主張しうるとしても、しかし彼に勅法彙纂４巻44章２法文の恩恵は認められるべきではない。たとえ売主がこの恩恵を明示的に放棄しなかったとしても、そうである。あらかじめ行われた裁判上の査定にもとづいて物が競売にかけられて、そして競売で競り落とされたときも、同じことがあてはまる。」

トマジウスの主張は経済学的か？　とはいえ、トマジウスは、需要と供給の法則を発見したわけではありません。彼は近代経済学の入り口には到達しませんでした。というのも、トマジウスは、ディオクレティアヌス帝たちと同じように、売買を個人的な活動としてしか見ていなかったのです。

　価格の第１の要素は、人間の欲望である、というのがトマジウスの出発点でした。しかし、ここでいう人間とは、個々の具体的な人間のことです。トマジウスは、個々人はバラバラな欲望を持つ、とだけ考えました。つまり、欲望に一般的な法則が成り立つとは、まったく思わなかったのです。トマジウスの考え方から出てくる結論は、個々人の欲望はバラバラであるから、価格はそれぞれの取引でバラバラである、というものでした。歴史的な価値のあるランプは、骨董趣味のある人には高価でも、別の人には無価値であるという例を、トマジウスは挙げています。

　このような考え方は、法的な議論としては大変有意義です。それまで否定されていた価格決定の自由を承認し、人間の自由の中身を拡大させたからです。けれども、経済学には繋がっていません。なぜなら、トマジウスの主張によると、人間の経済活動はランダムで、規則性がない、ということになってしまうからです。個々人はバラバラな価値観を持つから、価格はバラバラだ、というのでは、

理論になっていません。トマジウスの事例が示しているのは、法学者が新しい経済モデルを発見した、ということではなく、法学と経済学とのあいだには方法論上の深い断絶がある、ということなのです。ここに学際の難しさがあります。

2　貨幣論と法制度

価格革命　　価格と法制度との関係をめぐっては、もうひとつ別の課題が生じていました。価格変動とはどのような現象なのか、という問いです。16世紀には、いわゆる価格革命が起こったとされています。価格革命とは、16世紀を通じて長期的にインフレーション（→第17講2「ヴァイマル共和国」）が進行し、貨幣価値が下落した現象を言います。

　この価格革命がなぜ起こったのかについて、当時の人々は頭を悩ませました。長期的なインフレーションが発生し、物価が上昇すると、生活が苦しくなる人々が出てきただけでなく、支配者も貨幣価値の下落に対応しなければならなくなりました。適切な対策を取るためには、価格変動の原因が解明されなければなりませんでした。

マレストロワのパラドックス　　この問題について、フランスではマレストロワとジャン・ボダンとのあいだで、論争が起きました。マレストロワがどのような人物であったのか、今日では詳しくわかりませんが、フランス王室の会計主任であったらしく、この問題について直接的な利害がありました。マレストロワは『パラドックス』という著作を1566年に執筆しました。そして、ヨーロッパで本当はインフレーションなど起きていないのだ、という、一見奇妙な主張をしました。彼はこれを理論立てて説明するために、次のように考えました。

まず、貨幣の真の価値は何か、という点について、マレストロワ
は、その貨幣が含有している貴金属の量だと答えます。例えば、当
時のフランスではリーヴルという貨幣単位が使われており、この単
位に照らすと、物価は実際に高騰しています。なぜなら、1オーヌ
のベルベットの布は、15世紀では4リーヴルで買えたけれども、16
世紀では10リーヴル払わないと買えなくなっていたからです。しか
し、と、マレストロワは続けます。フランスで使われていたエキュ
という別の貴金属貨幣に照らしてみると、事情は異なってきます。
というのも、16世紀の1エキュは2.5リーヴルに相当しますが、15
世紀の1エキュは1リーヴルに相当していました。つまり、布の価
値が100年間で2.5倍になったのではなく、リーヴルの価値が100年
間で40％になったのだ、というのが、マレストロワの主張です。彼
は、金や銀のような貴金属で計れば、物価は一定していると考えま
した。そして、フランスにおける物価高騰の原因を、貨幣改鋳によ
る貴金属の含有量の減少に求めたのです。

　ボダンの貨幣数量説　　これに対して、ボダンは、貴金属貨幣で見
ても物価は上昇していることを示しました。マレストロワの考えと
は異なり、金や銀の価値も実際には下落していたのです。そこで、
なぜ金や銀の価値すらも下落してしまうのか、ということが新たに
問題となりました。

　物価の上昇は、流通している貨幣の量の増大に起因する、という
のがボダンの結論でした。物価が高騰しているのは、物の価値が上
がったからというよりも、世の中に流通している貨幣の数量が増え
たからなのです。物価の上昇や下落は、流通している貨幣数量の増
加や減少に比例する。この考えを、貨幣数量説と呼びます。では、
なぜ貨幣の数量が増えたのでしょうか。ボダンによれば、中南米か
ら貴金属が大量に持ち込まれたからでした。ここで話が第12講と結

びついたわけですが、ボダンの考えが本当に正しかったのかどうかについては、現在では争われています。

消費貸借における返済額の問題　　貨幣に関する議論は、法学にも徐々に影響を与えました。すでに中世の時代から、法学者たちは、お金を貸すタイミングと返すタイミングとのあいだで時間が経つと、貨幣価値が変動することに気づいていました。しかし、何が原因で変動しているのか、ということについては、わからなかったのです。このため、当時の貨幣が貴金属を含んでいたこと、この貴金属の増減が貨幣価値に影響を与えていそうなこと、それにもかかわらず、貨幣には決まった額面が刻印されていることが、複雑な論争をもたらしました。

　例えば、次のような仮想事例を考えてみましょう。ある債務者が債権者に対して、100リーヴルの債務を負っています。債務者がこれを返済しようと思い、100リーヴル分の金貨を債権者のもとに持参しました。ところが、債権者はこれを受け取らず、次のように言いました。私が君に金貨で100リーヴルを貸した時、その金貨は金を50％含んでいた。しかし、君が持ってきた金貨は品質が悪く、25％しか含んでいない。だから、100リーヴルではなく200リーヴルを返済して欲しい、と。この債権者の要求は、正当でしょうか。

　この問題に取り組んだのは、フランスのパピニアヌスと呼ばれたシャルル・デュムランです。デュムランは、現代でいうところの名目主義の立場を採用し、債権者の要求は不当であると考えました。名目主義によれば、債務額の「100リーヴル」とは、貨幣に与えられた額面のことに他なりません。その貨幣がいったいどれくらいの貴金属を含んでいるのか、ということは、問題にならないのです。

　類似の問題は、イギリスでも生じていました。1601年4月に、次のような事件がありました（この事件の解説は、D. Fox, The Case of

Mixt Monies: Confirming Nominalism in the Common Law of Monetary Obligations, *Cambridge Law Journal* 70（1）pp. 144-174（2011）の記述を参照しています）。ダブリンの北にあるドローエダという町に、ブレットという人物が住んでいました。ブレットは、ギルバートというロンドンの住人から、商品を購入し、100ポンドを支払う債務を負いました。その際、ブレットが期日までに支払わない場合は、違約金を追加して200ポンドを支払うという約束がありました。支払当日、ブレットはアイルランド銀貨で100ポンド分を持参しましたが、ギルバートはその受領を拒否しました。その理由は、最近ロンドン塔で鋳造されたばかりのこのアイルランド銀貨は、以前の銀貨よりも少ない銀を含んでいるから、というものでした。

　この改鋳には、政治的背景がありました。1585年から1604年にかけて、スペインとイングランドとのあいだで英西戦争が起こっていました。さらに1593年には、アイルランドのヒュー・オニールらが武装蜂起し、アイルランド九年戦争が起こります。これらの戦争は、イングランド政府の財政を圧迫しており、政府は貨幣の改悪でこれを乗り切ろうとしたのです。

　ブレットとギルバートの事件以外にも、類似の受領拒否が起こっていました。このため、イングランド政府は、アイルランドの貨幣に関する布告を出し、流通を徹底させることを宣言しました。1601年5月20日にエリザベス1世が出した布告は、そのひとつです。

史料
3　**1601年5月20日のエリザベス1世によるアイルランド布告**
　「女王陛下は、今後、本布告の公布後ただちに、彼女の貨幣および金銭が、アイルランドにおける彼女の領土内で合法的かつ通用力のあるものとして確立され、権威づけられ、この王国にとって相応しいものであることを、すべての人

> に公布し、周知させる。そして、女王陛下は、この領土の
> すべての臣民およびそこで通商する他のすべての者に対
> し、この貨幣および金銭が使用され、評価され、受け取ら
> れるよう、明示的に意欲し、命じる。その結果、この公布
> 後は、何ぴとたりとも、賃金、手数料、俸給、債務の支
> 払、商い、あるいは他のいかなる形態の貿易、通商ないし
> 人と人とのあいだの取引において、その金銭が銀の混ぜ物
> であろうと純銅であろうと、受領を拒否、拒絶、否認して
> はならず、むしろシリングはシリングで、6ペンス硬貨は
> 6ペンスで、その他すべての硬貨についてもそれぞれ、硬
> 貨として鋳造された価値とレートで、それらを受け取り、
> 受け入れるものとする。」

　このような布告が出たことは、ギルバートにとって大変不利なはずであったにもかかわらず、訴訟は枢密院法廷へと持ち込まれ、判決が下されました。ギルバートは敗訴しました。この判決においては、エリザベス1世の布告が参照される一方で、次のような思弁的な理由も付されました。貨幣には、その貨幣が含む貴金属の価値、すなわち内的財産性と、公的に与えられた額面、すなわち外的財産性とがあり、債務者の債務額は、後者を意味するとされたのです。したがって、銀貨の銀が少ない、ということは、債務の返済にとってまったく関係のない問題となりました。

3　金銭消費貸借は交換的か？

金属主義と給付の均衡　このように、債務と貨幣との関係は額面のみによって計算される、という名目主義が台頭する中で、異なる考えを持つ法学者もいました。例えばプーフェンドルフは、貨幣価

値は貨幣に含まれる貴金属の量の問題だと考えていました。このような考えを金属主義と言います。プーフェンドルフは、借りた時の貴金属の量と、返す時の貴金属の量とを一致させるのが公平だ、と結論づけました。金（きん）の含有量が50％の金貨を100枚借りて、3年後にその含有量が25％まで落ち込んでいるならば、返済する金貨は利息抜きであっても200枚でなければならない、という意味です。

名目主義と額面の一致　　プーフェンドルフは自然法論および国際法の大家であったため、多くの点で広範な影響力を有しました。しかし、貨幣論に関しては、彼の信奉者であっても異議を唱える者がいました。プロイセンのトマジウスは、プーフェンドルフの学説の多くを支持していましたが、金属主義には反対しました。金銭消費貸借契約で貸し付けられているのは、貨幣が含む貴金属ではなく、額面そのものであると、トマジウスは主張しました。

　プーフェンドルフとトマジウスの意見の相違は、単に金属主義と名目主義との相違にとどまるものではありません。プーフェンドルフには、名目主義を採用しづらい理由があったのです。彼は、売買などの有償契約において、給付の等価性を強調しました。給付の等価性とは、一方の給付が相手方の給付と価値において等しくなければならない、という考え方です。例えば、ある人が馬を100で売りましたが、似通った馬は、市場において通常200で売られていたとします。この時、売主は買主に対して価格調整を要求することができる、というのが、給付の等価性です。

　そしてこのことが、プーフェンドルフにとって名目主義を採用しづらかった原因であると考えられます。売買においては商品と代金の価値が釣り合わないといけないけれども、金銭消費貸借においてはコインに刻まれている数字が揃っていればよい、というのでは、いかにもアンバランスです。

現在と未来の交換としての金銭消費貸借　　プーフェンドルフは、現代の民法学と異なり、消費貸借は無利息であっても有償契約（のようなもの）であると考えていました。プーフェンドルフにとっての金銭消費貸借契約とは、貸主が現在持っている金貨や銀貨と、借主が将来得る金貨や銀貨との交換だったのです。このため、売買（→第4講5「諸成契約」）と消費貸借は同じ契約類型に属してしまい、貴金属の量を重視しないと、整合性がとれなくなりました。

　これに対してトマジウスは、価格決定の自由を提唱しており、伝統的な正当価格論とは決別していました。しかも、トマジウスは、無利息消費貸借は無償契約であって有償契約ではない、ということを、新たに認識していたのです。これは、当時としては画期的であり、彼の弟子筋から徐々に広まった考えです。1797年にカントが『人倫の形而上学』を書いた時ですら、無利息消費貸借と売買とは同じグループだとされていることを考えると、18世紀に契約類型論が変更されるまで、長い年月がかかったことがわかります。

　さらに驚くのは、むしろ経済学の領域において、貨幣の貸付とは現在財と将来財との交換であるという考えが、今でも議論されていることでしょう。金銭消費貸借の本質をめぐる論争は、まだ終わっていないのです。

　近世においては市場経済が成立し、資本の蓄積が進んだため、ヨーロッパの人々のあいだに、新しい経済思想が生まれました。このことは法制度にも影響を与え、価格にコントロールをかけてはいけない、という主張が登場しました。また、世界的交易の幅が広がり、価格革命が起こりました。ヨーロッパの人々は貨幣観を改め、貨幣に関する法制度を変容させました。貨幣に刻まれた数字こそがその貨幣の価値であるという、名目主義が台頭したのです。

【コラム⑯　契約類型論の迷宮】

　お金を貸す。家を貸す。自動車を売る。この3つの契約を2つにグルーピングする場合、どのように分けるとよいでしょうか。日本語では、最初の2つに「貸す」という動詞が出てきます。したがって、お金を貸す契約と家を貸す契約とでひとつのグループ、自動車を売る契約のみが別のグループ、と考える人が多いのではないでしょうか。

　ところが、歴史的に見てみると、お金を貸す契約と自動車を売る契約とでひとつのグループ、家を貸す契約のみが別のグループ、という考えが根強く存在します。なぜでしょうか。自動車を売るとき、売主は自動車の所有権を買主に移転し、買主は金銭の所有権を売主に移転します。お金を貸すとき、貸主は金銭の所有権を借主に移転し、借主は返済時に同様のことをします。つまり、売買と消費貸借のどちらにおいても、所有権の相互移転が生じるのです。家を貸すとき、貸主は借主に家の所有権をあげるわけではないので、仲間外れということになります。

　しかし、売買と消費貸借が似ているという結論は、日本の民法を勉強したひとからみると、あまり直感的ではありません。売買は代金額にかかわらず有償契約ですが、無利息消費貸借は無償契約です。近世ドイツでは、18世紀前半にこの問題が議論されました。そして、消費貸借は売買に似ていない、という方向にシフトしました。無利息消費貸借は使用貸借に似ており、利息付消費貸借は賃貸借に似ている、ということになったのです。というのも、貸主が見返りを求めずに貸してあげるという点で、無利息消費貸借と使用貸借は似ていますし、貸主が見返りを求めて貸してあげるという点で、利息付消費貸借と賃貸借は似ているからです。

　さらに、次のような論拠もあります。お金を貸してもらったひとが、そのお金を使わずに、金庫に入れたとします。返済期日になったので、そのお金を金庫から取り出し、貸主に返しました。これでも消費貸借と言えますが、売買とはまったく似ていません。借りたお金と別のお金を返したならば、現在の金銭と将来の金銭とを交換した、と言えるかもしれませんが、今のケースではそうではないからです。

このように、消費貸借と売買とは異なる契約類型である、と考える論拠は十分にあります。ところが、本文でも述べたように、経済学者の中には依然として、消費貸借は現在の財と将来の財との交換である、と捉えるひともいるのです。法学の通説が間違っているのでしょうか。経済学の一派が間違っているのでしょうか。それとも、異なる分野なので、見方がバラバラでも問題ないのでしょうか。読者のみなさんは、どう考えますか。

第 4 部　近代の西洋法史

　　革命後のフランスの影響を受け、ドイツでもまず南部、次いで中部の諸国で自由主義的、立憲主義的憲法が制定されます。そして、施行はされませんでしたが、三月革命の成果として国民の権利保障が充実したフランクフルト憲法が制定されました。他方、私法分野では市民社会での経済活動を促進する商法や取引法の分野で立法が行われました。（第16講）1870年代にはようやくドイツでも政治的統一が達成されドイツ帝国が設立されました。これにより様々な法分野でドイツ全体に通用する立法が行われました。遅れていた統一的な民法典も制定されます。続くヴァイマル共和国では民主的な憲法が制定され国民主権、男女平等の選挙権、基本権、社会権が盛り込まれました。しかし、ナチス時代に公法と私法のいずれの分野でも近代的な法制度は大きく変わります。（第17講）

　　まず憲法に関して、当時、盛んに行われた政治運動にとって重要な出版の自由と結社の自由をめぐる政府と国民の攻防を見ていきます。また、統治機構では立法権とともに議会にとって重要な予算権をめぐる政府と議会の闘争を取り上げます。（第18講）次に民法に関して、制定法が第一の法源とされる中でそれ以外の法源がどのように扱われたのか見ていきます。また、近代法の原則である契約の自由と所有の自由に関して、そこから生じる問題をどのように対応したかを見ていきます。（第19講）最後にプロイセンの法曹養成制度を見ます。大学と裁判所での教育の分業、理論と実務の２段階の養成、官吏としての位置づけから自由業へ至る弁護士の変化、市民への法的サービスの提供の状況などを取り上げます。（第20講）

〔年表〕

1789年：バスティーユ牢獄襲撃、人権宣言採択
1804年：フランス民法典制定
1806年：ライン同盟結成、神聖ローマ帝国消滅
1807年：シュタイン、ハルデンベルクによるプロイセン改革
1810年：ベルリン大学設立
1813年：解放戦争（〜1814年）、ライプツィヒの戦いでナポレオン軍敗退
1814年：ウィーン会議、民法典編纂をめぐる法典論争
1815年：ドイツ同盟規約
1830年：七月革命（フランス）、ドイツ蜂起（〜1833年）
1848年：二月革命（フランス）、三月革命（ドイツ、オーストリア）、フラ
　　　ンクフルト国民議会
1849年：フランクフルト憲法
1850年：プロイセン憲法
1866年：プロイセン＝オーストリア戦争
1867年：北ドイツ連邦憲法
1870年：ドイツ＝フランス戦争
1871年：ドイツ帝国憲法
1883年：ビスマルクの社会保障立法（1884年、1889年）
1900年：ドイツ民法典施行
1914年：第1次世界大戦始まる
1919年：ヴァイマル憲法、ヴェルサイユ条約
1929年：世界恐慌
1933年：ヒトラーが首相に任命される、授権法の制定
1934年：ヒトラーが大統領も兼ね総統と称する
1938年：ナチス婚姻法
1939年：第2次世界大戦始まる
1942年：民族法典草案（基本原則、第1編）公表
1945年：ヒトラー自殺、ドイツ無条件降伏

第16講　ドイツ同盟から北ドイツ連邦まで ［通史］

本講では19世紀初めから半ばまでのドイツ法史を概観します。フランス革命、人権宣言の発布や諸憲法の制定を受け、ドイツでも19世紀前半に南部・中部諸国の憲法、フランクフルト憲法、そしてプロイセン憲法が制定されました。また、私法分野では市民社会での個人の活動を促進するため、民法典編纂の提案、取引法の分野での立法が行われました。以下では、まず公法分野（1〜3）、次に私法分野（4、5）を見ていきます。

1　フランスによるドイツの支配の時代

フランス革命と法　　18世紀末にフランス革命が起こり、旧い体制を打ち壊しました。身分制が覆され、自由や平等という理念が法の形で実現されます。例えば、1789年の「人および市民の諸権利の宣言」いわゆる人権宣言（→第14講）や、荘園制（→第6講）のもとで認められていた特権（領主裁判権など）を廃止する宣言が出されました。

さらに、国家との関係で個人の自由や権利を保障するだけでなく、古い団体が解体されたことも重要です。例えば、中世以来の職人や商人の同職組合は、一部の人にしか営業を認めず、個人の自由な経済活動を妨げてきました。そこでフランスでは1791年にル・シャプリエ法が制定されました。

ル・シャプリエ法（1791年）

「第1条　同一の身分および職業の市民のすべての種類の同業組合の廃止はフランス憲法の本源的基礎の一つであるから、いかなる口実および形式によるのであっても、それらを事実上再建することは、禁止される。

第2条　同一の身分または職業の市民、事業者、営業中の店舗を有する者、なんらかの技芸の労働者および仲間職人は、集合するとき、議長、書記、総代を互いに任命し、登録簿を保持し、決定または評議をおこない、その主張する共同の利益にかんする規則を制定することができない。」

このように1条で明確に同業組合を結成することは禁止されています。また2条では団体の内部組織や意思決定に関する規則を設けることが禁止されています。このようにして団体の結成や運営を禁じることで、個人が団体によって抑圧される危険から解放しました。

フランスのドイツ支配　　ナポレオンは18世紀末からフランスの政治の実権を握り、国内を統治します。その勢いは国外にも及びます。対仏大同盟が結成されますが、ヨーロッパ諸国でナポレオンの支配が始まりました。

ドイツでは、バイエルンなどの南部諸国は神聖ローマ帝国から離脱します。それらの国々は、ナポレオンの保護のもとで新たにライン同盟を結成し、1806年に帝国を離脱する声明を発表します。それを受け、神聖ローマ帝国の一体性を保持しえないと見た皇帝フランツ2世は退位を宣言し、神聖ローマ帝国は消滅します。神聖ローマ帝国は、主権を持つ独立した諸国により構成され、統一国家と評価することはできませんが（→第13講）、それでも構成国が緩やかに結びつき一体性を保っていました。

ライン同盟は1806年にライン同盟規約を発布します。また、ドイツ中部にはナポレオンの弟ジェロームを国王とするウェストファーレン王国が誕生し、憲法も1807年に施行されました。強国プロイセンも領土の多くを失いましたが、独立は維持しました。

　プロイセンの改革　　ドイツにおいて、自由と平等の理念は、フランスの支配地域であればその法制度を通じて実現されていきました。他方、直接の支配を免れたプロイセンでは官僚であるシュタインやハルデンベルクの改革を通じて法制度へと結実していきます。例えば、農民関係では、1807年の十月勅令（じゅうがつちょくれい）により荘園制（→第6講）のもと不自由を強いられていた農民に土地所有や職業選択の自由を認めます。

史料
2

十月勅令（1807年）
「第1条　我国の全住民は、如何なる制限をも国家から受けることなく、あらゆる種類の不動産所有権並びに抵当権を保有することができる。……
第2条　その身分上の如何なる不利益を被ることなく全ての貴族は市民的職業に就くことができる。また全ての市民あるいは農民は、農民身分から市民身分へ、また市民身分から農民身分へと移行することができる。
第10条　この勅令の公布の日より後は、将来に渡り、出生、婚姻、隷属的地位の継承、契約のいずれによっても、如何なる隷属身分制的関係が生じることはない。」

　また経済活動については1810年の勅令で営業税の支払いと引き換えに身分に関係なく誰にでも営業の自由が認められました。もともと商人や職人の同職組合に所属していない者は営業することができませんでした。例えば、ドイツでは手工業者の同職組合であるツンフトには親方しか所属することができなかったので親方だけが営業

をすることができました。しかし、親方になるまでの道のりは長く、まず徒弟、次に職人として働き、修行を積んでさらに試験に合格しなければなりません。先の勅令はこのような現状に対して多くの人に営業活動の道を開くものでした。

　1810年代半ばにヨーロッパ諸国は、ナポレオンの支配に対抗するために戦争を行います（解放戦争）。ドイツでは、哲学者フィヒテが演説『ドイツ国民に告ぐ』でナショナリズムを鼓舞し、祖国統一を主張しました。1813年のライプツィヒの戦い、1815年のワーテルローの戦いでプロイセンはフランスに勝利し、ナポレオンの支配は終わりました。

2　解放戦争後のフランスとドイツ

　南部ドイツの憲法　解放戦争の後、フランスでは再び王朝（ブルボン家）による支配が始まります。王政復古です。共和政から再び王政に戻り、これに合わせて1814年に憲章（シャルト）が定められます。これは国王が国民に与える憲法（欽定憲法）でした。そこには法の前の平等、人身の自由、出版の自由、信教の自由、所有権の保障などの国民の権利も保障されていました。

　そして、ドイツでも1810年代末には南部諸国で憲法が制定されます。1818年にはバイエルンとバーデン、1819年にはヴュルテンベルク、1820年にはヘッセン＝ダルムシュタットでそれぞれ憲法が発布されます。これらは先のフランスの憲章を模して作られ、欽定憲法でした。唯一ヴュルテンベルクでは協約憲法が成立します。同国では近世にも国王と貴族との間で支配契約（→第18講）を結んだことがあり、そのような歴史が近代憲法の成立にも影響しています。これらの憲法には自由権や平等権の規定が置かれました。

ドイツ同盟　　ヨーロッパではオーストリア宰相メッテルニヒを議長にナポレオン失脚後の秩序を話し合う機会が設けられました。それが1814年から15年のウィーン会議です。同会議はフランス革命以前の秩序を回復するという方針（正統主義）を採用しました。

ドイツではオーストリアを議長とするドイツ同盟が結成され、1815年に基本方針としてドイツ同盟規約が発布されました。同規約では、同盟議会を設置すること（4条）、加盟国において議会を設置すること（13条）、加盟国住民の権利を保障すること（18条）などが記されました。例えば、加盟国の議会に関しては次の通りです。

史料 3　**ドイツ同盟規約（1815年）**
「**第13条　すべての同盟加盟国において、ラントシュテンデ的国制が生み出されるものとする。**」

この条文の「ラントシュテンデ的国制」について、すべての加盟国が民主的な議会を設置することと理解したわけではなく、古い身分制議会（等族議会）の設置と理解した国もありました。また、4条の同盟議会も加盟国の上位に立ちそれらを統制するような強力な議会ではありません。また、国民の権利保障についてもドイツ同盟は反動的な政策を打ち出していきます（→第18講）。

中部ドイツの憲法　　フランスでは1830年7月、王朝がブルボン家からオルレアン家に変わり、新たに七月王政が始まります（七月革命）。憲法も新たに制定されましたが、先の1814年の憲章とあまり変化はありません。

ドイツにも七月革命の影響が及び、中部諸国で憲法が制定されました。1830年にザクセン、1831年にクールヘッセン（ヘッセン＝カッセル、ヘッセン選帝侯国とも言います）、そして1833年にハノーファーで憲法が発布されました。いずれも自由主義的、立憲主義的

な内容を持っていました。さて、このうちハノーファーでは注目すべき事件が起こります。1837年のゲッティンゲン七教授事件です。当時の国王エルンスト・アウグストは、1833年の憲法は先王が議会の同意を得ずに修正して発布したものであるなどと言い、同憲法を廃止しました。これに兄ヤーコプと弟ヴィルヘルムのグリム兄弟を含むゲッティンゲン大学の7名の教授たちが抗議文を出しました。

史料
④　教授たちの抗議文（1837年）
「国王陛下が……その〔憲法の〕発布に際しても……一般等族会議の構成員にこれを予め通知すること無く、またその承認も得ることもなく、若干の修正をなしたということを以て理由とされ、国家基本法（憲法）が〔手続上〕違法な形で制定されたが故に無効であるとすることにつき、署名人は自己の良心に照らして受け入れるわけにはいかない。そのような批難は……個々の細目についてのみ当っているにすぎず、国家基本法全体については全然当っていないからである。」

　教授たちは憲法の一部の条文について手続上問題があったとしても憲法全体が無効とはならないと反論しました。しかし、これにより7名の教授は免職となり、うち3名は国外追放の処分を受けました。この中にはヤーコプ・グリムもいました。

3　三月革命と法

フランクフルト憲法　　フランスで1848年2月に再び革命が起こります（二月革命）。七月王政は金融業などの大資本家の意向を汲む政府であり、一般の民衆にとっては不満でした。二月革命ではこの王政が打破され、再び共和政となりました。

ドイツとオーストリアにも二月革命の影響が及びます。オースト
リアのウィーンでは1848年３月、政治・社会の変革を求める国民に
押されメッテルニヒが亡命します。またドイツ諸国でも政府と国民
が対立し、自由主義的な内閣が誕生します。これが三月革命です。
国民の自由を保障する憲法の制定と、全ドイツを統一する国民国家
の建設を求める声が大きくなります。そこで1848年５月１日に選挙
が行われ、18日にフランクフルトのパウロ教会で初めての国民議会
が開催されました。議員にはヤーコプ・グリムのほか、ゲルマニス
ト（→本講４）のベーゼラーやミッターマイアーなど著名な法学者
も選出されました。ここで憲法の制定についても議論され、1849年
３月にフランクフルト憲法が成立します。帝国と諸国の関係などの
統治に関する規定と、充実した国民の権利保障の規定が置かれまし
た。ただ、この時は生存権規定の導入は見送られました。

　このように三月革命後のドイツは憲法の制定までこぎ着けました
が、結局、施行されませんでした。国民議会はプロイセン国王フ
リードリヒ・ヴィルヘルム４世にドイツ帝国皇帝への即位を申し出
ましたが、国王が拒否したことが原因です。これにより、国民議会
の動きは弱まり、解散してしまいます。

　北ドイツ連邦　　三月革命後、プロイセン議会の自由主義的傾向は
弱くなります。1848年の欽定憲法を改正し、新たに1850年に憲法を
発布しました。同憲法によれば議会は、第一院は旧来の貴族たちが
占めることになり、また第二院の議員も高納税者に有利な三級選
挙法によって選出され、反動的な構成になりました。ただし、個人
の諸権利が「プロイセン人の権利」として保障されました。

　プロイセンが1866年にプロイセン＝オーストリア戦争で勝利した
後、同国を中心に北部諸国で北ドイツ連邦が結成され、1867年に北
ドイツ連邦憲法が制定されます。また1870年５月には北ドイツ連邦

刑法典も制定されます。1870年7月からは北部諸国にバイエルンなどの南部諸国も加わり、ドイツ＝フランス戦争に勝利します。敗れたフランスは王政から共和政となり、また多額の賠償金を課されます。国際関係でもドイツは諸国と同盟を組み、フランスを孤立させます。ドイツはこの後統一に向けて歩み出します（→第17講）。

4　法典論争

民法の状況　　本節から私法について見ていきます。19世紀初めのドイツの民法は分裂していました。北部はプロイセン一般ラント法、南部はバイエルンのマキシミリアン民事法典（→第14講）、東部はザクセン法、フランスに支配された地域はフランス法が適用されていました。その他の地域では継受されたローマ法を修正しつつ実務において利用する普通法（ゲマイネスレヒト）がありました。なお、1811年にはオーストリア一般民法典が施行されています。これだけでも十分複雑な状況ですが、さらに細かい地域慣習法まで含めるとドイツ国内には無数の法が存在していました。例えば、クールヘッセンの裁判官プファイファーは1815年の『ドイツ諸国のための新市民法典の理念』で、裁判官は異なる様々な法源をまとめ関連づけなければならず、相続の事例では6つの異なる法が判決に利用可能であったと言います。

法典論争　　市民社会における行動の指針、裁判の基準となる法が異なっているのでは大変不便です。フランスでは1804年に統一的な民法典（→第14講）が制定されました。ドイツでも統一民法典を編纂するべきとの声が上がります。ティボーは1815年に発表した『ドイツにおける一般民法典の必要性について』で、見通しがよく、わかりやすい法典は、法曹にも利益があり、一般市民にも幸福

をもたらすと言います。これに対してサヴィニーは同年に公表した『立法と法学における現代の使命』で法典編纂に反対します。彼によれば、法はティボーが言うような立法者の恣意で作られるのではなく民族の成長とともに歴史的に形成されるものです。法は、まず慣習法として民衆によって、次に民族の代表者である法曹によって形成されます。サヴィニーはローマ法を基礎とした伝統的な法を維持しようとします。こうした法典編纂をめぐるティボーとサヴィニーの論争が法典論争です。結局、この時は法典編纂の前提である政治的統一が実現していなかったため法典は作られませんでした。

　個別国家においても法典編纂について議論され、実際にヘッセン＝ダルムシュタット（ヘッセン大公国）、バイエルン、ザクセンでプロジェクトが起こされました。またヴュルテンベルクやクールヘッセンでは、プロジェクトまではいきませんでしたが、提案が出されました。しかし、いずれの領邦でも法典編纂は実現しませんでした。

　なお、法典論争の後、学問の世界ではサヴィニーとアイヒホルンを中心に歴史法学派が形成されます。同学派にはドイツ固有法を研究する人々（ゲルマニステン）と、ローマ法を研究する人々（ロマニステン）がいました。ロマニステンはユスティニアヌス法典の学説彙纂（→第2講）を素材にパンデクテン法学を作り上げます。これが理論と実務に大きな影響を与え、後のドイツ民法典（→第17講）の基礎となります。

5　ドイツの立法の状況

経済状況　　他のヨーロッパ諸国に先駆けて18世紀のイギリスでは繊維産業を中心に産業革命が始まりました。他方、ドイツは1800

年頃、依然として農業国でした。工業に従事する人口が農業に従事する人口を上回るのは1900年頃です。19世紀を通じて徐々に工業化が進みます。経済発展を阻んでいた要因のひとつに、ドイツが複数の経済圏に分かれ、人・物の流通を阻害していたことがあります。プロイセンを中心とする北ドイツ関税同盟、ザクセンやクールヘッセンなどの中部ドイツ通商同盟、そしてバイエルンとヴュルテンベルクの南ドイツの関税同盟です。これらが1834年にドイツ関税同盟として統一され、自由な交流が可能になりました。また1835年にドイツで初めて鉄道が敷かれ、1866年までに主要都市を結ぶ鉄道網ができました。鉄道を走らせるためのレールや蒸気機関車が盛んに製造され、1850年代以降、工業化が進みます。関連分野として製鉄業、石炭工業、機械工業も発展しました。鉄道建設のために鉄道株式会社が登場します。

19世紀半ばの立法　鉄道とそれに関連する産業分野の発達に対応して、資金を集めるための株式法が発達します。1836年の「私企業による公共鉄道の許可に関する基本条件」、1838年の「鉄道事業に関する法律」、そして1843年のプロイセンの「株式会社に関する法律」です。

　また、経済発展を促進するためにドイツ同盟は手形法の統一に向けて動き出し、1847年に草案が完成しました。これはフランクフルト国民議会でも承認され、一般ドイツ手形法として1848年に公布、1849年に施行されました。また商法典も1856年と1861年に草案が作られ、1861年に一般ドイツ商法典として公布されます。さらに法適用の場面での法統一を担うものとして上級商事裁判所もドイツ帝国設立前の1870年に設置されました。

　一般法の分野でも債権法統一の試みがなされました。1862年に起草委員会が設置され、1866年には「普通ドイツ債権関係法草案」

（ドレスデン草案）が完成します。これは対外戦争のため議会で審議されることはありませんでしたが、後のドイツ民法典の基礎となりました。

　北ドイツ連邦の設立以降、私法関係では、営業の自由や団結の自由を認めた北ドイツ連邦営業法が1869年に制定されたり、1870年に上記の一般ドイツ商法典の改正法が制定されたりします。この改正で株式会社の設立に関して、官庁の審査が必要な許可主義から法律の要件を満たせば設立が認められる準則主義へ変更し、株式会社の設立の自由が認められました。経済発展を背景とした改正です。

　なお、いくつかの個別国家でも工業化による産業発展に対応するべく民法の法典化が試みられ、バイエルンでは1861年、ヘッセン＝ダルムシュタットでは1842年、プロイセンでは1841年に草案まで作成されましたが、実施には至りませんでした。ただ、ザクセンにおいてのみ1840年代から草案が作成され、パンデクテン方式を採用した民法典が1863年に公布、1865年に施行されました。

　19世紀前半のドイツはバイエルンやプロイセンをはじめ大小多数の独立した国家に分かれ、憲法も民法も統一されていませんでした。現在とは異なる過去の国家や法のあり方を学ぶことで、現在の国家や法のあり方を相対化し、その特徴を理解することも西洋法史を学ぶ意義のひとつであると言えるでしょう。

【コラム⑰　法典編纂に関するプファイファーの見解】

　法典編纂をめぐってはティボーとサヴィニーの論争が最も有名です。しかし、その他の論者も自身の見解を公表しています。ここではクールヘッセンの裁判官プファイファーの見解を紹介します。彼は1815年に『ドイツ諸国のための新市民法典の理念』を刊行しました。同書は、学者に向けてではなく、立法に参加する官吏に向けて書かれました。その関心は、理論ではなく様々な法源に取り組む必要があった実務にあります。彼は、裁判官としての自分の経験から、普通法（ローマ法）、教会法、封建法、ドイツ法（地方法、自治条例、慣習）など相互にまったく関連が見えない法源により法の状況は混乱していると言います。このような実務の困難を除去するために、ローマ法をベースに、それとドイツ法原理と結びつけながら、一般原理を抽象し、そのような抽象的一般原理だけを盛り込んだ概要的な法典を作り、法源を単純化することを提案します。彼は立法者のために、①法典は可能な限り広範に現行法と結びついていなければならない、②法典は一般原理にのみ限定される、③その原理は実定的性質を持つものでなければならない（つまり自然法の原理ではいけない）、という３つの指導原理を提示します。現行法は無効としますが、新しい法典は、現行法から抽出し、単純明快な法を作るので、形こそ新しく見えますが、内容はそれまでの法の内容と同じです。こうすることで新しい法典は可能な限り従来の法との連続性を持つことになり、それまでの法生活のあり方を保障します。一般原理を法の中に導入する仕方はオーストリア一般民法典に似ています。同法典７条によれば裁判官は「自然法原理」に依拠して裁判することが認められています。以上のようなプファイファーの見解に対して、サヴィニーは批判的なコメントを寄せています。サヴィニーは、新たな法典を作り、それが真の法であり、その他の法がないかのように考えるのは思い違いであると言います。実際の法典の運用は、法典の外にある学説や判例が支配するものであると指摘します。

第17講　ドイツ帝国からナチス政権まで［通史］

本講ではドイツ帝国からナチス政権までのドイツ法史を概観します。ドイツ帝国の設立後、様々な法分野でドイツ全体に通用する立法が行われました。その後、第１次世界大戦後に成立したヴァイマル共和国憲法は国民主権を掲げ、基本権規定を盛り込みました。しかし、ナチス政権は各法分野で構築された法制度を大きく変えていきます。

1　ドイツ帝国

帝国憲法と諸立法　1871年１月、ドイツ帝国が成立します。同年４月、北ドイツ連邦憲法を継承したドイツ帝国憲法が公布されます。同憲法は統治機構に関する規定だけを置いていました。ドイツ帝国憲法によれば、まず君主制が採用され、皇帝が置かれます。皇帝にはプロイセン王が就きました。政治の実権は帝国宰相が握ります。また、連邦制が採用され、帝国と連邦構成国の権限配分が定められます。例えば、立法権に関しては、帝国には国内の鉄道や郵便・電信の分野、刑法・民法などの法分野、そして関税政策に関する立法権がありました。しかし、連邦構成国であるバイエルン、バーデン、ヴュルテンベルクには郵便・電信の分野、関税や租税の分野に関する特権が認められ、連邦構成国の独立性が尊重されていました。帝国の議会は２つあります。ひとつは連邦構成国の代表者からなる連邦参議院です。この議会ではプロイセンが他の邦よりも

多くの票数を持ち、決定を大きく左右しました。主権は同議会にあると解されました。また同議会の議長は帝国宰相が兼ねています。もうひとつは男子普通選挙により選出される国民代表からなる帝国議会です。

　憲法だけでなく多くの法律も制定されました。例えば、北ドイツ連邦刑法典を継承した1871年の刑法、1877年の民事・刑事訴訟法、破産法、1879年の裁判所構成法などです。そしてついに民法も制定されます。

民法典の編纂　　民法は1870年代から編纂に向けて動き出します。準備委員会では既存の法を統一することが編纂の目的として確認されました。したがって、当時の社会問題への対応を目指す法典ではありませんでした。また、商法や鉱業法は特別法に委ねられ、ドイツ法が扱う分野であった旧いレーン法や永小作法、そして行政法的性格を持つ森林法や水利法などは民法典から除外されました。残された法分野つまり物権、債権、家族が民法典に取り入れることになります。これは他ならぬパンデクテン法学の体系に沿った内容です。

　1887年に第一草案が出来上がります。公開後、用語の難しさや準用規定の多さなど、形式面への批判はありましたが、基本原理は批判されませんでした。第一草案は委員の一人であったロマニスト学者代表のヴィントシャイトの影響が大きいとして「小ヴィントシャイト」と呼ばれました。これに対して、ゲルマニストのギールケは、第一草案はローマ法の原理に基づいて個人・権利を中心とする内容であり、社会・義務への考慮が欠けていると批判します。ただ、編纂者も社会問題を無視していたわけではなく、それは公法や特別法に委ねられるべきだと考えていました。編纂者はまた、「社会的」という言葉が論者により様々な階級を指す言葉として使われ

ていましたが、民法典は特定の階級の利益を保護するためにあるのではないとも考えていました。とはいえ、第二草案では賃貸人に対する賃借人の保護（→第19講）や、被用者の生命や健康に配慮する使用者の義務、労働時間や休憩時間の配慮、病気になった場合に与える休養や医療、その期間の報酬の保障など、弱者保護の規定が（古い家父長的な配慮として）見られます。なお、奉公人（使用人や職人）については、地域によっては奉公人法で奉公人に法的地位を認めるものもありましたが、主人に厳しく支配されているところもありました。地域差が大きく統一的に扱うことは難しいとされて統一的な規定の導入は見送られました。その後、第三草案を経て、ドイツ民法典が1896年に公布、1900年に施行されます。内容は、所有の自由、契約の自由、過失責任主義、遺言の自由などの近代法の原則を基本とする法典でした。形式はパンデクテン体系つまりユスティニアヌス法典の学説彙纂（がくせつい さん）（→第2講）を素材とする総則、債権法、物権法、親族法、相続法の体系でした。

社会問題　　1873年以降、世界的な大不況が訪れます。株価は大暴落し、金融危機が訪れ、低成長の時代に入ります。不況への対策として、貿易では保護関税をかけたり、鉄道を国有化したりするなど、保護主義政策がとられます。また、企業は市場を独占するためにカルテルを結びます。

　他方、資本主義社会における社会問題も度外視することはできなくなります。産業発展を背景に都市では貧しい工場労働者が過酷な労働環境の中で働き、また劣悪な衛生空間の中で日常生活を送ることになります。彼らは自分たちの主張を議会に届けるべく政党を組織します。1875年にドイツ社会主義労働者党が結成され後に社会民主党へと発展します。議会における獲得議席は初めこそ微々たるものでしたが徐々に増えていきました。

ビスマルクの対応　　社会主義政党の拡大を保守層や政府はよく思いません。そこで帝国宰相ビスマルクは、皇帝暗殺未遂事件をきっかけに、1878年に社会主義者鎮圧法を制定します。これにより社会主義思想を発信すること、その思想に共鳴する者同士で団体を結成すること、そして、その団体に加入することが禁止されます。

しかし、ビスマルクは、このような「ムチ」の政策も行う一方、労働者の不満を吸収するための「菓子パン」の政策も行います。それが1880年代の一連の社会保障立法です。1883年の疾病保険法、1884年の災害保険法、1889年の疾病・老齢保険法です。これらにより国民は、けがや病気による休職中の保障や、退職後の生活の保障を受けられるようになりました。これらの立法はヨーロッパ諸国でも先進的な試みでしたが、支給額が低く生活のためには不十分であったり、支給開始時期が遅かったりして必ずしも十分な効果を上げませんでした。また、支給されるお金の出所は、労働者と使用者が負担するなど、国家の関わりも限定的でした。

2　ヴァイマル共和国

憲法の成立　　1914年から第1次世界大戦が始まります。その末期、敗戦色が濃厚となったドイツでは国民のあいだに厭戦気分が漂います。しかし、政府・軍部は強行に戦争を継続しようとしました。これに対して、キール軍港で兵士たちが反乱を起こし、この動きが他の地域の国民にも波及します。皇帝ヴィルヘルム2世は退位し、ドイツ帝国は終わりを迎えました。ドイツ帝国に代わって社会民主党を中心にヴァイマル共和国が誕生します。

ヴァイマル憲法は、国務大臣で大学教授の自由主義者フーゴー・プロイスにより起草され、議会での審議と承認を経て、1919年8月

に成立しました。同憲法は第1編の統治機構と第2編の基本的権利から構成されます。

基本権　この構成で目を引くのは、ドイツ帝国憲法にはなかった基本権規定が置かれていることです。言論・出版の自由や集会・結社の自由、人身の不可侵や罪刑法定主義、また営業・契約の自由や所有の保障などが保障されます。また、労働関係では、実現はしませんでしたが労働法制の整備が目標とされ、労使同権や労働者の団結権、また企業の国有化に関する規定も置かれます。そして、世界で初めて生存権規定が置かれました。

史料
1　**ヴァイマル憲法（1919年）**
「第151条第1項　経済生活の秩序は、すべての人に、人たるに値する生存を保障することを目指す正義の諸原則に適合する者でなければならない。各人の経済的自由は、この限界内においてこれを確保するものとする。」

このようにフランクフルト憲法（→第16講）でも導入が見送られた生存権規定が導入されました。

統治機構　統治機構では、まず、新たな国家は共和国であり、国民主権であるとされます。また、ここでも連邦制が採用されましたが、ドイツ帝国憲法とは異なって州に対する連邦の立場が強化され、中央集権的性格が強められました。例えば、立法権に関しては、連邦だけが立法権を持つ排他的立法権のカテゴリーがあり、また、連邦だけでなく州も立法しうる競合的立法権というカテゴリーもありますが、連邦と州の立法が競合した場合には連邦法が州法に優るとされました。議会は2つあります。まずはライヒ議会です。これは、普通、平等、直接、秘密の選挙で比例代表制に従い満20歳以上の男女によって選出された議員により構成されます（22条1

項）。他のヨーロッパ諸国に先駆けて男女普通選挙が実現しました。もうひとつは州の代表で構成されるライヒ参議会です。ライヒ参議会では人口比に応じて票数が配分されたためドイツ帝国時代のプロイセンの優位は修正されました。この2つの議会は首相を選出します。また、政治のリーダーとして、首相と並んで、国民が直接選出する大統領もいます（41条1項）。

大統領　　社会学者マックス・ウェーバーは1918年12月、憲法作成委員会で大統領の国民選挙を主張します。例えば1919年2月の新聞紙上の論説「大統領」では比例名簿に名を連ねるのは職業団体の代表者たちであり、彼らには経済的利益が重要であり、国民のことはどうでもよく、議会は「俗物の議会」になると述べています。ウェーバーはここで比例代表制が持つ難点を指摘しています。比例制は、得票数に応じて各政党が議席を獲得するため国民の多様な意見を吸い上げられるという利点がありますが、反面、議会は多様な利害を主張する多数の代表で構成されることになり、統一的な意思決定が難しくなります。ウェーバーは、政党間の利害の主張により政治が停滞する危険を考え、国民の意思を反映する大統領に期待をかけたのでした。政治の停滞を打開するために大統領には強力な権限が与えられました。例えば、連邦の法律に従わない州への強制権、公務員の人事権、軍隊司令権などです。そして、48条2項により公共の安全や秩序が危険にさらされる緊急時に国民の人権（人身の自由、住居の不可侵、信書・郵便・電信電話の秘密、意見表明等の自由、集会の権利、結社の権利、所有権の保障）を制約しうる命令を出すこともできました。1930年代には48条2項に基づく大統領令の発布数が議会の制定法の数を上回ります。1930年には大統領令5：議会制定法90、1931年には42：35、そして1932年には59：5となります。

階級司法　　ヴァイマル期に活躍した裁判官の多くは旧い伝統的な有産市民層です。彼らは共和国になってからも保守的な傾向を持ち、社会民主党などの革新勢力から階級司法と言われ、批判されました。

そのような裁判官の社会的地位を知るために1919年から1933年の間の大審院刑事部に所属する裁判官の父親の職業を見ると、裁判官・弁護士・公証人が5名、枢密顧問官が3名、教師が2名、工場主・自営商店主が6名、医師・獣医師が2名、農業経営者が2名、高級官吏が4名、教区官吏が1名です。ここにはサラリーマンや労働者階層の出身者はまったくおらずエリートや富裕層ばかりです。

プロイセンでは帝国から共和国に変わった際、共和国での職務執行は自己の良心に反するとして裁判官職を離れた者は全体の0.15%だけでした。したがって、ヴァイマル共和国の裁判所には共和国に反感を持つ裁判官も少なくなく、そのため同国の法律に従って忠実に裁判をしようという意識も希薄でした。

増額評価判決　　そのような裁判所の構造が判決に大きく影響した事件があります。それが増額 評 価判決です。第1次世界大戦以前に取り交わされた金銭に関する契約について、戦後のインフレーションの中で、債務者は、額面通りの金額を返済するべきなのか、それともインフレーションを考慮して実質的な金額を返済するべきなのか、という問題となりました（→第15講）。裁判所は、増額評価判決を出す前から実質的に同価値となる金額を返済するべきとの主張を展開していました。しかし、司法省はこれを拒み、通貨法の規定に従って名目額の返済でよいとしてきました。そこで実質額の返済を命じたい裁判所が利用したのは次のドイツ民法典の一般条項です。

ドイツ民法（1900年）
「第242条　債務者は、取引の慣習を考慮し、信義誠実に従って、給付を為す義務を負う。」

　この信義則の規定を根拠に実質額の返済を命じました。判決の後、返済額の引き上げを可能とする法律が制定されました。

　以上の増額評価判決は、一般条項を通じて裁判所が公平な判断を下した事例と見られるかもしれません。しかし、実際の動機はもっと政治的なものでした。上記の通り、ヴァイマル時代の裁判官には、共和国とその法律に反感を持つ者が少なくありません。増額評価判決で共和国の通貨法に従おうとしなかった理由もここにありました。

　共和国の法制度に対する反感は別のところにも見られます。それは法令審査権の要求です。ヴァイマル憲法には裁判所の法令審査権に関する規定はありませんでした。しかし、裁判官たちがこれを求め、1925年の判決で明示することになります。その背景には共和国の法律に従いたくないという反感がありました。

3　ナチス政権期

ナチス政権　　第1次世界大戦での敗戦とヴェルサイユ条約に基づく戦後賠償、そして1920年代末の世界恐慌は、ドイツを国際関係の中で孤立させ、国内の経済にも大きな打撃を与えました。そのためヴェルサイユ条約を受け入れたヴァイマル共和国政府に反感を持つ者も多くいました。そのような状況で国民社会主義ドイツ労働者党（ナチス）は、ヴェルサイユ条約の不遵守、ドイツ民族国家の建設、ドイツ民族固有の法の制定などを党綱領に掲げ、徐々に国民の

支持を獲得していきました。1933年に議会で第一党になり、ヒトラーは首相に任命されます。1934年には大統領も兼ねることになり、総統という地位に就きました。そして、ナチス独裁の強力な武器になったのは1933年の次の授権法です。

史料
③　**授権法（1933年）**
「**第1条　ライヒの法律は、ライヒ憲法に定める手続によるほか、ライヒ政府によってもこれを議決することができる。……**
第2条　ライヒ政府の議決したライヒ法律は、ライヒ議会及びライヒ参議会の制度それ自体を対象としない限り、ライヒ憲法に違反することができる。……」

　このように1条で政府にも立法権を与え、2条で憲法違反の法律の制定も可能にしています。授権法は、同法に反対する共産党所属の議員を国会から排除した上で「民主的な手続」で成立しました。授権法の影響を見ると、1933年から1945年まで議会法律は全部で7であったのに対して、政府法律は1933年に219、1934年に190、1935年に149であり、徐々に減少していくとはいえ、議会法律と比較して、その数には圧倒的な違いがあります。

　政党、州、労働組合　　様々な分野でナチスへの一元的な権力集中を可能にする法政策が実施されます。まず、1933年の政党新設禁止法によりナチス党以外の新党を立てることを禁止しました。また、1933年の第1次・第2次均制化法やその翌年のライヒ改造法で、州の議会・政府・裁判所を連邦に統合して、州の独立性を奪い、ドイツの伝統であった分権的性格を否定しました。1934年の参議院廃止法で各州の代表者たちが集まるライヒ参議会も廃止されます。さらに、労働分野でも法律により労働組合幹部から反ナチスの人物を追

放したり、労働契約を国家の管理官によって規制したりしました。そして、従来の労働組合は1933年に官製のドイツ労働戦線に統合されます。1934年の国民労働秩序法により、労使の関係も、両者は対立するものではなく、指導者（＝使用者）に率いられた共同体とされます。

　ユダヤ人　　党綱領において純粋なドイツ人国家の建設を目標としていたナチスはユダヤ人を差別する様々な法律を制定します。例えば、ドイツ人とユダヤ人の婚姻や婚姻外の共同関係を禁止し、その違反には罰則も設けました（1935年のドイツの血とドイツの名誉の保護のための法律）。また、ユダヤ人には参政権や公務就任権を与えませんでした（1933年の職業官吏再建法、1935年のドイツ国公民法およびその第一命令）。

　民族法典　　党綱領はローマ法ではなくドイツ民族固有の法の制定も目標として掲げていました。そこで、民法典とは別に民族法典の制定が計画されました。1933年設立のドイツ法アカデミーという学者集団により提案されました。当初は民族構成員の法的地位、家族、相続、契約、所有、結社、労働、企業の分野が構想されていましたが、1942年に草案として公表されたのは基本原則と民族構成員の部分だけでした。ナチス私法理論の特徴は、近代的な法的人格、権利、権利能力、所有、契約という概念を否定していることです。まず法的人格は「民族構成員」と置き換えられました。これが認められるのはドイツ人だけでした。また、自分の意思・利益と結びつく権利という言葉は使われず、共同体の中で与えられた課題や役割を行うための権限として「法的地位」という言葉が用いられました。そして、この地位を占めることが権利能力と対応します。さらに、所有権は共同体から委託された財産の管理と解されるので、個人の財産管理ではありません。また、契約の成立も民族全体の利益

に合致するか否かにかかっていますので、個人の意思の合致とは関係なくなります。

　ナチスは婚姻法にも手を加えます。1938年に民法典から婚姻法の部分を切り離し、特別法としてナチス婚姻法が制定されました。婚姻法を民法典の中に置いたままでは法的人格の尊重や私的自治といった近代法の思想が適用されることになり、共同体を志向するナチスの方針とは合致しないからです。

　ドイツ民法第一草案は明治民法の制定に影響を与えました。また、プロイセン憲法は明治憲法を作る際に参照されました。ヴァイマル憲法で初めて導入された社会権規定は日本国憲法に引き継がれています。現在の制度、概念、原理のルーツを辿ることができるのも西洋法史の面白さのひとつです。

【コラム⑱　ナチス時代の司法】

　1960年代半ばから始まったナチス法研究は、まずナチス時代の悪法に注目し、実証主義を批判するものでした。1960年後半にはリュータースの『無制限の解釈』(1968年)が公表され、一般条項によって裁判官が法律をナチスイデオロギーに沿って自由に解釈していたことが明らかとされました。同時期にはナチスの立法や法理論の研究も現れました。1980年代以降、戦後法学者のナチス時代の業績、さらにドイツ法アカデミーなどの学術団体、大学法学部(教授、講師、学生)、学術雑誌が研究対象となりました。ここでは上記のリュータースの研究からナチス時代のいくつかの事例を紹介します。例えば、退職後の年金の支給をめぐる事件では、退職後に本人あるいは本人死亡後は配偶者が年金を受けとれることを約束していたにもかかわらず、減額支給が認められたり、支給そのものが否定される判決が下されたりすることがありました。その理由として、当該企業の経営状況が悪化し年金支給が難しくなったことを挙げる判決もありましたが、ナチスのイデオロギーに沿ってユダヤ人である受取人に支給することは信義誠実に適う契約の履行ではないとする判決もありました。

　次は婚姻に関する事例です。ナチス婚姻法55条1項では離婚事由として破綻主義をとっていました。不貞行為などが離婚原因となる有責主義とは異なり、破綻主義は夫婦の結婚生活が破綻していることをもって離婚が認められます。同条2項では破綻の原因を作った当事者からの離婚請求に対して相手方は異議申立ができるとされています。これで相手方は保護されるように思いますが、そういうわけではありません。というのも、55条2項のただし書きで「婚姻の本質」を考慮して異議を認めないこともあるとされていました。この「婚姻の本質」はナチスの政策に沿ってドイツ民族を増やすことと考えられました。したがって、例えば、男性が現在の妻と別れて別の女性と再婚し子どもをもうけようという場合、それはドイツ民族を増やすことであり「婚姻の本質」と合致するため裁判所は現在の妻からの異議申立を斥けることがありました。

第18講　出版・結社の自由、課税権・予算権 [トピック]

本講では、近代ドイツ憲法に関して、基本権から出版の自由と結社の自由、そして統治機構から議会の課税権・予算権を選んで詳しく見ていきます。19世紀前半の政治の中で出版の自由や結社の自由を求める国民と、それに対抗する政府がどう動いたのかを中心に見ていきます。また、近代の議会の課税権・予算権について、近代以前にも遡りながら、その歴史的な意味を確認していきます。

1　出版の自由

ドイツ同盟　　19世紀前半は様々な政治運動が繰り広げられ、ドイツ同盟議会および同盟諸国政府ではそれにどう対応するかが問題となりました。具体的には、政治・経済・社会などに関する意見を表明する自由、その意見を掲載した新聞・雑誌・パンフレットを出版する自由、また考えや目的を同じくする者たちが集まる結社の自由に関わります。例えば1815年のドイツ同盟規約は次のように出版の自由に言及しています。

史料
1　**ドイツ同盟規約（1815年）**
「第18条 d　同盟議会は、その第1回会議において出版の自由ならびに複写物に対する著述家と出版業の権利保障に関して一律的命令を制定することに取り組むものである。」

この規定をめぐって同盟諸国で解釈の違いがありました。オーストリアとプロイセンは出版を制約する命令の制定を考えていました。またメッテルニヒは、事前検閲を導入して出版の濫用を抑えようとしていました。他方、同盟国の中には出版の自由を保障する命令を制定することだと解釈する国もありました。こう解釈するのは、例えば、ヴュルテンベルクやバイエルンであり、これらの国の1818年の憲法は出版の自由を保障していました。

　同盟10ヶ国の代表はカールスバートの会議でメッテルニヒの構想について議論しました。検閲の導入については参加国のほぼすべての同意を取りつけました。しかし、同盟規約18条dが出版の自由を制約する命令の制定を規定していること、また検閲の導入によってそれが実現されたとすることには同意を得られませんでした。この後、カールスバートの会議で確定した内容がドイツ同盟議会に提出され、決議されました。

　ブルシェンシャフト　　カールスバートの決議のきっかけは、ブルシェンシャフトという学生組織の政治運動です。これはフランスの支配を終わらせるために行われた解放戦争の後に作られました。解放戦争後の大学の雰囲気は一言で言えば無秩序そのものでした。学生同士で乱暴をしたり、大酒を飲んだり、また古い伝統である決闘に明け暮れる者もいました。それから、出身地を同じくする者たちで学生団体が作られていましたが、その内部では上下関係が厳しく、先輩が後輩に乱暴を働いたり、飲酒を強要したりすることがありました。この状況に対して、ブルシェンシャフト運動は、学生に紀律ある生活を求め、古い学生団体を壊し、荒廃した大学のキャンパスに秩序をもたらす運動として始まりました。その意味でブルシェンシャフトは学生生活向上のための運動です。しかし、別の思惑を抱く学生もいました。それは、解放戦争後のナショナリズムに

乗り、統一国家ドイツの建設を目指し活動する学生たちです。また
ナショナリズムの思想から反ユダヤ的感情を持つ学生も少なくあり
ませんでした。1817年、学生たちは祖国愛を声高に叫び、ヴァルト
ブルク祭を起こします。これ自体は暴力的なものではなく、平穏に
行われ終了しました。ただ、学生の一部には祭りの後で気に入らな
い書物を焼き捨てる者もいました。そして、その2年後、1819年に
はコッツェブー事件が起こります。学生カール・ザントが、ロシア
皇帝に情報を提供し、また学生の行動に批判的な文章を寄せていた
喜劇作家コッツェブーを殺害してしまったのです。この機を捉えて
ドイツ同盟ではカールスバートの決議がなされます。

カールスバート決議　　決議の内容は、①中央調査委員会の設
置、②大学に関すること、③出版に関することです。①は、陰謀や
煽動を企てる結社に関する情報を収集する機関ですが、あまり成果
を上げることができず、1828年に廃止されます。②は、大学に置か
れた監督官が大学教員の行動を監視し、現秩序を批判する説を流布
した教員を大学から追放し、当該教員を今後どの国も採用すること
を禁じています。例えば、1818年、国民の政治参加を要求していた
ボン大学教授ヴェルカーは、民衆を扇動したとして3年間に及ぶ当
局の追及を受け、大学を辞任しました。そして、③は、320頁以下
の出版物は事前に承諾や許可を得ていなければ出版できないとして
おり、実質的に検閲を定めています。ドイツ同盟あるいはその構成
国政府に批判的な文書は差し止められ、その編集者は5年間ドイツ
同盟国内で編集に従事することができなくなります。この措置は当
初5年間の期限付でしたが、1824年には無期限に延長されました。
1832年に差止めとなった雑誌には、例えば、自由主義者で大学教授
のロテックが、先のヴェルカーとともに編集した雑誌『自由思想
家』があります。両者は、雑誌の編集に携わることができなくな

り、また教授職を解かれました。大学に復職できたのは 8 年後の1840年です。

憲法上の保障　　このように出版の自由は厳しい扱いを受けてきましたが、フランクフルト憲法では次のように規定されました。

> **史料**
> **2**　　**フランクフルト憲法（1849年）**
> 「第143条第 2 項　出版の自由は、いかなることがあっても、またいかなる方法によっても、もろもろの予防措置、とくに検閲、認許、担保供与、国定版、印刷若しくは書籍販売業の制限、郵送禁止又はその他のもろもろの自由流通の阻害によって、制限され、停止され、又は廃棄されない。」

　しかし、第16講で説明した通り、フランクフルト憲法は施行されず、ドイツ帝国憲法にも人権規定はありませんでしたので、出版の自由が憲法に明記されるのはヴァイマル憲法まで待つことになります。同憲法118条で文書、出版、図版などによる意見表明の自由と、検閲の禁止が規定されました。

2　結社の自由

　ハンバハ祭　　カールスバートの決議以降、政治的な意見表明・出版をする者への弾圧は厳しくなっていきました。しかし、民衆たちは自由を求め行動します。1832年には約 3 万人の民衆が集まったハンバハ祭という大規模な運動が行われました。主催者は約5,000人が加入する「自由な報道を支援するためのドイツ祖国協会（祖国協会）」という団体です。参加者の意見は必ずしも統一されていたわけではありませんが、人民主権や共和政、ナショナリズムに基づくドイツ統一、そして社会の下層民を救済する社会改革を求める声

がありました。

　これに対してドイツ同盟は、すぐさま弾圧措置をとり、政治目的の協会の結成、祭典や集会の実施を禁止します。それでもなお、1833年、50名ほどの学生がフランクフルトの警察署を襲撃する事件が起きます。これは先の「祖国協会」の一部の人々が起こしたものです。

　協会（フェアアイン）　　団体や結社は、革命後、国家の介入により解体され（→第16講）、19世紀に入っても制限されました。しかし、人が集団の中で生活することにはメリットもあります。困った時は助け合うことができます。また、自分のエゴを抑え、他者を配慮する中で倫理感を鍛えることができます。さらに他者との交流で知見を深め、自分の考えを磨き、公民としての意思形成を行うことができます。そこで19世紀に入ってからも様々な団体が結成されました。政治・経済・社会の問題について議論する団体、政治的アクションを企てる団体、政治からは距離をとり学問・音楽・芸術を中心に活動する団体などです。有名なものに男声合唱協会や体操協会があります。また、かつての手工業者の同業組合もインヌグと呼ばれる新しい団体として結成されます。このような19世紀の団体は、古い団体とは異なり、強制ではなく、自分の意思で加入・脱退を決められる団体であり、協会（フェアアイン）と呼ばれました。

　美徳連盟　　例えば、プロイセンでは1807年に「公共の諸美徳の実践のための協会（美徳連盟）」が結成されました。同連盟は、ナポレオンに敗れた後、民族の抵抗心と公共心を養い、現状を打破することを企てました。フランスに抵抗する政府を支援し、国王の承認も受けていました。同団体は1年半で解散させられますが、同種の愛国協会や婦人会が1813年以降結成され、数千人のメンバーを擁し、大衆運動となります。これが先に紹介したブルシェンシャフト

に繋がります。

　しかし、1816年に秘密結社令が出されます。同令によれば、国王が美徳連盟の結成を承認したのは、ドイツがフランスに支配された時であり、愛国心を養い、国民を元気づけ、不幸を克服する勇気を国民に持ってもらうための手段としてよいと考えたからでした。しかし、フランスの支配から解放された現在では、国民が一致して法律に従って生活することによって、平和を維持し、国民全員の福祉を達成させなければならず、先の秘密結社はこの目的に反して有害であると言います。そして、プロイセン一般ラント法の規定（団体に関する政府への報告義務、団体の審査と承認を求める届出の提出）、また安全を脅かす秘密結社の防止に関する法令を守ることを強調します。さらに秘密結社が許されるか否かをめぐる論争は国民に不安を与えるとして次のように定めます。

史料
3　**秘密結社令（1816年）**
「（3）今後わが国においてこの問題について印刷・刊行してはならず、違反者には相当の罰金ないし身体刑を課すことを欲し、命ずるものである。」

　ここには結社が置かれた微妙な位置づけが表れています。政治状況によって擁護もされますが、しかし19世紀半ばは国内の秩序維持を目的に制限されるようになります。

　憲法上の保障　　例えば1818年のバーデンやバイエルンの憲法にも結社の自由はありません。そのため当時の自由主義者はこれを求めます。先にも触れたヴェルカーは『国家事典』第1巻（第2版、1843年）で結社は目的や形態は様々であるが、それ自体は違法ではなく、むしろ人を紀律し、倫理を教え、公共心を養うものだと言います。そして、フランクフルト憲法では次のように規定されまし

た。

史料
4 **フランクフルト憲法（1849年）**
「**第162条　ドイツ人は結社の権利を有する。この権利は、いかなる予防的措置によっても、これを制限してはならない。**」

　この後のヴァイマル憲法（124条1項）でも、刑法に反しない限りで社団または団体を結成する権利が認められています。

3　課税権・予算権

　課税同意権　　議会に帰属する権利として最も重要なものは、立法と課税・予算に関する権限です。立法は国民を拘束するルールを作り出すことですし、課税・予算は国民の財産に関わるからです。ここでは後者の課税・予算に注目します。例えば、1818年のバイエルン憲法7章3条およびバーデン憲法4章53条で議会の同意のない課税が禁止されています。同じ内容の条文は他の国でも見られます。

　近世の課税同意権　　ところで、近代憲法における議会の課税同意権は、近世の等族（貴族）たちの課税同意権にまで遡ります。近世において君主は直轄領の収入により政治を行っていました（家産制）。資金が不足する場合、君主は等族に資金供出を依頼し、等族は君主を援助することが義務づけられていました。議会──神聖ローマ帝国の帝国議会や、各領邦国家の領邦議会──では資金供出の必要性や程度について慎重に審議され、君主の課税に同意するか否かが決定されます。

　例えば、ヴュルテンベルクで1514年に国王と等族の間で結ばれたテュービンゲン協約でも等族の課税同意権が行使されている様子が

わかります。同協定は、等族から君主への資金供出と引き換えに、等族の権利を君主に認めさせた文書であり、イギリスのマグナ・カルタと同じ性格を持ちます。さて、君主からの資金供出の依頼を受け、等族側は次のように言います。

> 史料
> 5　テュービンゲン協約（1514年）
> 「Ⅲ3　すなわちまず最初に、ラント民は、上述の大公ウルリッヒに対して、来年から5年間、1年毎に2万2千グルデンを与え供出するべきである。……」

このようにテュービンゲン協約には君主への財産の供出に同意する旨が規定されています。これが等族による課税同意権の行使です。同協約はおよそ300年間有効でした。そして、1818年のヴュルテンベルク憲法では次のように規定されます。

> 史料
> 6　ヴュルテンベルク憲法（1818年）
> 「第8章第109条　直轄領からの収入が不足する限りにおいて、国家需要は租税によってまかなわれる。議会の同意なしには、戦時にあっても平時にあっても、なんらかの直接税もしくは間接税を賦課し徴収することができない。」

近代以前の身分制議会における貴族の課税同意権は、近代憲法においても機能し、君主や政府の権力行使を制限する立憲的要素として利用されました。具体例を見てみましょう。

　クールヘッセン事件　　そのひとつは、クールヘッセンの闘争です。同国では1831年に憲法が制定されました。同憲法の課税に関わる規定を見てみましょう。

クールヘッセン憲法（1831年）

「第11章第143条　議会は、正規ならびに不正規の国家需要を充足せんがため、その需要が他の補助手段によってまかなわれない限りで、賦課租の同意によって、配慮せねばならない。国会の同意なくしては、1831年以降、戦時にあっても平時にあっても、直接もしくは間接の租税またその他いかなる名で呼ばれるにせよ何らかの国家賦課租を賦課し徴収することはできない。」

　このようにクールヘッセン憲法でも議会の同意なく税を徴収することはできません。さて、事件の発端は、政府が提案する予算案を議会が拒否したことでした。これに対して君主は議会を解散しますが、その後に招集された議会も再び予算案を拒否しました。この時も君主は議会を解散し、ついに1850年に租税徴収令を発布します。これを断行したのは当時新しく首相に据えられた保守的政治家ハッセンプフルークでした。この租税徴収令は議会の同意を得ていませんので、当然、貴族や官吏たちは反対します。最終的にこの闘争は裁判所の判断するところとなりました。ヘッセン上級上訴裁判所は、租税徴収令は違憲であり、無効であると判断しました。この決定に従って行政官も租税の徴収を拒否しました。

　プロイセンの闘争　次に予算に関して、有名なプロイセンの闘争を見てみましょう。まず予算の規定を見てください。

プロイセン憲法（1850年）

「第99条第2項　国家予算は、毎年、法律によって確定するものとする。

　第62条第1項　立法権は、国王と2つの議院によって共同

> **して行使される。第2項　すべての法律は、国王と両議院の一致を必要とされる。」**

　99条にあるように、予算は法律によって成立するとされます。そこで同法62条の立法権の規定を見てみると、法律の成立のためには国王と2つの議会の同意が必要とされます。

　これらを念頭に置いた上でプロイセンの闘争経過を見ていきましょう。政府は、対外戦争が続く中で軍備増強のため軍事費拡大の承認を議会に求めました。しかし、議会はこの要求に反対します。ビスマルクの鉄血演説はこの時に行われました。彼は外交問題（戦争）は、「演説や多数決」ではなく「鉄と血」、つまり武器と兵士によって解決されると言います。政府の予算案は議会の承認を得ることができませんでしたので上記の条文に従うなら執行できません。しかし、ビスマルクは、議会の承認を得ないまま4年間予算を執行し続けました。この時はドイツが戦争に勝利し、また議会において保守的勢力が増えたこともあり、事後承諾法を可決し、議会の承認なく支出した予算はあとから正当化されました。なお、北ドイツ連邦憲法やドイツ帝国憲法（→第17講）では軍備に関する議会の発言権が規定され、ビスマルクも議会を無視することはできなくなりました。

　日本国憲法は集会、結社、言論、出版などの表現の自由を保障しています。また、法律、租税、予算の成立には議会の承認を必要とします。これらは、近代さらにはそれ以前から、時代を通じて形成されてきました。法は歴史の中で作られていくものであるということを是非覚えておいてほしいと思います。

【コラム⑲　ハッセンプフルークとグリム兄弟】

　本講のクールヘッセンの憲法闘争で名前の挙がった保守主義的政治家ルートヴィヒ・ハッセンプフルークと、ゲッティンゲン七教授事件（→第16講）で国王の憲法破棄に抗議して大学を去ったグリム兄弟には意外な関係があります。それは、グリム兄弟の妹シャルロッテがハッセンプフルークの妻であったということです。シャルロッテとハッセンプフルークは1822年に結婚します。当初、ヤーコプは妹の夫ハッセンプフルークのことについて「わるいことは知らない」と言っていました。しかし、その10年後、サヴィニーに宛てた手紙で「私の義弟ハッセンプフルークは誠実だが、一面で少し虚栄心の強い人物で、目下カッセルで輝かしい経歴を築いて、選帝侯の公子の寵愛を受けております。」「〔ハッセンプフルークが国家機関の首脳部に就任することに対して〕私は彼にこうした地位をやめるように懸命に助言しました。こうした地位は多くの人の妬みや敵意を招くからです。特に、彼の反自由主義的な性向は一般に知られているのです。」と書いています。シャルロッテは1833年に40歳で亡くなります。ハッセンプフルークはその後、別の女性と再婚し、グリム家との縁は切れてしまいます。グリム兄弟はハッセンプフルーク自身には良い感情を持ちませんでしたが、ハッセンプフルーク家との付き合いはグリム兄弟に大きな影響をもたらしました。現在の研究では、ハッセンプフルーク家（祖先はフランスから亡命してきたユグノー）の長女マリー・ハッセンプフルーク（ルートヴィヒの姉）がグリム兄弟に「赤ずきん」や「いばら姫（眠れる森の美女）」を伝えたと言われています。

第**19**講　法源、契約、所有［トピック］

本講ではドイツ民法から法源論、契約の自由、そして所有の自由を取り上げ近代法原理とその修正について学びます。法源論では制定法の他にも法源を認めるべきかという問題を扱います。契約や所有の自由では、それらが個人の財産を保障し、経済活動を促進する反面、そこから生じる問題にいかに対応したのかを見ていきます。

1　法源論

制定法以外の法　　一般的に近代法典は、将来起こりうるすべての事例に対応するべく作られ、またそれ自身で完結したものと考えられます。とはいえ、制定法以外の法典の扱い方は様々です。例えばプロイセン一般ラント法（→第14講）で慣習法、判例は次のように扱われます。

史料
①　プロイセン一般ラント法（1794年）
「導入編第3条　慣習法および慣習は、州および個々の地方団体において効力を有すべき場合、地方法典に収められていなければならない。
同6条　法学者の見解、または裁判所の従来の判決は、将来の裁判のさい、顧慮されるべきではない。」

このようにプロイセン一般ラント法では判例や学説の参照は禁止

されていましたが、慣習法は地方法典に収録した上で効力を認められました。では、ドイツ民法典は慣習法と判例法をどのように扱ったでしょうか。

　まず慣習法です。第一草案では法源として否定されました。しかし、審議において「帝国レベルで形成された慣習法は排除されない」また「将来そのような普通慣習法が形成されるかどうか〔の判断〕は法学に委ねる」とされました。結局、慣習法が法源と認められるかどうかははっきりと決められませんでした。総則に置かれることの多い慣習法に関する規定はドイツ民法典にはありません。

　次に判例法です。1877年の裁判所構成法１条では裁判官は法律にのみ従うとされました。しかし、上に見たように、慣習法の法源性は否定されていたわけではありませんので、繰り返される慣習が慣習法になっていくのと同じように、裁判所で同種の事件に繰り返し出される同種の判決が判例法となって法源として認められる可能性も残していました。

　実際、ドイツ民法典の良俗違反（138条、826条）や信義誠実（242条）などの一般条項、シカーネ禁止（226条）の規定は裁判官の裁量を広く認めたもので、判例法の形成に期待していると言えます。このようにドイツ民法典は、はっきりした形ではありませんが、慣習法や判例法を法源から厳格に排除するというような態度はとっていないと考えられます。

　スイス民法典　　ドイツ民法典とは異なって制定法以外の法源をはっきりと認めているのがスイス民法典です。同法典は、1900年に草案が提出され、審議の後、1912年に制定されました。これにはスイスの法の歴史が影響しています。スイスでは近世のドイツに見られたようなローマ法の継受（→第７講）が行われませんでした。そのためローマ法命題やそれを操る学識法曹が法実務に影響を与える

こともありませんでした。スイスでは学識法曹ではなく素人裁判官が慣習や伝統を参考に判断を下してきました。このような裁判のあり方はローマ法や制定法から結論を導き出す学識法曹の方法とは異なります。スイス民法典は次のように法律の欠缺と制定法以外の法源の効力、そして裁判官の法創造を認めています。

史料
[2] **スイス民法（1912年）**
「第2項　法律からそのような規定〔適用される規定〕を何ら引き出せない場合には、裁判官は慣習に基づいて判断しなければならない。その慣習法もかけているならば、もし裁判官自身が立法者であるならば定律するであろうようなところの規範に基づいて、裁判官は判断しなければならない。
第3項　第2項において、裁判官は通説及び判例に従わなければならない。」

　このようにローマ法の継受を経験しなかったスイスでは、必要な規定は法典に網羅されているとか、判決は法規から演繹しなければならないという考え方をとりません。このようなスイス民法は、制定法以外の法の重要性を説いたエールリッヒも『自由な法発見と自由法学』（1903年）で賞賛しています。

2　契約の自由と契約の正義

　契約の自由　　近代法原理において、誰とどんな内容の契約をするかはその人の自由に任されています。これが契約の自由です。ドイツ民法は次のように規定します。

史料
[3] **ドイツ民法（1900年）**
「第305条　法律行為によって債務関係を設定し、又は債務

> 関係の内容を変更するには、法律に別段の定めのない限
> り、当事者間の契約を必要とする。」

　このような契約の自由は資本主義社会での人々の経済活動を促進
しました。しかし、そのために生じる問題もあります。まずは莫大
損害という問題を見てみましょう。

　莫大損害　　契約を当事者の意思だけに任せると市場の動向に疎
い者が法外な値段で物を買わされたり、不当に低い値段で物を売っ
てしまったりすることもあります。法はこういった事態に介入しな
くてもよいのでしょうか。これが莫大損害の問題です（→第15講）。
このような場合に契約を無効とする規定が置かれることもありまし
た。例えば、プロイセン一般ラント法（→第14講）です。また、近
代市民社会を利己的な人々の経済活動の場と見た哲学者ヘーゲルも
1821年の『法哲学要綱』の中で契約によって交換されるものの等価
性を強調し、莫大損害の場合の契約は無効であるとしています。

　しかし、1861年の一般商法典、1863年のザクセン民法典、1866年
のドレスデン草案では莫大損害の規定は採用されませんでした。こ
れはそのままドイツ民法典草案にも引き継がれました。その理由と
して、先行するザクセン民法や一般商法典で採用されていないこ
と、取引の安全を害するといったことが挙げられました。

　賃貸借契約　　次に賃貸借契約の問題、すなわち、賃貸人から賃
借人をいかにして保護するか、という問題です。これは社会におい
て弱者を強者からどのように守るかという社会問題のひとつです。

　しかし、ドイツ民法典は社会問題に積極的に対応しようとする法
典ではありませんでした。その理由はいくつかあります。ひとつに
は、農業者、工業者、手工業者、労働者階級はそれぞれの利益を保
護・促進することを「社会的」と言いましたが、民法典編纂者は特

定の人々の利益を保護することは編集の方針ではないと言っていました。またもうひとつには、誰が社会的に強者であり、誰が弱者であるか、はっきりしなかったということも指摘されています。建物の賃貸借を例に取ってみましょう。例えば、1870年のベルリンのある賃貸借契約書には、賃料の支払いを怠ったり、不足があったりした場合、賃貸人は告知なく賃貸借契約を解除することができ、賃借人は住居をすぐに明け渡さなければならないとあります。これを見ると賃借人が不利な立場に置かれているように見えます。しかし、賃貸人にも事情がありました。工業化による経済発展を背景に人口が都市に集中してきたのを見て、賃貸人は賃貸借の収入で生活していこうと金融機関からお金を借りて建物を購入し、それを賃貸していました。しかし、金融機関への返済期限は極めて短く、返済が滞ると賃貸人の建物が差し押さえられる可能性がありました。ですから、賃貸人は賃借人に対しては強い立場にありますが、金融機関に対しては弱者であるわけです。

　　住居者心得　　とはいえ、先に見た賃貸借契約の一部にある通り、賃貸人と賃借人のあいだでは前者が後者に対して優位にあります。それは契約書からよくわかります。当時、賃貸借契約を締結する際には定式契約（契約書のひな形）が利用されていました。その内容は、賃貸借の目的物・期間・賃料に始まり、賃料の支払いの遅滞の場合の扱い、賃貸人に報告のない商売の禁止や転貸に関する規定、居住者心得などです。このうち居住者心得は大変具体的に記されていました。例えば、賃借人による階段と廊下の清掃（曜日と時間の指定）、ゴミや排泄物の処理（時間、方法の指定）、燃料の扱い方・保存量、暖炉の設置、共用部の禁止事項（物を置いてはいけないなど）、洗濯と乾燥の方法や場所の指定、鉢植えを置く位置の指定、玄関前・庭・階段・廊下での子どもの行動に関する禁止事項、

けんか・音楽・歌・奉公人の出す音・子どもの騒がしい音・靴音の禁止などです。そして、居住者心得に違反した場合、賃貸人は契約を解除することができました。

裁判所の救済　　賃借人の保護は立法でも十分に対応できませんでした。ドイツ民法典571条では土地・住居が売買された場合、賃借人は新所有者に対抗することができるようになりますが（「売買は賃貸借を破らない」）、その他の保護はありませんでした。そこで、裁判所は契約の解釈を通じて賃借人を保護しようとしてきました。いくつかの判決を紹介しましょう。

　1つ目は1874年の判決です。ある賃貸借契約6条には賃借人が居住者心得を無視した場合に賃貸人が行使しうる解約告知権について定めていました。居住者心得2条には「悪臭を発するものが入った容器は、夕方……時以降にのみ、しっかり密封して運び出されなければならない」（……の部分は未記入）とされていました。ところがある賃借人がある朝に密閉しないままバケツに入れて住居から裏庭に運び出してしまいました。賃貸人は翌日契約を解除しました。第一審は賃借人が勝ちましたが、控訴審は当事者は（時間に合意はないが）少なくとも夕方にだけ運び出せることには同意しているとして賃貸人を勝たせました。これに対して上告審は、定式契約のうち必要事項が記入されていない部分がある場合、当該規定は契約の構成要素にはならないとして賃借人を勝たせました。

　2つ目は1879年の判決です。当時、賃貸借契約には住居で洗濯物を洗ったり乾かしたりすることを禁止する条項がありました。これは当時のすべての定式契約に見られました。裁判所は禁止条項の対象となる洗濯物を限定的に解釈します。つまり、禁止の対象となるのは家族全員分の洗濯を長時間するような大きな洗濯だけであり、すぐに必要な小物を洗濯することは許されるとします。例えば、5

枚のワイシャツ、数枚の料理用タオル、ワイシャツのカラー、子どもの肌着や前掛けなどです。このように裁判所は居住者心得にある厳格な洗濯禁止を緩和しました。

　3つ目は1889年の判決です。これは賃料の支払い方法に関する判決です。賃貸借契約では次のように定められていました（次の①②は説明の便宜のため執筆者が付けました。元々はありません）。

史料
④　賃貸借契約
「賃料は、時間通りに、①四半期（３ヶ月）分割で、事前に、各四半期の最初の３日間に支払われ、そして、②賃借人により、毎回、賃貸人の住居で、午前９時から11時の間また午後３時から５時の間に支払われる。」

　この事件で、賃貸人（原告）は、賃借人（被告）は1889年の第４四半期の賃料を決められた時間に支払っていないと言います。なぜなら、賃借人は午後７時に原告の住居で支払ったからです。原告は以前から支払い時間を厳守するよう被告に注意していたそうです。裁判では賃借人が期日までに支払ったか否かが争われました。

　裁判所は原告敗訴の判決を下します。裁判所は、賃料の支払いに関する上記の条項は２つの部分から構成されるとし、まず①があり、次に補足として②がある、とします。そして、「時間通りに」という言葉は①の「各四半期の最初の３日間（に支払うこと）」にしか係らないとします。したがって、②には係らず、そこで提示される時間帯に「時間通りに」支払う必要はありません。②で一応時刻が定められているのは、単なる指導的な規定だとします。やや詭弁のようにも思われますが、裁判官が賃借人を立ち退きから守りたいと考えていたことがわかります。

3 所有の自由と権利濫用の禁止

民法典以前　個人の経済活動に際して、誰とどんな契約をするのか自由に決められることはもちろん大事ですが、そもそも自分の持っている物を自由に使うことができなければ、契約の自由も意味がありません。ドイツ民法典は903条で、所有者は物を自由に処分し、かつ他人の干渉を排除することができる、としています。これが所有の自由です。しかし、他方で、権利があるとはいえ、何の制限もなく、場合によっては他人に損害を与える目的でも権利を行使できるものでしょうか。

　歴史を 遡 （さかのぼ）ってみるとプロイセン一般ラント法（→第14講）では、一方で権利者の自由な権利行使を認める規定があります。例えば、序編94条「法令に従って権利を行使する者は、行使に当たって生じた損害を賠償する義務を負わない」です。この規定は、法諺（ほうげん）「自己の権利を行使する者は何人に対しても不法を行うものではない」に沿った内容で、原則的に権利者の自由な権利行使を認めたものです。しかし他方で次のような規定も見られます。第1編第8章27条「何人も他人を苦しめ又は害するために所有権を濫用することを得ない」これは権利行使の制限にあたる規定です。

19世紀の学説　19世紀前半の学説では、法によって権利行使を制限するという考え方はとられませんでした。その背景にはキリスト教の世界観がありました。被造物の中で人間だけが（悪を選ぶこともできますが）善を自由に自分で選択しうる存在であり、その選択によって善を選び、原罪以降、閉ざされしまった神へと通じる道を再び見つけ出すことができると期待されていました。これは法の世界でも同じで、権利行使の際に人間は善を選択しうる能力、つまり

他者を害する仕方では権利行使をしないと判断できる能力があると信頼されていたのです。そして、こうした個人により形成される社会が外からの（例えば国家からの）介入を受けず自律的に善い方へと発展していくと考えられました。このような期待を背景に学説では権利行使の制限に消極的でした。また、これは法体系にも影響します。つまり、法には倫理的内容は盛り込まず、形式のみを定め、人々の自由に委ねることになります。サヴィニー、ベトマン＝ホルヴェーク、プフタ、イェーリングはこう考えていました。

　しかし、19世紀後半になると学説も変化します。ドイツが経済的に発展していき、個人はますます自己の利益を強く追求する経済人へと変わっていきました。ここではもはや個人に倫理的な歯止めを期待することはできません。経済的利益を追求する個人に、あるいはそういった個人から成る社会に介入するのが、国家の役目となりました。制定法によって人々の権利行使が規制されるべきとの考えが強くなります。イェーリングもこの立場を取るようになります。

　ドイツ民法典　　では再び法の話に戻りましょう。第一草案ではシカーネの禁止（他人に損害を与えるための権利行使の禁止）には触れていません。その理由として、権利者が他人を害する目的のみで権利行使したことを相手方が証明するのは困難であることや、権利の行使への異議が容易になり場合によっては適法な権利行使を妨げることになるなどが挙げられました。これに対して、ギールケは『市民法草案とドイツ法』（1888～1889年）でプロイセン法がドイツ法の伝統を汲んで権利濫用禁止の規定を置いたのに、草案は権利重視のローマ法寄りになってしまったと批判します。第二草案で権利濫用禁止の規定の提案がありましたが否決されます。第三草案でようやく所有権のところに「他人に損害を与える目的のみを有する所有権の行使は許されない」が付加されます。これによって所有権に関し

てシカーネの禁止が明文化されます。さらに、この内容は物権だけでなく債権にも適用できるよう一般的な規定にするべきとの意見があり、その結果、物権法から総則へと移され、最終的に次のようになりました。

<table>
<tr><td>史料
⑤</td><td>**ドイツ民法（1900年）**
「第226条　権利の行使は、他人に損害を加える目的のみを有しうるものであるときは、これを許されない。」</td></tr>
</table>

　以上、契約の自由と所有の自由という近代法原理とその修正について見てきました。前者は裁判所により契約の正義が実現され、後者は権利濫用の禁止が明文化されることになりました。

　所有の保障や契約の自由は民法の基本原理です。権利や自由は最大限保障されなければなりませんが、それを制限することが妥当な場合もあります。ここで見た権利濫用の禁止規定や裁判所による契約の正義の実現はその一例です。法を学ぶ者には様々な視点から物事を見る目が必要です。

【コラム⑳　法秩序についての思想】

　「法はどのような人間を想定しているのか」「法は人間に対してどう作用するのか」。本文で見たように、19世紀前半の学説は、善を選ぶ能力を備えた人間を前提として、法はその人間が自由に活動できる枠組を形式的に設定するものと考えられました。もちろん、これとは違ってシュタールは、法を堕落した人間を前提とする強制秩序と捉えました。19世紀後半になると、後期のイェーリングのように、人間をエゴイズムに陥る存在と見るようになり、法もそのような人間の行為を規制するものと考えられるようになりました。近代以前からこの問題に対して様々な解答が与えられてきました。例えば、古代ギリシャのアリストテレスは人間を国家的存在であると見て、国家や法秩序が人間の本性から生じたものだとします。ここでは人間と国家・法とは対立するものではありません。しかし、その後のストア派は、人間を何でもわが物としたがる貪欲な存在と見て、それを修正するために国家や法秩序が必要であると考えました。これと同じ考えをとっているのが教父アウグスティヌスです。彼もまた法を不完全な人間を矯正するものと考えました。これに対してアリストテレス哲学を受容した中世の神学者トマス・アクィナスは、人間が神に与えられた目的を実現するために、それを援助する機能を果たすのが法であると考えました。ここでは人間と法秩序は対立的に捉えられてはいません。さらに近世では、ルター（→第13講）は法を原罪以前から存在するものと考えていました。ダンテは帝国を人間の本性に根ざすもの、帝国のもとにある王国や都市を人間の貪欲により誕生したものと見ています。時代がかなり下りますが、イェリネックも1893年に「国家論におけるアダム」と題する論文を発表しました。人間という存在と法秩序の関係は西洋法思想を学ぶ上で重要な論点と言えます。

第**20**講　プロイセンの法曹養成［トピック］

本講ではプロイセンの法曹養成制度の歴史を学びます。18、19世紀に
なり本格的に法曹養成制度が整備されます。裁判所ではそれまで裁判官
職を占めていた貴族を排除し、能力により登用するようになりました。
また弁護士は初め国家官吏として位置づけられましたが、後に自由業と
なりました。以下、まず裁判官試験制度（1〜2）、次に弁護士制度
（3〜4）を見ていきます。

1　裁判官試験制度の整備

18-19世紀の試験制度　　裁判官の登用試験は近世以前にも実施さ
れましたが本格的に制度が整備されるのは18世紀です。当時、古く
から力のある貴族たちが裁判所を占めていました。絶対主義国家を
建設し、自己の力を国家組織に及ぼそうとする国王は貴族たちを裁
判所から排除し、自分の命令で働く有能な者を裁判官として登用し
たいと考えます。そこで身分ではなく能力によって裁判官を登用す
る仕組みを作ります。

　選抜制度の基本枠組は1748年のフリードリヒ法典草案や1781年の
フリードリヒ法典、1793年の一般裁判所法などで形作られました。
裁判官になろうとする者は、3年間の大学教育の後、3回の試験を
受けなければなりません。第1試験は修習生（アウスクルタトール）
となるための試験です。受験の要件には、品行方正であること、プ

ロイセンの大学法学部に学び成績良好であることを証明する書面を提出すること、職に就くまでの間の生活を維持しうる資産を持っていることなどがありました。この要件を満たし、大学で学んだ法理論に関する試験に合格すると修習生となります。次に第2試験は司法官試補（レフェレンダール）となるための試験です。修習生として実務の現場で学んだ後、理論と実務に関する第2試験に合格すると司法官試補になることができます。司法官試補は、補助裁判官として、調書の作成、レラティオーン（報告書）の作成などを任されます。最後に第3試験は判事補（アセッソール）となるための試験です。これは大試験とも呼ばれ合格すると判事補になることができます。試験では現行法について問われたり、プローベ・レラティオーン（報告書の試し書き）を課されたりしました。

　以上のように、身分を問われることはなく試験に合格すれば誰もが法曹資格を与えられるようになりました。ただ、見習い期間中は無給となるため挑戦できたのは資力のある者だけでした。また、大学での教育と裁判所での勤務による2段階の法曹養成であることも特徴的です。ここに理論教育と実務修習の分業体制が見られます。大学教育は3年、裁判所の実務修習は5年でしたので実務修習が重視されていました。この試験制度は19世紀後半まで続きます。

　報告技術　　上記にレラティオーン（報告書）、プローベ・レラティオーン（報告書の試し書き）という言葉が見られました。これは司法官となるための能力を見極めるとても大事な試験であり、ドイツの法曹養成の歴史の中では実に近世以来続く伝統的なものです。そのルーツは神聖ローマ帝国の最高裁判所まで遡ります。ここでは、ローマ法と教会法の知識を持つ者による学識訴訟が行われ、書面主義が採用されました。膨大な訴訟を担当する裁判官には訴訟記録を整理し報告する能力が求められたのです。裁判官は、当事者や

訴訟の対象、争点、原告と被告の主張を時系列にした訴訟の経過、争いのない事実や当事者の陳述、事実関係に対する法的評価、そして判決の提案をまとめた報告書を提出しなければなりませんでした。

1548年には神聖ローマ帝国の法令でレラティオーンが試験として課されます。この傾向は領邦にも広まり、例えばプロイセンでは1713年に「司法制度の改善に関する一般命令」が制定され報告書の作成能力が問われます。また、大学法学部判決団への訴訟記録の送付（→第7講）でも判決団はレラティオーンの形式に沿って鑑定意見書を作成しました。

実務界でのこのような動向を反映して、17・18世紀には報告書作成に関する多くの手引書が刊行されます。また、18世紀半ばには裁判実務における文書作成の技術を「実務法学」として大学でも教えるようになりました。しかし、例えば、プロイセンのハレ大学では、その数は、1785年から1790年までは増加しますが、その後に減少していきます。法学が実務志向ではなく学問性・体系性を追求するようになったこと、また政府の教育改革として大学で理論教育、裁判所で実務教育という区別がはっきりなされるようになったことが考えられます。司法省も1830年、1836年にレラティオーンに関して受験生のために詳細な手引を公表します。なお、1810年に設立されたベルリン大学では、ハレとは異なり、実務法学の授業が設けられることはありませんでした。

学生の反応　　上記の制度を実施していく中で学生が理論中心の大学での勉学と第1試験に熱心ではないと言われるようになります。第1試験がそれほど難しいものではなかったということが原因のようですが、法曹養成が大学と裁判所の2段階で行われ、後の試験では実務の知識の方が大事であったことも原因のようです。サ

ヴィニーは1850年代に次のように言います。

史料 1 司法試験にかんする所見とそのための提案
「……司法修習生と司法官試補が書物による勉強をたゆみなく続けて法学の知識をそれだけ拡大し、後の試験の要求がますます高くなるのに応えようとすることも考えられるかもしれない。しかし、そういうことはありそうもないし、またできもしない。なぜなら、彼らが勤勉に熱心にその実務活動に専念し上司の監督と影響を通じて援助指導されるとするならば、深く突っ込んだ書物による勉強の時間も力も残らないからである。」

大学卒業後の実務修習では実務能力の上達のために時間を割き、また試験でも実務能力が問われますので大学で扱う理論の勉強から学生はますます縁遠くなってしまいます。大学で学んだ知識が試される第1試験は合格ぎりぎりの成績で通過できればよいと考える学生も多くいたようです。

2 試験実施の影響

裁判官の出身階層 試験による裁判官の採用を実施したことにより裁判官の出身階層に変化が見られるようになりました。1748年のフリードリヒ訴訟法典の前後で裁判所における貴族出身者と市民出身者の数を比較してみましょう。ベルリンにあったプロイセンの最高裁判所のひとつでは、1740年には裁判官の約3分の2を貴族が占めていましたが、1794年は29名の裁判官のうち貴族11名、市民18名となり、貴族は全体の3分の1強を占めるにとどまります。このような市民層優位の傾向は19世紀に入っても変わりません。例えば、1820年には貴族出身者が13名であるのに対して、市民出身者が21名

を占め、市民出身者が貴族出身者を大きく上回ることとなりました。ここでも貴族は3分の1強を占めるに過ぎません。その後も貴族層は1835年には3分の1、1848年には4分の1に減少します。

志望者の増加　立身出世を目指す者にとって裁判官は魅力的な職業です。十分な資力がないと見習い中の間の生活が苦しいとはいえ、多くの学生が法学部を志望し裁判官を目指すようになりました。しかし、裁判官のポストには限りがあるため有給の裁判官職に就けない無給の判事補が増加してしまったのです。これに対して、1830年代には司法大臣は資力のない者には親や後見人があきらめるよう勧めるよう要請したり、無給の間の判事補の忍耐と自己規律に期待したりしましたが効果は上がりませんでした。ようやく1849年の司法改革で司法官のポストを増加しますが、1840年代前半から50年代前半にかけて法学部生数が増加し、1850年代後半には無給の判事補が増加してしまいます。この時も司法大臣は上記と同様の呼びかけをするのみでした。

2回試験へ　プロイセンの法曹養成制度に大きな変化が訪れるのはドイツ帝国設立直前の1869年に制定された司法試験に関わる法律です。大きな変更点は試験の回数です。これまでは大学で学んだ後、3回の国家試験の受験が必要でしたが、第1試験である修習生試験が廃止されました。新たな制度では、これまでの第2試験であった司法官試補試験が第1試験となり、従来の第3試験であった判事補試験が第2試験となりました。計2回の試験で済むようになりました。法曹を目指す者は、3年の大学教育の後、第1試験である理論試験の司法官試補試験と、第2試験である実務試験としての判事補試験を経て、法曹になることができます。

3 弁護士制度

2種類の弁護士　　現在、イギリスのようにバリスタ（法廷弁護士）とソリシタ（事務弁護士）の2種類の弁護士がいる国（→コラム⑨）と、ドイツや日本のようにそのような区別のない国があります。しかし、ドイツでもかつてはプロクラトールとアドヴォカートの2種類の弁護士がいました。プロクラトールは当事者に代わって法廷で弁論をする弁護士であり、アドヴォカートは裁判で必要な書類を作成する弁護士です。これらの弁護士の社会的地位は決して高いものとは言えませんでした。その理由は、依頼人が裁判をする際、アドヴォカートの仲介でプロクラトールに依頼することが多かったのですが、この仲介の際にとられる費用が増大したという事情があります。また、当時は当事者が選んだ裁判官が当該裁判を担当するコミッション制であり、弁護士と裁判所が結託して訴訟を遅延させ、依頼人が支払うことになる手数料を増大させることもありました。そのため国家は弁護士の悪行に対する対策をとることになります。

18世紀の弁護士　　18世紀前半、国王フリードリヒ・ヴィルヘルム1世は、1,200名の弁護士のうち700名を解雇しました。さらに人々が「詐欺師（＝弁護士）」を見分けるために弁護士は黒いマントや黒い上着の着用が義務づけられました。

　次のフリードリヒ大王は大規模な改革を行います。1781年には自由業としての弁護士を廃止し、裁判所に所属する官吏として司法補助官と司法委員を置くことになりました。司法補助官は、裁判における真実発見のために働き、法廷に立つことができました。しかし、司法補助官がどの裁判を担当するかの割り当ては裁判所が行い

ますし、給料も国庫から支払われます。それに対して、司法委員は、依頼人により選任され、裁判のために当事者に助言することが仕事でしたが、法廷には立てませんでした。

　自由な弁護士に代わって、国家官吏としての司法補助官と司法委員が登場したのですが、1793年には司法補助官が廃止され、司法委員へと一本化されます。この時、司法委員は、それまでとは異なって法廷に立つことができるようになり、また当事者により依頼され、その手数料で生計を立てるようになりました。自由な弁護士が復活したかのように見えますが、司法委員には官吏として宣誓が求められ、また司法大臣によって任免されましたので官吏としての性格を残しています。

　19世紀の弁護士　　弁護士の官吏としての性格を否定して、自由業としての弁護士を復活させることを強く望んだのが、ルドルフ・フォン・グナイストです。グナイストは1867年の『自由弁護士論』でドイツの裁判官のあり方について自身の考えを展開します。彼は、弁護士は民事裁判では個人の利益を代弁し、刑事事件では国家権力たる検察と対峙する存在であり、いずれも個人の権利・利益の代表者であるにもかかわらず、国家の監督のもとに置かれるのはおかしいと言います。

　グナイストはまた諸外国と比較してプロイセンにおいて弁護士の数が少ないことを指摘します。彼によれば、弁護士と国民の比率は、イングランドおよびウェールズで弁護士1：国民1,240、フランスは1：1,970ですが、プロイセンでは1：12,000です。同じドイツでも、ザクセンは1：2,600、自由都市フランクフルトは1：910、ハンブルクは1：1,800、ブレーメンは1：2,000です。やや比率が近いバイエルンでも1：7,200、オーストリアは1：9,800であり、プロイセンでは明らかに弁護士が少ないわけです。グナイス

トは、この他にも、弁護士同業組合の設立、自由競争の導入、定員制の廃止を提案します。弁護士を自由業にするというグナイストの提言は、その後まもなく、正式の法律に結実します。1878年に弁護士法が制定され、そこでは次のように規定されます。

史料
2 **弁護士法（1878年）**
  「第13条　申請先の裁判所は、当該裁判所における認可弁護士数を増加させる必要がないことを理由に当該認可を拒否してはならない。」

　このように弁護士は司法大臣や裁判所に認容されるのではない旨が明記され、弁護士の定員制は否定され、またこれまで帯びていた官吏的性格が否定されています。

4　弁護士人口と法的助言

　定員制　　上記の弁護士法により自由業として再出発した弁護士ですが、また別の問題に突き当たることになります。弁護士となる者が増加したため弁護士の過剰供給が問題となりました。この問題は、1880年代半ば以降、司法省やドイツ弁護士大会で取り上げられ議論されますが、19世紀の間、定員制がとられることはありませんでした。20世紀に入ると、定員制の導入を求める弁護士の団体も設立されるなどして議論が活発になります。そして、ナチス時代に法改正が行われます。1934年の弁護士法改正第1法律で15万人以上の都市への弁護士の流入を禁止し、1935年の弁護士法改正第2法律で弁護士の需要に合わせて認可を制限します。後者の第2法律はそのまま1936年の帝国弁護士法に引き継がれます。

　法的助言　　ナチス時代には法的助言のあり方も変わりました。

1869年の営業法（→第16講）により営業の自由が確立され、法的助言活動も自由に行うことができるようになります。公安当局に営業許可証を渡し、申請すればよく、手続も簡単でした。しかし、1935年、ナチス時代に「法的助言分野における濫用防止法」が制定され、これにより法的助言は弁護士の独占となるのですが、ここにはユダヤ人を差別する意図がありました。同法が制定される少し前の1933年、職業官吏再建法（→第17講）と弁護士許可法が制定され、前者によりユダヤ人はあらゆる公職から追放されました。そして後者は次のように定めます。

史料
③　弁護士許可法（1933年）
「第１条第１項　……アーリア人血統を有しない弁護士の認可は1933年９月30日までにこれを取り消しうるものとする。
第２条　弁護士の認可は……アーリア人血統を有しないものについてはこれをおこなわないことができる。」

　これによりユダヤ人は弁護士業を行うことができなくなりました。したがって、ユダヤ人は裁判官・検察官・弁護士のいずれの職も追われてしまったのです。そこで法的知識を持ったユダヤ人は法的助言活動を自由業として行うようになります。弁護士だけに法的活動を認めた先の法的助言法の目的はこうしたユダヤ人を法的助言活動からも排除することでした。一応、同法では許可を得れば助言活動はできるとされますが、同法第１施行令５条は「ユダヤ人には許可は与えられない」としており、ユダヤ人は法的助言も行うことができません。

　法的助言の主体　ナチス時代に法的助言活動を行う主体は限定されましたが、それ以前には実に多様な主体が法的アドバイスを行っていました。1890年からヴァイマル共和国成立前までの状況を見て

おきましょう。19世紀後半から工業化と産業発展、都市への人口流入、それに伴う社会問題の発生があり、市民にとって法的情報が重要となりました。市民は労働契約や賃貸借契約（→第19講）を締結したり、社会保障制度（→第17講）を利用したりする際にも専門家の助けが必要になります。もちろん弁護士は裁判内外で手助けできますが、裁判外では法曹資格のない法律コンサルタントも営利目的で助言活動をしていましたし、宗教団体・労働組合・民間公益慈善団体・女性運動団体・市町村などが設置した低所得者向けの法律相談所もありました。例えば、ヨーロッパ初の女性法律家エミリー・ケンピンの演説をきっかけに女性運動団体により設立された法律相談所は、女性の権利保護と法知識の向上を目的とし、当時法曹資格を得ることのできなかった女性によって法律相談が行われていました。これらの相談所の中で法曹有資格者による助言を受けられたのは、大都市の民間公益団体の法律相談所だけで、それ以外は（市町村職員や裁判所書記官などまったく法実務と無縁であったわけではありませんが）法曹資格のない者が相談にあたりました。法曹資格を持たない者の法律相談は、当然、その質が問題とされることがありました。そこで公益の法律相談所では研修コースを設けるなどして質の維持・向上に努めました。

　ここで取り上げた２段階の法曹養成制度、法曹人口の問題、低所得者向けの法律相談などのトピックは、現在の日本における法学教育や司法アクセスをめぐる議論とよく似ています。歴史の中から現在にも通じる論点を見つけ出し、問題解決のヒントを探ることもできるでしょう。

【コラム㉑　法曹集団の形成とローマ法の継受】

　戦後ドイツの法史学は、法規中心の法史学を反省し、新たな方向を歩み始めます。ミッタイスは『法史学の存在価値』で、法の歴史を文化史の一部と捉え、法史学は広く政治、経済、社会、宗教、思想をも対象とするべきことを説きます。また、彼は法と法学において人格の尊重という理念が重要であるとも言います。また、ヴィーアッカーは『近世史法史』を著し、法制度史というよりもむしろヨーロッパにおける法思想の歴史を描き出しました。またコーシャッカーは『ヨーロッパとローマ法』で法曹階層の社会史的位置づけを中心とした法史を描き出しました。そのコーシャッカーがイギリスとドイツにおけるローマ法の扱いの違いを自律的な法曹集団の形成の違いに求めて次のように説明しました。

　イギリスは中世においてすでに国王裁判所が確立されました（→コラム⑩）。そして、その周辺には法を取り扱う専門家が集まり、やがて専門家集団を形成します。これは、自治集団となり、法に関する教育と資格付与を担うようになります。法曹学院（→第8講）です。これに対して、ドイツでは神聖ローマ帝国の裁判所として帝室裁判所（→第9講）が設立されたのは15世紀末と遅く、イギリスのようにそれを取り巻く自治的専門家集団も形成されませんでした。本講で見た通り法の教育と資格付与は国家が掌握することになります。

　自律した法曹集団が形成されたか否かの違いはローマ法への対応に影響します。イギリスではすでに独自の法文化であるコモン・ローを形成し、ローマ法を受け入れることはありませんでした。他方、法曹集団が形成されず、ローマ法の影響に対して対抗しうる法を形成していなかったドイツでは帝室裁判所でローマ法を受け入れていくことになります（→第8、9講）。

〔史料出典〕

【第1講】

　史料1：佐藤篤士『LEX XII TABULARUM 十二表法原文・邦訳および解説』（早稲田大学比較法研究所、1969年）19頁を参考に執筆者訳

　史料2：同上書、57頁を参考に執筆者訳

　史料3：同上書、59頁を参考に執筆者訳

　史料4：同上書、65頁を参考に執筆者訳

　史料5：同上書、147頁を参考に執筆者訳

　史料6：毛利晶訳『リウィウス　ローマ建国以来の歴史3　イタリア半島の征服（1）』（京都大学学術出版会、2008年）94-95頁

【第2講】

　史料1：佐藤篤士監訳、早稲田大学ローマ法研究会訳『ガーイウス　法学提要』（敬文堂、2002年）（以下、佐藤『法学提要』）6頁

　史料2：春木一郎『ユースティーニアヌス帝学説彙纂 ΠΡΩΤΑ』（有斐閣、1938年）（以下、春木『学説彙纂』）86頁を参考に執筆者訳

　史料3：同上書、93頁を参考に執筆者訳

　史料4：同上書、15-16頁を参考に執筆者訳

　史料5：同上書、16-17頁を参考に執筆者訳

　史料6：同上書、18-19頁を参考に執筆者訳

【第3講】

　史料1：佐藤『法学提要』58頁を参考に執筆者訳

　史料2：同上書、32-33頁を参考に執筆者訳

【第4講】

　史料1：佐藤『法学提要』141-142頁

　史料2：同上書、142頁を参考に執筆者訳

　史料3：早稲田大学ローマ法研究会訳『パウルス『意見集』（二）』早稲田法学85巻4号（2010年）（以下、『パウルス』）181-229頁、194頁

　史料4：木村健治ほか訳『ローマ喜劇集3』（京都大学学術出版会、2001年）37頁、40頁

　史料5：執筆者訳

【第5講】

史料1：佐藤『法学提要』183頁を参考に執筆者訳

史料2：春木『学説彙纂』82頁を参考に執筆者訳

史料3：佐藤『法学提要』69-70頁

史料4：津野義堂・古田裕清・石田雄一・森光訳「私たちの主、永遠に尊厳者であるユースティーニアーヌスの法学提要または法学入門」比較法雑誌38巻3号（2004年）97-160頁、112頁

史料5：執筆者訳

史料6：執筆者訳

史料7：執筆者訳

史料8：執筆者訳

史料9：『パウルス』194頁を参考に執筆者訳

【第6講】

史料1：『西洋法制史料選1　古代』（創文社、1981年）235-236頁

史料2：『西洋法制史料選2　中世』（創文社、1978年）（以下、『史料選2　中世』）12-13頁

史料3：同上書、90-92頁

史料4：同上書、99-100頁

史料5：同上書、281-282、286-287頁

史料6：Unverstätsbibliothek Heidelberg, Heidelberg historic literature-digitized（https://doi.org/10.11588/diglit.1977#0064）

史料7：『史料選2　中世』311-316頁

史料8：同上書、332-333頁

【第7講】

史料1：春木『学説彙纂』90-91頁

史料2：『西洋法制史料選3　近世・近代』（創文社、1979年）（以下、『史料選3　近世・近代』）57頁

史料3：佐々木有司「中世イタリアにおける普通法（ius commne）の研究（三）―バルトールス・デ・サクソフェルラートを中心として」法学協会雑誌84巻8号（1967年）1038頁

史料4：大木雅夫「フランスにおける人文主義法学点描」上智法學論集37巻3号（1994年）226-227頁

史料5：勝田有恒「一人の法律家―法学入門にかえて」一橋論叢63巻4

号（1970年）482-483頁

　　史料6：同上書、489頁

【第8講】

　　史料1・2：佐々木有司「イルネリウス像の歴史的再構成」日本法学49
　　　巻2号（1983年）175頁

　　史料3：佐々木有司「中世ローマ法学」碧海純一・伊藤正己・村上淳一
　　　編『法学史』（東京大学出版会、1976年）86-87頁

　　史料4：『史料選2　中世』296-299頁

　　史料5：同上書、128-131頁

　　史料6：大川四郎「16世紀フランス慣習法公式編纂論―シャルル・デュ
　　　ムウラン（1500-1566）の『フランス慣習法統一論』を素材にして」愛
　　　知大学法学部法経論集175巻（2007年）（以下、大川「16世紀フランス
　　　慣習法公式編纂論」）18-19頁

　　史料7：同上書、31頁

　　史料8：『史料選3　近世・近代』16-17頁

　　史料9：W・S・マッケクニ／禿氏好文訳『マグナ・カルタ―イギリス
　　　封建制度の法と歴史』（ミネルヴァ書房、1993年）276頁

　　史料10：プラクネット／イギリス法研究会訳『イギリス法制史總説編
　　　下』（東京大学出版会、1959年）403頁

【第9講】

　　史料1：アルトゥール・エンゲルマン／小野木常・中野貞一郎編訳『民
　　　事訴訟法概史』（信山社、2007年）296-297頁

　　史料2：塙浩『ボマノワール「ボヴェジ慣習法書」』（信山社、1992年）
　　　82頁

　　史料3：『史料選3　近世・近代』16頁

　　史料4：同上書、18頁

　　史料5：サー・ジョン・ベイカー／深尾裕造訳『イギリス法史入門　第
　　　5版　第1部〔総論〕』（関西学院大学出版会、2023年）375-377頁

　　史料6：同上書、377頁

　　史料7：同上書、383頁

【第10講】

　　史料1：『史料選2　中世』294-295頁、303頁

　　史料2：『史料選3　近世・近代』3-4頁

史料 3 ：大川「16世紀フランス慣習法公式編纂論」14頁

史料 4 ：同上書、32頁

史料 5 ：村上裕「ヘルマン・コンリング」勝田有恒・山内進編著『近世・近代ヨーロッパの法学者たち―グラーティアヌスからカール・シュミットまで』（ミネルヴァ書房、2008年）151頁

史料 6 ：勝田有恒・森征一・山内進編著『概説　西洋法制史』（ミネルヴァ書房、2004年）213頁

史料 7 ：プラクネット／イギリス法研究会訳『イギリス法制史總説篇　下』（東京大学出版会、1959年）635頁

史料 8 ：深尾裕造『イングランド法学の形成と展開　コモン・ロー法学史試論』（関西学院大学出版会、2017年）739頁

史料 9 ：深尾裕造・松本和洋訳「クック『マグナ・カルタ註解』―サー・エドワード・クック『イングランド法学提要　第 2 部』より」法と政治66巻 4 号（2016年）176頁

史料10：深尾裕造『イングランド法学の形成と展開　コモン・ロー法学史試論』（関西学院大学出版会、2017年）718-719頁

史料11：石井幸三「18世紀イギリスにおける法学教育について（2）―ブラックストン（上）」龍谷法学17巻 3 号（1984年）110-111頁

第10講コラム内：Ａ・Ｖ・ダイシー／加藤紘捷・菊池肇哉訳「英米法におけるダイシー理論とその周辺―「英国法は大学で教えることが可能か？」」日本法学80巻 1 号（2014年）113頁、125頁

【第11講】

史料 1 ：初宿正典・辻村みよ子編『新解説世界憲法集　第 4 版』（三省堂、2017年）29-30頁

史料 2 ：Karl Zeumer, *Quellensammlung zur Geschichte der Deutschen Reichsverfassung in Mittelalter und Neuzeit*, Bd., 2, 2. vermehrte Aufl., Scientia Verlag, 1987, S. 416から執筆者訳出

【第12講】

史料 1 ：Gerald Bray（ed.）, *The Anglican Canons, 1529-1947*, The Boydell Press, 1998, pp. 352-353から執筆者訳出

史料 2 ：上口裕『カロリーナ刑事法典の研究』（成文堂、2019年）334-335頁

史料 3 ：Heinrich Kramer et Jakob Sprenger, *Malleus maleficarum*, Apud

Ioannam Iacobi Iuntae F., 1584, p. 339から執筆者訳出

【第13講】

　史料1：中村義孝「『1804年ナポレオン民法典』（1）」立命館法学372巻
　　（2017年）312-357頁、331頁

　史料2：Karl Zeumer, *Quellensammlung zur Geschichte der Deutschen
　　Reichsverfassung in Mittelalter und Neuzeit*, Bd., 2, 2. vermehrte Aufl.,
　　Scientia Verlag, 1987, S.282から執筆者訳出

　史料3：Europäische Religionsfrieden Digital で公開されている Augs-
　　burger Religionsfrieden〈https://tueditions.ulb.tu-darmstadt.de/v/
　　pa000008-0116〉から執筆者訳出

【第14講】

　史料1：*Allgemeines Landrecht für die Preußischen Staaten von 1794 /
　　mit einer Einführung von Hans Hattenhauer und einer Bibliographie
　　von Günther Bernert*, 3. erweiterte Aufl., Luchterhand, 1996, S. 58から
　　執筆者訳出

　史料2：歴史学研究会編『世界史史料6　ヨーロッパ近代社会の形成か
　　ら帝国主義へ』（岩波書店、2007年）29頁

【第15講】

　史料1：クリスティアン・トマジウス＝ヨーハン・フリードリヒ・ス
　　トゥッチング／出雲孝訳「翻訳　勅法彙纂第4巻第44章第2法文にお
　　ける脳内の衡平とその実務慣用について」日本法学88巻2号（2022年）
　　200-96頁、196頁（一部改変）

　史料2：同上論文、106頁（一部改変）

　史料3：D. Fox, The Case of Mixt Monies: Confirming Nominalism in the
　　Common Law of Monetary Obligations, *Cambridge Law Journal* 70（1）
　　pp. 144-174（2011）p. 148から執筆者訳出

【第16講】

　史料1：中村紘一「ル・シャプリエ法研究試論」早稲田法学会誌20巻
　　（1968年）41-42頁

　史料2：河上倫逸訳「十月勅令」『史料選3　近世・近代』242頁、245頁

　史料3：三成賢次「近代ドイツ憲法史史料（1）―ドイツ同盟規約」阪
　　大法学40巻1号（1990年）254頁

　史料4：河上倫逸『法の文化社会史』（ミネルヴァ書房、1989年）172-

173頁

【第17講】

史料1：高田敏・初宿正典編訳『ドイツ憲法集　第8版』（信山社、2020年）（以下、高田・初宿『憲法集　第8版』）145頁

史料2：柚木馨『現代外國法典叢書（2）獨逸民法Ⅱ　債務法』（復刊版、有斐閣、1955年）21頁

史料3：高田・初宿『憲法集　第8版』157頁

【第18講】

史料1：三成賢次「近代ドイツ憲法史史料（1）─ドイツ同盟規約」阪大法学40巻1号（1990年）258頁

史料2：高田・初宿『憲法集　第8版』45-46頁

史料3：村上淳一『ドイツ市民法史』（東京大学出版会、1985年）126-127頁

史料4：高田・初宿『憲法集　第8版』48頁

史料5：黒田忠史「等族制「憲法」テュービンゲン協約試訳─等族制史料研究（その一）」甲南法学13巻1号（1972年）75頁

史料6：成瀬治『絶対主義国家と身分制社会』（山川出版社、1988年）394頁

史料7：同上書、394頁

史料8：高田・初宿『憲法集　第8版』69頁、79頁

【第19講】

史料1：石部雅亮訳「プロイセン一般ラント法（1974）」『史料選3　近世・近代』177頁

史料2：大川四郎「スイス民法典第1条第2項の学説史的起源」森川安一編『スイスの歴史と文化』（刀水書房、1999年）179-180頁

史料3：柚木馨『現代外國法典叢書（2）獨逸民法Ⅱ　債務法』（復刊版、有斐閣、1955年）153頁

史料4：Tilman Repgen, Rechtsprechung und Wohnungsfrage im 19. Jahrhundert, in: Michele Luminati, Urlich Falk, Mathias Schmoeckel (Hg.), Mit den Augen der Rechtsgeschichte: Rechtsfälle ── selbstkritisch kommentiert, Zürich 2008, S. 253. から執筆者訳出

史料5：柚木馨『現代外國法典叢書（1）獨逸民法Ⅰ　民法総則』（復刊版、有斐閣、1955年）311頁

【第20講】

史料1：石部雅亮「サヴィニーの司法試験改革案とその背景（1）」法学雑誌37巻2号（1990年）164頁

史料2：荒井真「ルドルフ・フォン・グナイストの『自由弁護士論』」長谷川晃ほか編『法の理論37』（成文堂、2019年）129頁

史料3：荒井真「市民による無償の法的助言は禁止されねばならないのか」佐々木有司編『法の担い手たち』（国際書院、2009年）119頁

〔学習に役立つ参考文献〕

【教科書・概説書・資料集】

碧海純一・伊藤正己・村上淳一編『法学史』（東京大学出版会、1976年）

五十嵐清『ヨーロッパ私法への道』（新装版、日本評論社、2017年）

石部雅亮・笹倉秀夫『法の歴史と思想』（放送大学教育振興会、1995年）

岩村等・三成賢次・三成美保『法制史入門』（ナカニシヤ出版、1996年）

勝田有恒・森征一・山内進編著『概説　西洋法制史』（ミネルヴァ書房、2004年）

勝田有恒・山内進編著『近世・近代ヨーロッパの法学者たち―グラーティアヌスからカール・シュミットまで』（ミネルヴァ書房、2008年）

木庭顕『ローマ法案内　現代の法律家のために』（羽鳥書店、2010年、新版2017年）

佐藤篤士『ローマ法史　Ⅰ・Ⅱ』（敬文堂、1982年・1988年）

佐藤彰一・池上俊一・高山博編『西洋中世史研究入門　増補改訂版』（名古屋大学出版会、2005年）

服部良久・南川高志・山辺規子編著『大学で学ぶ西洋史［古代・中世］』（ミネルヴァ書房、2006年）

原田慶吉『ローマ法』（有斐閣、1955年）

船田享二『ローマ法入門（新版）』（有斐閣、1967年）

――『ローマ法』全５巻（岩波書店、1968〜1972年）

山田晟『ドイツ近代憲法史』（東京大学出版会、1963年）

『西洋法制史料選１　古代』（創文社、1981年）

『西洋法制史料選２　中世』（創文社、1978年）

『西洋法制史料選３　近世・近代』（創文社、1979年）

F・ヴィーアッカー／鈴木禄弥訳『近世私法史』（創文社、1961年）

W・エーベル／西川洋一訳『ドイツ立法史』（東京大学出版会、1985年）

Fr・オリヴィエ-マルタン／塙浩訳『フランス法制史概説』（創文社、1986年）

G・クラインハイヤー＝J・シュレーダー／小林孝輔監訳『ドイツ法学者事典』（学陽書房、1983年）

G・ケブラー／田山輝明監訳『ドイツ法史』（成文堂、1999年）

H・コーイング／久保正幡・村上淳一訳『近代法への歩み』（東京大学出版会、1969年）

ヘルムート・コーイング／上山安敏監訳『ヨーロッパ法文化の流れ』（ミネルヴァ書房、1983年）

M・シュトライス／福岡安都子訳『ドイツ公法史入門』（勁草書房、2023年）

H・シュロッサー／大木雅夫訳『近世私法史要論』（有信堂高文社、1993年）

ピーター・スタイン／屋敷二郎監訳『ローマ法とヨーロッパ』（ミネルヴァ書房、2003年）

クヌート・W・ネル／村上淳一訳『ヨーロッパ法史入門　権利保護の歴史』（東京大学出版会、1999年）

F・ハルトゥング／成瀬治・坂井栄八郎訳『ドイツ国制史』（岩波書店、1980年）

サー・ジョン・ベイカー／深尾裕造訳『イギリス法史入門　第5版　第1部〔総論〕』（関西学院大学出版会、2023年）

ウルリッヒ・マンテ／田中実・瀧澤栄治訳『ローマ法の歴史』（ミネルヴァ書房、2008年）

ハインリッヒ・ミッタイス／世良晃志郎・廣中俊雄共訳『ドイツ私法概説』（創文社、1961年）

ミッタイス゠リーベリッヒ／世良晃志郎訳『ドイツ法制史概説　改訂版』（創文社、1971年）

【第1講】

荒川正晴ほか著『ローマ帝国と西アジア　前3～7世紀（岩波講座 世界歴史 第3巻）』（岩波書店、2021年）

佐々木健『古代ローマ法における特示命令の研究』（日本評論社、2017年）

佐藤篤士『LEX XII TABULARUM 十二表法原文・邦訳および解説』（早稲田大学比較法研究所、1969年）

砂田徹『共和政ローマの内乱とイタリア統合』（北海道大学出版会、2018年）

長谷川岳男『はじめて学ぶ西洋古代史』（ミネルヴァ書房、2022年）

長谷川岳男ほか著『古代ローマを知る事典』（東京堂出版、2004年）

長谷川博隆『古代ローマの自由と隷属』（名古屋大学出版会、2001年）

原田俊彦『ローマ共和政初期立法史論』（敬文堂、2002年）

吉原達也「「永久告示録 Edictum Perpetuum」の再構成について—訴訟
　　告示と訴訟方式（一）（二）（三・完）」法学論叢104巻2号（1978年）
　　28-55頁、6号（1979年）61-77頁、106巻2号（1979年）34-65頁

【第2講】

大清水裕『ディオクレティアヌス帝時代のローマ帝国—ラテン碑文に見
　　る帝国統治の継続と変容』（山川出版社、2012年）

大月康弘『ユスティニアヌス大帝　世界に君臨するキリスト教ローマ皇
　　帝』（山川出版社、2023年）

春木一郎『ユースティーニアヌス帝学説彙纂 ΠΡΩΤΑ』（有斐閣、1938年）

宮嵜麻子『ローマ帝国の食糧供給と政治—共和政から帝政へ』（九州大学
　　出版会、2011年）

吉村忠典『古代ローマ帝国の研究』（岩波書店、2003年）

フリッツ・シュルツ／眞田芳憲・森光訳『ローマ法の原理』（中央大学出
　　版部、2003年）

オッコー・ベーレンツ／河上正二訳著『歴史の中の民法—ローマ法との
　　対話』（日本評論社、2001年）

【第3講】

佐々木健「ローマ法の参照例—占有訴権と明文なき物権的請求権」法律
　　時報92巻4号（2020年）36-41頁

原田俊彦「ローマ共和政初期における公職の裁判権力について—対物訴
　　訟の場合（1）（2）」早稲田法学89巻4号（2014年）1-65頁、90巻1
　　号（2014年）1-68頁

宮坂渉「古典期ローマ法における物の引渡し（traditio）について—引渡
　　しの正当な原因（iusta causa traditionis）の分析を中心に」早稲田法学
　　会誌55巻（2005年）267-318頁

――「金銭の取戻し（vindicatio nummorum）」早稲田法学会誌56巻
　　（2006年）197-245頁

――「第6章　引渡の正当原因 IUSTA CAUSA TRADITIONIS にかん
　　するコンセンサス」津野義堂編『法文化（歴史・比較・情報）叢書⑤
　　コンセンサスの法理』（国際書院、2007年）155-196頁

アルトゥール・エンゲルマン／小野木常・中野貞一郎編訳『民事訴訟法概史』（信山社、2007年）

ゲオルク・クリンゲンベルク／瀧澤栄治訳『ローマ物権法講義』（大学教育出版、2007年）

【第4講】

石川博康『「契約の本性」の法理論』（有斐閣、2010年）

遠藤歩『和解論』（九州大学出版会、2019年）

小川浩三「法学史における D.19, 1, 13 pr.：プフタの瑕疵責任論におけるその位置」専修大学法学研究所紀要43巻〔民事法の諸問題 XV〕（2018年）47-70頁

瀧澤栄治「ローマ法における組合訴訟の機能—組合存続中の組合訴権に関する一考察」法政研究51巻2号（1985年）139-182頁

林智良「「学説彙纂」第一七巻第一章（委任訴権あるいは委任反対訴権）についての覚え書き」奈良法学会雑誌20巻3・4号（2008年）49-61頁

森光『ローマの法学と居住の保護』（中央大学出版部、2017年）

ゲオルク・クリンゲンベルク／瀧澤栄治訳『ローマ債権法講義』（大学教育出版、2001年）

【第5講】

小川浩三・松本尚子・宮坂渉編著『キーコンセプト法学史—ローマ法・学識法から西洋法制史を拓く』（ミネルヴァ書房、2024年）

角田幸彦『キケロー裁判弁説の精神史的考察』（文化書房博文社、2010年）

佐々木健「古代ローマ占有訴訟における「慣習による駆逐 moribus deductio」（Cic. pro Caecina, 27）と暴力〔不動産占有回復〕unde vi 特示命令」法学論叢182巻4・5・6号（2018年）288-317頁

津野義堂編著『オントロジー法学』（中央大学出版部、2017年）

林智良『共和政末期ローマの法学者と社会—変容と胎動の世紀』（法律文化社、1997年）

──「第1章　ローマ元首政の始まりと法学者」佐々木有司編著『法の担い手たち』（国際書院、2009年）15-36頁

森光「古典的ローマ法における非典型かつ無方式の合意の訴求可能性について（1）（2・完）」法学新報110巻5・6号（2003年）39-106頁、7・8号（2003年）151-236頁

——「D.39,2,47：古代ローマ法における建物と建物の境界について」法学新報126巻7・8号（2020年）269-301頁

【第6講】

岩村等・三成賢次・三成美保『法制史入門』（ナカニシヤ出版、1996年）

勝田有恒「フリードリッヒ　バルバロッサといわゆる『ローマ法の継受』」一橋大学研究年報（法学研究）6巻（1966年）

勝田有恒・森征一・山内進編著『概説　西洋法制史』（ミネルヴァ書房、2004年）

佐藤彰一・早川良弥編著『西欧中世史〔上〕継承と創造』（ミネルヴァ書房、1995年）

原田慶吉『ローマ法』（有斐閣全書、1955年）

渕倫彦「カノン法」木村尚三郎ほか編『中世史講座4　中世の法と権力』（学生社、1985年）

船田享二『ローマ法　第1巻　改版』（岩波書店、1968年）

ヘルムート・コーイング／上山安敏監訳『ヨーロッパ法文化の流れ』（ミネルヴァ書房、1983年）

H・シュロッサー／大木雅夫訳『近世私法史要論』（有信堂、1993年）

【第7講】

大木雅夫「法学におけるルネサンス—イタリア学風とガリア学風」ソフィア43巻1号（1994年）

——「フランス人文主義法学の夜明け」北村一郎編『現代ヨーロッパ法の展望』（東京大学出版会、1998年）

勝田有恒「ウールリッヒ・ツァジウス」勝田有恒・山内進編著『近世・近代ヨーロッパの法学者たち—グラーティアヌスからカール・シュミットまで』（ミネルヴァ書房、2008年）

佐々木有司「中世イタリアにおける普通法（ius commne）の研究—バルトールス・デ・サクソフェルラートを中心として（1）〜（4・完）」法学協会雑誌84巻1号〜85巻8号（1967〜1968年）

——「アンドレーア・アルチャート」勝田有恒・山内進編著『近世・近代ヨーロッパの法学者たち—グラーティアヌスからカール・シュミットまで』（ミネルヴァ書房、2008年）

田中実「人文主義法学事始め—アントワンヌ・ファーブルと貸主追奪担保責任」南山法学16巻1・2号（1992年）

森征一「中世イタリアの都市コムーネと条例制定（ius statuendi）理論
（1）～（4・完）」法学研究49巻8号～11号（1976年）

―――「バルトルスの慣習法理論における「同意」序説―イタリア中世都
市国家の立法主権との関連で」法学研究67巻11号（1994年）

―――「バルトルスの法学観―ヨーロッパ中世法学理解のために」法学研
究70号3号（1997年）

P・ヴィノグラドフ／矢田一男・小堀憲助・真田芳憲訳『中世ヨーロッ
パにおけるローマ法』（中央大学出版部、1967年）

【第8講】

勝田有恒・森征一・山内進編著『概説　西洋法制史』（ミネルヴァ書房、
2004年）

田口正樹「中世後期ドイツの学識法曹」北大法学論集58巻3号（2007年）

田中英夫『英米法総論　上』（東京大学出版会、1980年）

山辺規子「創成期のボローニャ大学をめぐって―なぜ、学生はボロー
ニャに集まったのか」日伊文化研究30号（1992年）

F・ヴィーアッカー／鈴木禄弥訳『近世私法史』（創文社、1961年）

ジャック・ヴェルジュ／大高順雄訳『中世の大学』（みすず書房、1979
年）

H・コーイング／久保正幡・村上淳一訳『近代法への歩み』（東京大学出
版会、1969年）

ヘルムート・コーイング／佐々木有司編訳『ヨーロッパ法史論』（創文
社、1980年）

ハンス・ティーメ／久保正幡監訳『ヨーロッパ法の歴史と理念』（岩波書
店、1978年）

プラクネット／イギリス法研究会訳『イギリス法制史總説篇　下』（東京
大学出版会、1959年）

【第9講】

五十嵐清『［新装版］ヨーロッパ私法への道　現代大陸法への歴史的入
門』（日本評論社、2017年）

勝田有恒・森征一・山内進編著『概説　西洋法制史』（ミネルヴァ書房、
2004年）

川島翔「中世カノン法と教会裁判制度」南野森編『ブリッジブック法学
入門　第3版』（信山社、2022年）

野田良之『フランス法概論　上』（有斐閣全書、1970年）

アルトゥール・エンゲルマン／小野木常・中野貞一郎編訳『民事訴訟法概史』（信山社、2007年）

Fr・オリヴィエ-マルタン／塙浩訳『フランス法制史概説』（創文社、1986年）

クヌート＝ヴォルフガング・ネル（講演）／小川浩三訳「中世のロータ・ロマーナ（ローマ教皇庁裁判所）―教皇庁裁判権、ローマ・カノン法訴訟手続およびカノン（教会）法学の歴史からの概観」桐蔭法学12巻2号（2006年）

ホセ・ヨンバルト『教会法とは何だろうか』（成文堂、1997年）

【第10講】

勝田有恒「コーンリングにおけるゲルマニスティクの成立」河上倫逸編『ドイツ近代の意識と社会』（ミネルヴァ書房、1987年）

勝田有恒・森征一・山内進編著『概説　西洋法制史』（ミネルヴァ書房、2004年）

村上裕「ヘルマン・コンリング」勝田有恒・山内進編著『近世・近代ヨーロッパの法学者たち―グラーティアヌスからカール・シュミットまで』（ミネルヴァ書房、2008年）

F・ヴィーアッカー／鈴木禄弥訳『近世私法史』（創文社、1961年）

P・ヴィノグラドフ／矢田一男・小堀憲助・真田芳憲訳『中世ヨーロッパにおけるローマ法』（中央大学出版部、1967年）

J・ヴェルジェ／野口洋二訳『ヨーロッパ中世末期の学識者』（創文社、2004年）

ハンス・ティーメ／久保正幡監訳『ヨーロッパ法の歴史と理念』（岩波書店、1978年）

サー・ジョン・ベイカー／深尾裕造訳『イギリス法史入門　第5版　第1部〔総論〕』（関西学院大学出版会、2023年）

ミッタイス＝リーベリッヒ／世良晃志郎訳『ドイツ法制史概説　改訂版』（創文社、1971年）

【第11講】

荒川正晴ほか編『岩波講座世界歴史11　構造化される世界 14～19世紀』（岩波書店、2022年）

石川文康『カント第三の思考―法廷モデルと無限判断』（名古屋大学出版

会、1996年）

伊達聖伸編著『ヨーロッパの世俗と宗教―近世から現代まで』（勁草書房、2020年）

羽田正『興亡の世界史　東インド会社とアジアの海』（講談社、2017年）

山本紀夫『先住民から見た世界史　コロンブスの「新大陸発見」』（KADOKAWA、2023年）

アレン・F.レプコ／光藤宏行ほか訳『学際研究―プロセスと理論』（九州大学出版会、2013年）

Karl August Dominikus Unterholzner, *Ausführliche Entwickelung der gesammten Verjährungslehre aus den gemeinen in Deutschland geltenden Rechten*, Bd. 1., J. A. Barth, 1858

【第12講】

赤松淳子「近世イングランドにおける夫婦権回復訴訟―婚姻の軛と妻の権利」東洋大学人間科学総合研究所紀要16号（2014年）67-85頁

池上俊一『魔女狩りのヨーロッパ史』（岩波新書、2024年）

上口裕『カロリーナ刑事法典の研究』（成文堂、2019年）

田中秀夫『野蛮と啓蒙―経済思想史からの接近』（京都大学学術出版会、2014年）

キャロル・ギリガン／川本隆史ほか訳『もうひとつの声で―心理学の理論とケアの倫理』（風行社、2022年）

ロンダ・シービンガー／小川眞里子＝弓削尚子訳『植物と帝国―抹殺された中絶薬とジェンダー』（工作舎、2007年）

ジェームズ・フランクリン／南條郁子訳『「蓋然性」の探求【新装版】―古代の推論術から確率論の誕生まで』（みすず書房、2023年）

Rictor Norton, *The Myth of the Modern Homosexual: Queer History and the Search for Cultural Unity*, Cassell, 1997

【第13講】

明石欽司『ウェストファリア条約―その実像と神話』（慶應義塾大学出版会、2009年）

渋谷聡「帝国都市と帝国裁判所―18世紀帝国最高法院におけるケルン上層市民間の裁判」社会文化論集７号（2011年）１-10頁

――「市長門閥から上訴市民を救う―一八世紀帝国司法と複数諸地域間の連携」服部良久編著『コミュニケーションから読む中近世ヨーロッ

パ史―紛争と秩序のタペストリー』（ミネルヴァ書房、2015年）247-267頁

鈴木山海「一六五四年「帝国宮内法院令」の成立」法制史研究66号（2016年）89-131頁

深井智朗『プロテスタンティズム―宗教改革から現代政治まで』（中央公論新社、2017年）

見瀬悠「ルイ15世期フランスにおける高等法院とモプー改革―ボルドーとグルノーブルの事例から」クリオ23号（2009年）16-31頁

皆川卓「イタリアが外国に支配されるとき―近世の「帝国イタリア」とその変容」服部良久編著『コミュニケーションから読む中近世ヨーロッパ史―紛争と秩序のタペストリー』（ミネルヴァ書房、2015年）268-291頁

屋敷二郎『フリードリヒ大王―祖国と寛容』（山川出版社、2016年）

山本文彦『神聖ローマ帝国―「弱体なる大国」の実像』（中央公論新社、2024年）

渡邊伸「信仰か平和か―パッサウの交渉とアウクスブルク宗教和議」服部良久編著『コミュニケーションから読む中近世ヨーロッパ史―紛争と秩序のタペストリー』（ミネルヴァ書房、2015年）438-457頁

【第14講】

筏津安恕『失なわれた契約理論―プーフェンドルフ・ルソー・ヘーゲル・ボワソナード』（昭和堂、1998年）

――『私法理論のパラダイム転換と契約理論の再編―ヴォルフ・カント・サヴィニー』（昭和堂、2002年）

――『義務の体系のもとでの私法の一般理論の誕生―スアレス・デカルト・グロチウス・プーフェンドルフ』（昭和堂、2010年）

伊藤不二男『グロティウスの自由海論』（有斐閣、1984年）

太田義器『グロティウスの国際政治思想―主権国家秩序の形成』（ミネルヴァ書房、2003年）

北村一郎『フランス民法典の200年』（有斐閣、2006年）

前田俊文『プーフェンドルフの政治思想―比較思想史的研究』（成文堂、2004年）

イマニュエル・カント／熊野純彦訳『人倫の形而上学　第一部　法論の形而上学的原理』（岩波文庫青626-4、2024年）

ミヒャエル・シュトライス編／佐々木有司ほか訳『17・18世紀の国家思想家たち―帝国公（国）法論・政治学・自然法論』（木鐸社、2000年）

H. ミッタイス／林毅訳『自然法論』（創文社、1971年）（創文社オンデマンド叢書、2023年）

【第15講】

出雲孝「近世自然法論における有償・無償契約概念の形成史：グロチウスからカントまでにおける消費貸借の位置付けを中心に」朝日法学論集50号（2018年）25-56頁

竹岡敬温「貨幣理論史におけるマレストロワ―ボダン論争」大阪大学経済学16巻2・3号（1967年）98-104頁

田中実「継受ローマ法をめぐるクリスティアン・トマジウスの理論と実務―契約に対する実質的コントロール」法と政治36巻3号（1985年）489-535頁

能見善久「金銭の法律上の地位」星野英一編集代表『民法講座　別巻1』（有斐閣、1990年）101-142頁

野下保利「利子学説の転換と新古典派経済学―ベーム＝バベルク資本利子説の意義（1）（2）」國士舘大學政經論叢26巻3号1-24頁・同巻4号71-98頁（ともに2014年）

平山健二郎「貨幣数量説の歴史的発展」経済学論究58巻2号（2004年）29-62頁

――「16世紀「価格革命」論の検証」経済学論究58巻3号（2004年）207-225頁

松本尚子『ホイマン『ドイツ・ポリツァイ法事始』と近世末期ドイツの諸国家学』（有斐閣、2016年）

デイヴィッド・オレル／角敦子訳『貨幣の歴史　ヴィジュアル版』（原書房、2021年）

D. Fox, The Case of Mixt Monies: Confirming Nominalism in the Common Law of Monetary Obligations, *Cambridge Law Journal* 70(1) pp. 144-174 (2011)

【第16講】

赤松秀岳『十九世紀ドイツ私法学の実像』（成文堂、1995年）

坂井榮八郎『ドイツ近代史研究』（山川出版社、1998年）

笹倉秀夫『近代ドイツの国家と法学』（東京大学出版会、1979年）

西村清貴『近代ドイツの法と国制』（成文堂、2017年）

西村稔『知の社会史』（木鐸社、1987年）

藤川直樹『王統と国家』（弘文堂、2023年）

村上淳一『ドイツの近代法学』（東京大学出版会、1964年）

――『「権利のための闘争」を読む』（岩波書店、1983年）

三成美保『ジェンダーの法史学』（勁草書房、2005年）

耳野健二『サヴィニーの法思考』（未來社、1998年）

【第17講】

石部雅亮編『ドイツ民法典の編纂と法学』（九州大学出版会、1999年）

石部雅亮「立法の思想史―18世紀後半から19世紀末まで」竹下賢ほか編
『法の理論34』（成文堂、2016年）69-88頁

上山安敏『憲法社会史』（日本評論社、1977年）

大内宏一『ビスマルク』（山川出版社、2013年）

清水誠編『ファシズムへの道』（日本評論社、1978年）

野田龍一『通信と近代契約』（九州大学出版会、2001年）

広渡清吾『法律からの自由と逃避』（日本評論社、1986年）

J・シュレーダー／石部雅亮編訳『ドイツ近現代法学への歩み』（信山
社、2017年）

U・ファルクほか／小川浩三ほか監訳『ヨーロッパ史のなかの裁判事例
―ケースから学ぶ西洋法史』（ミネルヴァ書房、2014 年）

【第18講】

阿部照哉『基本的人権の法理』（有斐閣、1976年）

潮木守一『ドイツの大学』（講談社学術文庫、1992年）

栗城壽夫『ドイツ初期立憲主義の研究』（有斐閣、1965年）

高村学人『アソシアシオンへの自由』（勁草書房、2007年）

成瀬治『絶対主義国家と身分制社会』（山川出版社、1988年）

的場かおり『プレスの自由と検閲・政治・ジェンダー』（大阪大学出版
会、2021年）

村上淳一『近代法の形成』（岩波書店、1979年）

――『ドイツ市民法史』（東京大学出版会、1985年）（新装版、2014年）

望田幸男『近代ドイツの政治構造』（ミネルヴァ書房、1972年）

山田晟『ドイツ近代憲法史』（東京大学出版会、1963年）

【第19講】

石田穣『民法学の基礎』（有斐閣、1976年）

大川四郎「スイス民法典第1条第2項の学説史的起源」森川安一編『スイスの歴史と文化』（刀水書房、1999年）179-204頁

小沢奈々『大正期日本法学とスイス法』（慶應義塾大学出版会、2015年）

金山直樹『法典という近代』（勁草書房、2011年）

岩谷十郎ほか編『法典とは何か』（慶應義塾大学出版会、2014年）

末川博『権利侵害と権利濫用』（岩波書店、1970年）

堀川信一「莫大損害（laesio enormis）の史的展開（1）〜（3・完）」一橋法学3巻2号731-766頁、3号1171-1201頁（2004年）、4巻1号（2005年）189-229頁

【第20講】

荒井真「市民による無償の法的助言活動は禁止されねばならなのか」佐々木有司編『法の担い手たち』（国際書院、2009年）115-146頁

──「ドイツの弁護士定員制をめぐる議論」国際交流研究：国際交流学部紀要21号（2019年）27-54頁

──「ルドルフ・フォン・グナイストの『自由弁護士論』」長谷川晃ほか編『法の理論37』（成文堂、2019年）95-129頁

石部雅亮「サヴィニーの司法試験改革案とその背景（1）（2・完）」法学雑誌37巻2号（1990年）157-193頁、37巻4号（1991年）457-483頁

──「「実務法学」（Praktische Rechtsgelehrsamkeit）について」海老原明夫編『法の近代とポストモダン』（東京大学出版会、1993年）137-166頁

──「プロイセンの司法改革と法曹養成」法学雑誌60巻2号（2014年）275-344頁

上山安敏『法社会史』（みすず書房、1966年）

河村浩城「ドイツ帝政期の法律相談援助」神奈川法学51巻3号（2019年）81-110頁

黒田忠史「弁護士資格の制度と機能」望田幸男編『近代ドイツ＝「資格社会」の制度と機能』（名古屋大学出版会、1995年）171-198頁

宮崎良夫『法治国理念と官僚制』（東京大学出版会、1986年）

執筆者紹介（執筆順）

宮坂　渉（みやさか　わたる）

筑波大学人文社会系准教授。専門は、古代ローマ法。

担当：第1部第1講・第2講・第3講・第4講・第5講

業績：『カエサル　上・下』（訳書、白水社、2012年）、「1世紀プテオリおよびネアポリス近郊の帳簿と法（Tabulae Pompeianae Sulpiciorum 60-65）」（ローマ法雑誌2号、2021年）、『熟議民主主義×科学技術×法学の共振と相互連関：新研究領域のニーズ』（分担執筆、筑波法政学会、2022年）、『キーコンセプト法学史：ローマ法・学識法から西洋法制史を拓く』（共編著、ミネルヴァ書房、2024年）など。

松本　和洋（まつもと　かずひろ）

関西学院大学法学部准教授。専門は、中世イングランド法制史。

担当：第2部第6講・第7講・第8講・第9講・第10講

業績：「ウィリアム・オブ・ドロエダと『黄金汎論』：法格言 scienti et volenti non fit iniuria の原点を訊ねて（1）〜（2・完）」（『阪大法学』64巻5号、6号、2015年）、「イングランド初期印刷史における法文献印刷：『ブラクトン』印刷本出版とその影響の検討の前提として」（『阪大法学』66巻6号、2017年）、「いかに原告は被告の抗弁へ反論しうるか：法書『ブラクトン』の「抗弁論」における反抗弁（replicatio）への注目」（『法と政治』74巻1号、2023年）、『キーコンセプト法学史』（分担執筆、ミネルヴァ書房、2024年）など。

出雲　孝（いずも　たかし）

日本大学法学部教授。専門は近世自然法論。

担当：第3部第11講・第12講・第13講・第14講・第15講

業績：*Die Gesetzgebungslehre im Bereich des Privatrechts bei Christian Thomasius*（PeterLang Verlag, 2015）、『ボワソナードと近世自然法論における所有権論：所有者が二重売りをした場合に関するグロチウス、プーフェンドルフ、トマジウスおよびヴォルフの学説史』（国際書院、2016年）、『ストーリーから学ぶ民法ナビ』（共編著、みらい、2021年）、"Coarse ethics: how to ethically assess explainable artificial intelligence"（共著、AI and Ethics 2 (3), 2022）、「公平な観察者は公正価格を導き出せるか？：スミス『道徳感情論』と『国富論』第一編第七章の価格論との関連」（『思想』1195号、2023年）など。

鈴木　康文（すずき　やすふみ）

桃山学院大学法学部講師。専門は、近代ドイツ法制史・法思想史。

担当：第4部第16講・第17講・第18講・第19講・第20講

業績：「19世紀前半における判例についての覚書」（『修道法学』40巻2号、2018年）、『法思想史を読み解く　古典／現代からの接近』（共著、法律文化社、2020年）、「ヴィルヘルム・アルノルト（Wilhelm Arnold, 1826-1883）について」（『桃山法学』32号、2020年）、「ヘッセンの立法史」（『桃山法学』40号、2024年）など。

法律文化ベーシック・ブックス〔HBB+〕

史料からみる西洋法史

2024 年 5 月 15 日　初版第 1 刷発行

著　者	宮坂　渉・松本和洋 出雲　孝・鈴木康文
発行者	畑　　光
発行所	株式会社 法律文化社

〒603-8053
京都市北区上賀茂岩ヶ垣内町71
電話 075(791)7131　FAX 075(721)8400
https://www.hou-bun.com/

印刷：中村印刷㈱／製本：㈱吉田三誠堂製本所
装幀：白沢　正

ISBN978-4-589-04339-9
Ⓒ2024　W. Miyasaka, K. Matsumoto, T. Izumo, Y. Suzuki
Printed in Japan